古典文獻研究輯刊

二三編

潘美月・杜潔祥 主編

第 **19** 冊

《黃帝內經》注釋研究

彭達池 著

國家圖書館出版品預行編目資料

《黃帝內經》注釋研究／彭達池 著 -- 初版 -- 新北市：花木
蘭文化出版社，2016〔民105〕
目 2+248 面；19×26 公分
（古典文獻研究輯刊 二三編；第 19 冊）
ISBN 978-986-404-858-8（精裝）
1. 內經 2. 注釋 3. 研究考訂
011.08   105015207

ISBN-978-986-404-858-8

古典文獻研究輯刊
二三編　第十九冊　　　　　　　　ISBN：978-986-404-858-8

《黃帝內經》注釋研究

作　　　者	彭達池
主　　　編	潘美月　杜潔祥
總 編 輯	杜潔祥
副總編輯	楊嘉樂
編　　　輯	許郁翎、王筑　美術編輯　陳逸婷
企劃出版	北京大學文化資源研究中心
出　　　版	花木蘭文化出版社
社　　　長	高小娟
聯絡地址	235 新北市中和區中安街七二號十三樓
	電話：02-2923-1455／傳眞：02-2923-1452
網　　　址	http://www.huamulan.tw 信箱 hml 810518@gmail.com
印　　　刷	普羅文化出版廣告事業
初　　　版	2016 年 9 月
全書字數	211016 字
定　　　價	二三編 21 冊（精裝）新台幣 40,000 元

《黃帝內經》注釋研究

彭達池　著

作者簡介

彭達池，男，湖南常德人。早年桃源師範學校畢業，從事基礎教育教學工作十餘年；2001年入西南師範大學漢語言文獻研究所學習，獲中國古典文獻學碩士學位；2004年入陝西師範大學文學院漢語言文字學專業學習，獲文學博士學位；2007年至今於廈門大學中國語言文學系擔任講師，主要從事《古代漢語》、《訓詁學》、《詞彙學》方面的教學研究工作。出版《大家精要·周敦頤》，參編《十三經辭典·儀禮卷》、《古代漢語》，發表中醫類期刊論文十餘篇。熱愛中國傳統文化，崇尚自然簡樸。

提　　要

　　中醫聖典《黃帝內經》依託注本才得以流傳下來，從唐朝至今，注釋者代不乏人。歷代注文，資料豐富，蘊藏著多方面的創獲，也匯集了多方面的《內經》研討成果。該書名之「註釋研究」，從注釋對象、註釋者、註釋在辭書編纂上的應用、註釋方法與特點幾個方面闡述《內經》經注方面的有關實事：先從註釋的形式與作用兩方面探求《內經》正文自注的一般規律，揭示著者正文自注與後人解經他注之間的密切聯繫。次論《內經》他注，探討注者的思想和修養對注釋成果品質高低的重要影響，並對注釋成果的形式和內容進行分析。再將《內經》經注內容與《漢語大字典》、《漢語大詞典》的相關條目進行比較，考訂兩部大型辭書利用《內經》材料釋義分項之得失。然後從反面總結《內經》誤注、失注之教訓。再從文本用字與文意表達的關係入手，分析通假字、古今字、異體字、訛誤字的注釋情況。最後總結了多義詞注釋的規律，前人作注的方法經驗，以及這一古代醫學文獻注釋的特點。

目次

第一章 緒 論

第一節 《內經》注釋研究的意義

　　《黃帝內經》是我國古代一部很重要的醫學典籍，唐宋以還，注釋者代不乏人，研究它的注釋有深厚的材料基礎。歷代學人多把眼光放在經文的解釋上，而對大量的注釋本身，尤其是疑難結點的注釋，討論甚少。因此該書將訓詁學理論、方法運用到《內經》注文的整理研究之中。選擇這一課題有如下意義：

　　第一，將訓詁學研究新成果應用到具體注釋實踐中，解決一些由於語
　　　　　義隔閡而造成的經義不明的問題。

　　比如「隱」字，歷代《內經》注釋者都將它釋爲「匿藏，隱伏。」《素問·骨空論》：「坐而膝痛如物隱者，治其關。」郭靄春先生注「如物隱者」云：「《國語·齊語》韋注：『隱，藏也。』此謂膝痛如其中藏有東西。」古代《內經》注家中，王冰對此未注，吳昆云：「如物隱伏其中，此邪所著也。」又高世栻注：「隱，猶藏也。膝痛如物隱者，痛而高腫，如物內藏也。」馬蒔云：「今坐而膝痛，如膝中有物隱於內者，當治其關。」這些眾口一詞的注釋都據「隱」的常用義爲解，但在該句中的意義還值得討論。吳注爲「隱伏」其中，則容易讓人誤以爲「隱」是感覺不到的意思，這句顯然患者有痛感。高注痛而高腫，則能給人以外在形體上的感覺，但物藏其中與痛的感覺並不關聯，某處疼痛並不是感到裏面藏有一物。相反，「藏」不是給人某種感覺，而是讓人體察不到。這裏「隱」應該當「硌」講，即身體與硬物接觸

而感到疼痛難受或受到損傷。隱的這一用法，王鍈先生《唐宋筆記語詞匯釋》講到，其文云：「《中朝故事》：『既到宣州推事月餘日，晝寢於驛廳內，睡中轉身，爲彈子所隱，脅下痛極，因躍下床，就外觀之。』又《江鄰幾雜志》：『唐相李程子廓，從父過三亭渡，爲小石隱腳痛，以呼父程云：太華峰頭，□□□仙人手跡；黃河灘裏，爭知隱人腳跟。』二例中「隱」字，今四川方言尚有此用法，讀爲 ŋeng 上聲，其意義相當於北方方言中「gè 著腳」之「gè」。又元劇中常見之「脅底插柴自穩」之「穩」，義亦與此同。「隱」的這一用法，並非唐宋後起，漢人著述亦有所見。荀悅《申鑒》卷一：「自上御下，猶夫釣者焉，隱於手，應於鉤，則可以得魚。」如若魚已吞鉤，收回釣竿時就會竿沉硌手。又，劉熙《釋名》卷三《釋姿容第九》談到古人的坐姿：「跪，危也。兩膝隱地，體危倪也。」「兩膝隱地」反過來，也就是地隱兩膝。即地硌膝。《漢語大字典》和《漢語大詞典》均未收錄隱之「硌」義，蔣宗福師有專文論及〔註1〕。以「硌」義釋「膝痛如物隱者」之「隱」，則歷代迷霧渙然冰釋。由此可見，中醫古籍注釋，有必要及時吸收語言學研究的新成果。

第二，通過古人行文辭例分析，來解決某些醫古文材料注釋中懸而未決的問題。

古人行文，措辭有例，比如「引用」就是其中的一種。引用是在說話行文中援引俗語、故事、傳說來表達自己的思想，以提高表達效果的手法。根據是否說明出處或來源，分爲明引和暗引。《內經》常用這種手法，其中暗引也不少。如：《素問·徵四失論》：「嗚乎！窈窈冥冥，孰知其道。」其中「窈窈冥冥」，出自《莊子·在宥》，說明醫學理論之微妙高深。又下文將要述及的「伏如橫弩，起如發機」，源於《孫子兵法·勢》「勢如彍弩，節如發機」。此處引以說明針刺治病，氣未至時，則應留針候氣，如彍弩待發；氣已至時，則應迅速起針，如弩箭疾發。若引用的是故事亦可稱之爲「用典」，不明用典而僅就字面上解釋，就會曲解原文。如歷代注家對《素問·寶命全形論》「見其烏烏，見其稷稷」中烏烏、稷稷兩詞的注釋：烏烏，即「嗚嗚」鳥鳴聲。（楊上善注：烏烏稷稷，鳳凰雄雌聲也。」一說形容氣聚如鳥之集。王冰注：「烏烏，歎其氣至」，張景岳注：「烏烏，言氣至如鳥之集也。」）稷稷：繁盛貌……（張景岳注：「稷稷，言氣盛如稷之繁也。」）可以看出，以

〔註1〕蔣宗福《釋「隱」》中國語文，1998年第3期。

上注家對「烏烏」、「稷稷」的理解不一。今人沈澍農看到了這兩個詞注釋存在的問題，他說：「《素問》此條，古來注解分歧互見。其主要原因，就是由於『烏烏』、『稷稷』的理解未能求得確解。比求上列三家，王冰、楊上善之注都出於假想，無有憑證；而張介賓之釋倒是較爲貼近實際——烏，烏烏也；稷，稷穀也。二者並用其本義。然僅思至此，還不能完全理解經文，因爲烏鳥與稷穀二者沒有找到共同點，下文『從見其飛，不知其誰』之選擇也就無從立足。若根據本條經文的語境，將『烏烏』、『稷稷』在本義基礎上略加引申，就可以看出，此二者只在一點上是共同的，或者說是相近、相通的，即烏和稷都是顏色，都是相近的顏色。烏烏，黑色；稷，古人或云爲粟，或云爲黍，或云爲梁，其說雖異，而所指物種的主要品種都是深赤色，故其色與烏黑相近。面對此二者，『從（縱）見飛（掠過）』，也確可能『不知其誰』。經文以此比喻用針時血氣變化之奧妙冥冥難知。」〔註2〕沈氏之說，能將「烏烏」和「稷稷」兩個看似不相關的詞貫通解釋，但放進更大的前後文背景則不暢通。試問「用針時血氣變化之奧妙冥冥難知」與前文「靜意視義，觀適之變」，以及後文「伏如橫弩，起如發機」又是什麼關係呢？正確的答案是什麼呢？很顯然，氣血的變化，持針者是能夠體察到的，要不然怎麼去「適之變」又怎麼確定何時「伏」何時「起」呢？又，《八正神明論篇》有云：「觀其冥冥者，言形氣榮衛之不形於外，而工獨知之。」也能證明持針者（工）是能夠體察行氣變化的。同篇王冰注「故謂冥冥，若神仿佛」句曰：「工異於麤者，以麤俱不能見也……窈窈冥冥，莫知元主，如神運仿佛焉。」麤，指粗工，醫術等而下之者，與「工」形成對比。王氏之意即這種行氣的變化唯有高明的醫生才能體察得到，而被稱爲「麤」的下等醫生，是體察不到的。下文中「火覆王屋流爲銜稷赤烏」之象，也非眾人能悟，唯有武王這樣的聖人方能體察。經文中「視」、「觀」、「見」、「伏」、「發」等一系列描述實質上都是講用針應等待時機成熟，惟適時而動，方見成效。也就是此條經文前所云之「至其當發，間不容瞚」。醫者應掌握一個當發與不當發的契機。

　　醫者治病，聖人治世，皆應相時而動。「見其烏烏，見其稷稷」則是出於武王伐紂時的一段傳說：「文王既沒，太子發代立，是爲武王，武王駢齒。望羊將伐紂，至於孟津，八百諸候不期而會，皆曰紂可伐矣，武王不從。及紂

〔註2〕沈澍農《黃帝內經詞語新詁》中醫文獻雜誌，1996年第4期，第5頁。

殺比干，囚箕子，微子去之，乃伐紂。度孟津，中流，白魚躍入王舟，王俯取魚，魚長三尺，目下有赤文，成字言紂可伐。王寫以『世』字，魚文消。燔魚以告天，有火自天止于王屋，流爲赤烏，烏銜穀焉。穀者紀后稷之德。火者燔魚以告天，天火流下以應吉也。遂東伐紂，勝於牧野。」〔註3〕

這個神奇故事的流傳應不晚於《內經》結集成書之有漢。《史記・周本紀》開篇即云「周后稷」。司馬貞《索引》曰：「此已下至火覆王屋爲烏，皆見《周書》及今文《泰誓》。」故事說明一個問題：那就是要先等待恰當的時機而發，方能制勝。用針之道亦如是。《內經》取此象來比喻用針，正是恰到好處，前後十句一氣貫通。即：針者要平心靜意觀察患者行氣的變化，以在適當的時機下針治療。行氣未至前就像（伐紂符瑞未見前）那樣體察冥冥中隱而不顯的徵兆。行氣已至時就像（伐紂符瑞出現時）那樣有了烏鳥銜穀之象，只能見到火光織成的飛鳥圖案，非行家不知道是誰（好像是天意）在安排。等待時機下針如用兵者之彉駑待發，見機成熟時行針有如撥機發箭，刻不容緩。

關於針者候氣待機而發，經文有自注說明，可作爲「烏烏」、「稷稷」注釋之旁證。《素問・離合眞邪論》篇云：「帝曰：候氣奈何？岐伯對曰：夫邪去絡入於經也，舍於血脈之中，其寒溫未相得，如湧波之起也，時來時去，故不常在。故曰方其來也，必按而止之，止而取之，無逢其衝而瀉之。眞氣者，經氣也，經氣太虛，故曰其來不可逢，此之謂也。故曰候邪不審，大氣已過，瀉之則眞氣脫，脫則不復，邪氣復至，而病益蓄。故曰其往不可追，此之謂也。不可掛以發者，待邪之至時而發針瀉矣。若先若後者血氣已盡，其病不可下。故曰知其可取如發機，不知其取如扣椎，故曰知機道者不可掛以發，不知機者扣之不發，此之謂也。」這段中有幾點是值得我們特別注意的。首先，邪氣客於經絡是「時來時去，故不常在」，因其變動，必須抓住時機，方其來也，按而止之，止而取之，是一個時機問題。其次，是「無逢其衝而瀉之」，即不要迎著邪氣最盛的時候去泄，也是一個時機問題。再次，「大氣已過，瀉之則眞氣脫」，邪氣已去而用泄法，不僅達不到治療目的，反而損傷正氣，還是一個時機問題。所以，這段文字是對《素問・寶命全形論》「烏烏」、「稷稷」出現的語境的一個補充說明。由此可知，不明古人行文引用，就不知烏烏、稷稷實爲表達醫者行針要適時而動的原理。

〔註3〕〔梁〕沈約《宋書・符瑞上》中華書局，1974年，765頁。

第三，古為今用，以《內經》語言材料與大型辭書互參，增補訂正其
　　　釋義。

要想正確把握古人的思想，其文本詞義理解是關鍵。反過來，理清漢語
詞義發展又能編纂出更加完備合理的字典辭書，爲後學繼承優秀的中華文化
掃清障礙。比如《內經》裏面有「苛疾」一詞，自從唐代王冰釋之爲「重病」
後，歷代均據此爲解。《內經》中的「苛疾」，是個多義詞。如《素問·四氣
調神大論》「逆之則災害生，從之則苛疾不起」中的「苛」應釋爲「小」，苛
疾即小病。《說文·艸部》「苛，小草也。從草，可聲。」其較近的引申義爲
小。如，《史記·韓長孺列傳》：「今太后以小節苛禮責望梁王。」《後漢書·
宣秉傳》：「務舉大綱，簡略苛細。」兩書中的「苛」都是細小義。「苛疾」二
字連文表示小病，亦見於他書。如，金張元素《病機氣宜保命集》卷上：「雖
有苛疾，弗能爲害。」很顯然，這種不能致害之病肯定不能稱爲「重病」，稱
之爲「小病」比稱爲「疾病」更爲準確。從上下文義看，《素問》這句是爲了
闡明人同天地四時陰陽變化的關係，逆天地四時陰陽的變化就會災害生，順
從這種變化則小病不起。王氏認爲是不生重病，不對。只要生病了，失去正
常的生理狀況就是有害。應順天地四時陰陽變化的人，經文中歸之於「聖人」。
緊承「逆之則災害生，從之則苛疾不起」之後，經文云：「是謂得道。」得道
的聖人，能應順天地四時陰陽的變化連小病都不會生，這是情理中事，所以
這裏苛宜釋爲「小」。

《素問·至眞要大論》有云：「夫陰陽之氣，清靜則生化治，動則苛疾
起」。要準確理解這句中「苛疾」，得瞭解《內經》一貫所持的觀點，即陰陽
平衡爲健康，失衡偏勝生疾病。《內經》中有「平人」的概念。《素問·調經
論》：「陰陽勻平，以充其形，九候若一，命曰平人。」《靈樞·終始》：「所
謂平人者，不病。」合參上述經文，則知病與不病決定於《至眞要大論》中
講到的「清靜」與「變動」。清靜則爲平衡而無病；變動則爲失衡而疾作。
上引《至眞要大論》中「苛疾」宜釋爲疾病較爲妥貼。即「苛」與「疴」同。
《漢語大詞典》中「苛疾」共有「重病」和「疾病」兩個義項，前者誤引了
這一書證，並列出依據亦是王冰之注，致使釋義與書證不符。「苛疾」可指
重病，《黃帝內經詞典》〔註 4〕引《素問·六元正紀大論》「暴過不生，苛疾
不起」例是允當的。由此可見「苛疾」有三個義項：一是指小病；二是不分

〔註 4〕郭靄春《黃帝內經詞典》天津科學技術出版社，1991 年。

程度輕重，泛指疾病；三是指重病。

又如《漢語大字典》第 281 頁的「亦」字。⑥通「易」。清段玉裁《說文解字注・亦部》：「亦，或叚借爲易。」《素問・氣厥論》：「大腸移熱於胃，善食而瘦入，謂之食亦。」王冰注：「食亦者，謂食入移易而過，不生肌膚也。亦，易也。」《列子・黃帝》：「二者亦知，而人未之知。」張湛注：「亦，當作易。」

按：《大字典》據引《素問》該例，有幾處小誤。首先是將原文「瘦」字，誤引成「瘦」字。其次，根據《甲乙經》、《聖濟總錄纂要》、《仁齋直指》、《證類本草》等醫書均無「入」字，有「入」則語義不倫，故應刪削衍文。此外，王冰將「亦」誤注爲「易」，《大字典》則以訛傳訛。若依王注，食亦爲食入移易而過，那麼同篇經文又云「胃移熱於膽，亦曰食亦」，則膽受熱而病也可叫「食亦」，這就與「食入移易而過」沒有關係了。食物經過胃可以講通，食物從膽移易而過，則未之聞也。張志聰《集注》云：「亦，解㑊也。謂雖能食而身體懈惰，故又謂之食㑊。」當從張說。否則講通了前句，後句又扞格不通。追溯張注之源，我們可以上推到晉皇甫謐《甲乙經》卷六《五藏傳病第十》：「大腸移熱於胃善食而瘦，名曰食㑊；又胃移熱於膽亦名食㑊。」金李杲《脾胃論・脾胃盛衰論》：「善食而瘦者。胃伏火邪於氣分則能食。脾虛則肌肉削，即食㑊也。」此外所用《列子・黃帝》：「二者亦知，而人未之知。」張湛注：「亦，當作易。」「易知」的「易」，與「移易而過」的「易」，也是將兩層不同的意思雜揉在一個義項裏了。

再看《內經》經注與《漢語大詞典》釋義。

几几：（第 2 卷 282 頁）拳曲不伸的樣子。《說文・几部》：「几，鳥之短羽飛几几也。」《醫宗金鑒・張仲景〈傷寒論・痙濕暍病〉》：「太陽病，項背強几几，無汗惡風，葛根湯主之。」集注引方有執曰：「几几，鳥之短羽者，動則引頸几几然。形容病人頸項俱病者，俛仰不能自如之貌。」《醫宗金鑒・傷寒心法要決・項強》「項背几几強太陽，脈浮無汗葛根湯」注：「拘強而甚之貌也。」

按：這條釋義，問題很多。首先是引《說文》「鳥之短羽飛几几也」與釋義「拳曲不伸的樣子」不相匹配，短羽鳥飛時總不會是蜷曲的樣子。其次，下引《醫宗金鑒》乃清人纂集，其中的「几几」一詞，不同版本寫法也不一樣，就是同在《醫宗金鑒》中，也或作「几几」或作「幾幾」。在《傷寒論》

中又作「幾幾」。再次，用例「項背几几強太陽，脈浮無汗葛根湯」。的斷句也有問題，「項背几几強太陽」語意不倫，「太陽」二字當下屬，「太陽脈浮」即上例所謂「太陽病」在脈象上的反應。由此可見《大詞典》所引該條書證材料並不可靠。實際上「項背強」也是足太陽經患病的症狀之一，故上引《傷寒論》有「太陽病」和「太陽脈浮」的論述。相關內容早見於《內經》。如《素問・刺腰痛論》有云：「腰痛俠脊而痛，至頭幾幾然，目䀮䀮，欲僵僕，刺足太陽郄中出血。」可以據治法「刺足太陽」得知病處。其中「頭幾幾然」之「幾幾」和「項背強几几」中的「几几」是同一個意思。林億新校正云：按《太素》作頭沉沉然。歷代醫書有作「頭沉沉然」。郭靄春據此於《黃帝內經素問校注語釋》注「頭幾幾然」云：「《太素》『幾幾』作『沉沉』。按『沉沉』是。『幾』爲『沉』之壞字。北方方言，謂物之重者爲沉。『頭沉沉然』是說頭部沉重。」爲我們解決了這個問題。我們能從《內經》中找以本證。《靈樞經・雜病》：「厥挾脊而痛者，至頂頭沈沈然，目䀮䀮然，腰脊強，取足太陽膕中血絡。」又明王肯堂《證治準繩》卷八《脊痛脊強》篇：「經曰厥挾脊而頭者至頂，頭沉沉然，目䀮䀮然，腰脊強，取足太陽膕中血絡是也。」可見，足太陽經病會導致脊、頭項沉重不適的感覺。故几几，或作幾幾，是沉沉之訛。

　　參（cān）伍：（第 2 卷 840 頁）交互錯雜，錯綜比較，加以驗證。《韓非子・八經》：「參伍之道，行參以謀多，揆伍以責失。」《史記・太史公自序》：「若夫控名責實，參伍不失，此不可不察也。」

　　按：上述釋義將兩詞意思雜揉在一起了。「交互錯雜」是參（sān）伍的意思，不應列於此。歷來「參（cān）伍」和「參（sān）伍」二詞的釋義，常相混淆。既然《大詞典》將二詞分開立目，就應該加以區別。「參（cān）伍」是與同類相互比較的意思。「參（sān）伍」才是交互錯雜的意思。上《韓非子・八經》中的「參（cān）伍」，就是指同類排比而發現差異，找出過失；《太史公自序》中的「參（cān）伍」，就是名實比較，兩相實符。又如《素問・三部九侯論》：「形氣相得者生，參伍不調者病。」《內經詞典》〔註 5〕根據張介賓注：「三以相參，伍以相類，謂之不調。凡或大或小，或遲或疾，往來出入無常度者，皆病脈也。」將其釋爲「錯雜，參差不齊。」就是誤將原文的「參（cān）伍」釋成了「參（sān）伍」。而正確的解釋當如王注：「參，謂參校；

〔註 5〕張登本，武長春《內經詞典》人民衛生出版社，1990 年。

伍，謂類伍。參校類伍而有不調。謂不率其常則病也。」這樣才是《內經》一貫採用的與常態參互比較的診法。又如《韓非子·揚權》：「虛靜無爲，道之情也。參伍比物，事之形也。參之以比物，伍之以合虛，根幹不革，則動泄不失矣。」注云：「參，三也；伍，五也。謂所陳之事或三之以比物之情，或五之以合虛之數，常令根幹堅植不有移革，如此則動之散皆無所失泄也。」同樣也是注文與經文錯位現象。

第四，通過總結前人古籍注釋的理論方法，分析其得失緣由，進一步完善和發展注釋學。

「注釋學」是指將傳統訓詁學和古籍整理具體的實踐加以結合，所建立的一門新興學科；也就是將兩漢以來所謂的「傳」、「注」、「疏」、「箋」、「解」、「集解」、「集釋」……等傳統古籍注解綜合起來，以探究古籍注釋的內容、方法及其發展規律的一門學科。簡單地說，它的研究對象就是古籍的「注釋」〔註6〕。

比如王冰《內經》注釋，就給後人整理注釋醫古文獻留下了許多方法論上的啓示。王注用以經證經，以經證注的內部求證之法，使《內經》所講述的醫學原理多處呼應，義理周環，形成一個有機的理論體系。同時，這一注釋過程，從某種意義上說，又是一個原典系統化、通俗化的過程。前人的注釋實踐貫穿了系統化的原則。本文第九章將從典籍系統的一般特點出發，結合唐人王冰對《素問》整理的實踐，初步探析注釋過程中系統化的方法，爲古籍整理提供借鑒。

第二節 《內經》注釋研究的方法

研究方法既有一般方法，又有特定的方法。一般方法即所有學科研究都能適用的方法，比如分析法、歸納法、比較法、演繹法等等。但研究方法是由研究對象決定的，幾乎每一特定的對象，都有可能探索出特定的研究方法，這就是特定的方法。就《黃帝內經》來說，它是我國醫學史上流傳下來的一部最早的經典，以往注釋，代不乏人，如果要做全面研究既不可能，也沒有必要。說不可能，是因爲已經沒法收集到所有的注文著作，國內、國外

〔註6〕參考鄭阿財《論敦煌文獻展現的六朝隋唐注釋學——以〈毛詩音隱〉爲例》，《敦煌學輯刊》2005 年第 4 期。

上下幾千年，融入許多後世典籍中的見解不可勝數。說沒有必要，是因為即使將所有注文收集齊全，那許多眾口一詞的注文，已成定論的見解，多次重複出現，又能得出什麼有價值的結論呢？研究的目的貴在古為今用，注釋材料能為今用，注釋方法能為今用。總之，探討注釋是為了更好地從語言文字、從經典文化中吸取有益的東西。故唯有選取典型的注文研究方能奏效。

在《內經》注釋研究中，我們就是針對《內經》注文的特點而採用了特定的研究方法——「問題結點發散法」。該法將研究對象由「面」的層面聚焦到「點」的層面，以注釋點為核心，集各家各派之注，分析比較其優劣得失。這既能體現研究對象的價值和意義，又能取各家注釋之長，豐富注釋這一學問之方法手段。這樣也避免了不必要的重複勞動。結點發散，就好像是組織一個個的專題討論，討論的對象是《內經》中的某一疑難問題的闡釋，而參加的討論者，則可能是古今中外的注釋者，有晉代的皇甫謐，唐人楊上善、王冰，宋人林億、高保衡，明代馬蒔、吳昆、張介賓，清代張志聰、高士宗；日本的丹波元簡一家都可以請來，伊澤裳軒、喜多村直寬也不例外；當代學人自然也在其列。誰來裁定呢？自然是《內經》本身的那個「文」，那個「理」，更要接受古代文化這個大的背景體系的審判。文以載道，要想貫通經義，文意是基礎，離文而另謀它解則無異於緣木求魚。

很多帶有共性的方法是可以繼承的，比如注釋方法，又可以借鑒成為研究注釋的方法。如上節提到的王冰注釋經文之「內部求證法」、「系統驗證法」，也可以用來研究注釋。「問題結點發散法」只是為了找到一個個的切入點，而針對這一點的剖析又得將分析、綜合等常規方法運用開來，故方法上也是一般方法和特定方法的結合，不拘一格。

如，對運氣學術語「鳴靡啓坼」的注釋。

運氣學又稱為五運六氣學說，是我國古代研究天時氣候變化，以及氣候變化對人體發病影響的一種學說。其基本內容，早見於《素問》七篇大論，它把宇宙節律與生物生理、病理結合起來研究，有重要的現實意義。

運氣學說的闡釋，也用了一些專門術語，其中有些在中醫典籍以外的文獻中很少出現，「鳴靡啓坼」就是。因為沒有借鑒，歷代《素問》注釋者，或避而不談，或迂曲牽強，皆不能準確揭示其內涵，這對學術交流極為不利。現就這一術語，提出我們的看法。

1、從語境上看「鳴靡啓坼」

「鳴靡啓坼」語出《素問‧五常政大論》:「發生之紀,是謂啓陳。土疏泄,蒼氣達,陽和布化,陰氣乃隨,生氣淳化,萬物以榮。其化生,其氣美,其政散,其令條舒,其動掉眩巓疾,其德鳴靡啓坼。」《五常政大論》據五運平氣、不及、太過的物候變化,論述發病情況。發生之紀實指木運太過之年,該篇有云:「帝曰:太過何謂?岐伯曰:木曰發生。」即木運太過之年稱之爲發生之紀。這就說明「鳴靡啓坼」是在風木太過年份出現的自然現象。太過、不及都會造成生化的不良影響。此外,「鳴靡啓坼(拆)」在《繹史》、《普濟方》、《類經》中能見到用例,同樣是指風木太過出現的物候現象。究其本源,當是源於《素問‧五常政大論》中的用法。

「鳴靡啓坼」用來表示壬年(如壬辰、壬戌、壬寅、壬申、壬子、壬午等年份)木運太過的氣候特點,經文中或寫成「鳴紊啓拆(坼)」。這樣的用例《素問‧六元正紀大論》中凡三見,分別是:「太陽、太角、太陰,壬辰、壬戌其運風,其化鳴紊啓拆」;「少陽、太角,厥陰,壬寅、壬申,其運風鼓,其化鳴紊啓拆」;「少陰、太角、陽明,壬子、壬午,其運風鼓,其化鳴紊啓拆」。這一用法也只見於醫書《儒門事親》、《類經》、《續名醫類案》和類書《天中記》,表達的是同一意義。

與「鳴靡啓坼」木運太過之年相對的,是木運不及之年。木運不及之年則會「鳴條律暢」。《素問‧氣交變大論》:「木不及,春有鳴條律暢之化,則秋有霧露清涼之政。」又「木不及,燥乃大行,生氣失應,草木晚榮,肅殺而甚。」上面分析了「鳴靡啓坼(拆)」這一現象出現年份的氣候情況。下面再考察與之匹配的兩個關鍵語詞:「德」和「化」。

關於「德」字,《黃帝內經詞典》歸納有二:「①天道,謂物得之以生者。②修養有得於心。」《內經詞典》總結爲六:「1、符合道(規律)的行爲。2、恩德,恩惠。3、得,得意。4、推動自然萬物生化不息的力量。5、自然氣候,包括陽光、雨露等。6、運氣正常變化對物化現象或人體生命現象的功德作用。」這兩書都沒有概括「其德鳴靡啓坼」中的「德」。「德」應該是指性質、屬性的外在表象。這也是文獻常用義,如《莊子‧馬蹄》:「彼民有常性,織而衣,耕而食,是謂同德。」郭象注:「夫民之德,小異而大同。」「性」與「德」並舉。再看《內經》中的用例。《五運行大論》「東方生風,風生木……其性爲暄,其德爲和……。南方生熱,熱生火……其性爲暑,其德爲顯……。中

央生濕，濕生土……其性靜兼，其德爲濡……。西方生燥，燥生金……其性爲涼，其德爲清……。北方生寒，寒生水……其性爲凜，其德爲寒……。」這裏說明有什麼樣的內在屬性，就有與之對應的外在表象。《五常正大論》中除提到木運太過的發生之紀外，還有火運太過的赫曦之紀「其德暄暑鬱蒸」，土運太過的敦阜之紀「其德柔潤重淖」，金運太過的堅成之紀「其德霧露蕭瑟」，水運太過的流衍之紀「其德凝慘寒霧」。這裏不僅可以看出「德」是性質、屬性的表象，還可以與平氣之年的氣候作一比較。

年　份	木	火	土	金	水
運氣太過	鳴靡啓坼	暄暑鬱蒸	柔潤重淖	霧露蕭瑟	凝慘寒霧
平氣之年	木德周行	德施周普	德流四政	其政勁肅	其政流演

再看「化」字。化是個多義詞，其基本義是「變化、變易」。在運氣學中又可以指氣候性質由量到質的變化過程，即由常態步入變態，這就與表性質表象的「德」字有了聯繫。運氣學持有整體恒動的觀點，運氣太過之年的氣候本身就有一個由常到過的變化過程。如在《六元正紀大論》中，描述木運太過氣候的性質時，三處都用了「其運……，其化（鳴紊起坼），其變……」的格式。「運」、「化」、「變」正反應了氣候性質程度不等的變化過程。

結合上述語境，以及傳統中醫認爲「過」和「不及」都會造成生化損害的一般理論，可以初步得出「鳴靡啓坼」、「鳴紊啓坼」、「鳴條律暢」幾詞是描述木運不正常年份的氣候情況。「鳴紊」、「鳴靡」、「鳴條」均爲不祥之音，後文將舉語例。

2、歷代注家對「鳴靡啓坼」的誤解

王冰注云「風氣所生」。這四字揭示了「鳴靡啓坼」的原因，是風氣所致。但沒有深入闡釋其內涵。他在注《五運行大論》「神在天爲風，在地爲木」時云：「鳴靡起坼，風之化也。」認爲在風木由常致變後出現「鳴靡起坼」之象。林億新校正云：「按《六元正紀大論》云：其化鳴紊啓坼。」林校看出「鳴靡起坼」與「鳴紊啓坼」同義，爲我們把這兩個詞結合起來理解提供了線索，但還是沒有具體說明它們的意義。

明人張介賓注《類經》時，對「鳴靡起坼」予以解釋。張氏云：「鳴，風木聲也。靡，散也，奢美也。啓坼，即發陳之義。其德應春也。」這一解

釋雖然常被後來注家採用，但疑義頗多。首先，給「靡」字列了「散」和「奢美」兩義，顯然文中不可能兩義皆取。如果「鳴」指風木聲，說它「散」或者「奢美」甚是費解，乃脫離語境就字論義。其次，啓拆是「發陳」義又與前文重出，有疊床架屋之嫌，因前文有「發生之紀，是謂啓陳」語。再次，《素問》中出現「其德」怎樣一般是講它有什麼樣的特性的表象。「德」和「性」意義所指互爲表裏，上文已有語例。據此，「其德鳴靡啓拆」也應該指風木太過時表現出來的氣候特徵。並且這一特徵與《六元正紀大論》中同是風木太過出現的氣候特徵宜相吻合。我們不妨看張氏對《六元正紀大論》中「鳴紊啓拆」的注解，以資參互理解。張注「其運風，其化鳴紊啓拆」云：「風爲木化。鳴，風木聲也。紊，繁盛也。啓拆，萌芽發而地脈開也。此單言壬年風運之正化，後放（仿）此。」把這種現象稱爲「壬年風運之正化」，與語境悖逆已是顯然。這裏的「紊」釋爲「繁盛」與上文「靡」義懸隔不通，因爲上文已經提到「鳴紊」、「鳴靡」同義，不能釋「紊」爲「繁盛」卻釋「靡」爲「散」。《說文・糸部》「紊，亂也。」「紊」字在其它用例中，皆只有「亂」義。《漢語大字典》、《漢語大詞典》中誤收了「紊」的「繁盛」義，其根據是清人張隱庵的《黃帝內經素問集注》，究其致誤源頭，正是據明人張介賓之注以訛傳訛。釋「啓拆」爲「萌芽發而地脈開」即地氣開始萌動，就與「發陳」同義了。「發陳」和「地氣萌動」都是平候之氣。《內經》云「春三月謂之發陳」，這與風木太過的「發生之紀」不相吻合。有鑑於此，有人對此提出新的解釋。

《黃帝內經素問校釋》「鳴紊」校勘記云：「五常政大論作『鳴靡』。王玉川曰：『紊』乃『璺』字之誤，鳴璺啓拆，即下文所謂『厥陰所至爲風府，爲璺啓』之義。鳴璺，即風過璺隙而鳴也。」說「鳴靡啓拆」是「鳴璺啓拆」即「璺啓」之義，就更沒根據，若該句「璺啓」成詞，那前面的「鳴」字，後面的「拆」字，都單不成詞，沒有著落；如果「鳴璺」成詞，古籍不見二字連用語例。把「鳴璺」釋成「風過璺隙而鳴也。」是不理解「璺」字意義的誤釋。《康熙字典・玉部》：「凡坏罅謂之璺。《方言》作璺。」揚雄《方言》：「秦晉器破而未離謂之璺。」《尚書注疏・洪範》「用靜吉，用作凶」句孔穎達疏曰：「灼龜爲兆，其璺拆（坼）形狀有五種。」王冰注「璺啓」曰：「璺，微裂也；啓，開坼也。」從上述諸例可以看出，自《內經》時代，到王冰所處之大唐，「璺」只是有裂紋之義，而沒有分開之義，即所謂破而未離，因

爲未離成縫，根本就不會有「風過墨隙而鳴」的情況。至於「墨」裂紋義的進一步引申，那是後來的事，不能以今證古。「鳴墨」純屬注者爲了附和自己的假想，而生造出來的詞語，不見其它文獻用例。

這一錯誤可以上推至孫詒讓《箚迻・素問王冰注》，其文曰：「案後《五常政大論篇》云：發生之紀，其德鳴靡啓坼。《六元正紀大論篇》云：其化鳴紊啓坼。與此鳴條鼓坼三文並小異，而義恉似同。竊疑鳴條當作鳴墨，鼓亦當作啓。上文云，水不及則物疏墨。《六元正紀大論》又云：厥陰所至爲風府，爲墨啓。注云：『墨，微裂也；啓，開坼也。然則鳴墨者，亦謂風過墨隙而鳴也。其作條、作紊、作靡者，皆訛字也。墨者，釁之別體。《方言》云，器破而未離謂之墨。郭注云：墨音問，與紊音同，故訛爲紊。校寫者不解鳴紊之義，或又改爲鳴條。釁俗又別作釁。鈕樹玉《說文新附考》云，釁，釁之俗字。釁一變爲釁，見唐等慈寺碑；再變爲釁。《爾雅》釋文音亡匪反，與靡音近，則又訛作靡。古書傳寫，輾轉舛貿，往往有此，參互校核，其沿訛之跡固可推也。」

持有孫氏「紊」爲「墨」之訛觀點的，還有錢超塵先生。他在《內經語言研究》加案云：「『鳴條』、『鳴靡』、『鳴紊』皆不成詞，作『鳴墨』其義可知。」〔註7〕雖然「鳴紊」、「鳴靡」兩詞一般只見於上述幾種醫籍，但是「鳴條」是個常用詞。班固《漢書・五行志》：「下陳功，求於上，茲謂不知，蒙，微而赤，風鳴條，解復蒙。」《鹽鐵論・水旱》曰：「周公載紀，而天下太平，國無夭傷，歲無荒年。當此之時，雨不破塊，風不鳴條。」《西京雜記》卷五：「太平之世，則風不鳴條，開甲散萌而已。」梅堯臣《和人喜雨》：「夕風不鳴條，甘潤忽周普。已見堯爲君，安問誰爲輔。」上皆「鳴條」成詞連用，還可以看出，「鳴條」出現在不太平的年代，像周公執政時這樣的太平盛世都是「風不鳴條」這與它在《內經》中出現的語境——木運不及之年也是相吻合的。

郭靄春先生《黃帝內經素問校注語譯》「鳴紊啓坼」注：「謂風木發出聲音，地氣開始萌動。」譯：「其運主風，如正常，則風鳴地坼，萬物萌芽。」在注文中釋了「鳴」而丟掉了「紊」字，亦或認爲「鳴紊」、「鳴靡」就是風木的聲音。將這種現象分爲「正常」與「不正常」兩種情況討論，實已違背了「發生之紀」本指風木太過這一語境。該篇與「其化鳴紊啓坼」相並列的

〔註7〕錢超塵，內經語言研究，人民衛生出版社，1990年，第175頁。

還有「其化暄暑鬱燠」、「其化柔潤重澤（淖）」、「其化霧露蕭瑟」、「其化凝慘懍冽」，而緊接著便是「其病」某某，這就可以推知「其化」後接的並不是「正常」情況，而是自然界氣候的亢害承制過程中，木「亢」而欠金「制」的「反常」現象，亦即王注所謂「歲木有餘，金不來勝，生令布化，故物以舒榮」。

方藥中先生《黃帝內經素問運氣七篇講解》：「『德』，指木之德；『靡』，指萎靡不振，此處指冬令的悽滄景象；坼（chè 音徹），指分裂，亦指草木種子發芽分裂現象。『其德鳴靡啓坼』，指春天正常的物候現象，意即到了春天，冬天的悽滄閉藏之象被春風喚起，自然界變得活躍起來，草木的種子分裂發芽開始生長。」方氏之解缺少內部一致性，既然認爲「鳴靡啓坼」指春天正常的復蘇景象，怎麼又把「靡」釋爲冬令的悽滄景象？實質上前文「其化生，其氣美，其政散，其令條舒」就已經是木「亢」的表現。木亢並不是突變，而是漸變，變與常又與時令有關，同一現象提前來到謂之「亢」。物極必反，亢則致害，「其動掉眩巔疾」、「其變振拉摧拔」都是「害」的表現，「鳴靡啓坼」置於這兩「害」之間，反倒認爲是正常現象，於文理亦不通。

3、從語義上考察「鳴靡啓坼」

上面已經根據出現的語境認爲「鳴靡啓坼」與「鳴紊啓拆」意義相同。這一點也可以從詞語意義方面得到證明。《集韻・陌韻》：「墌、搉、斥、坼、拆、宅：恥格切。《說文》裂也。引《詩》不墌不疈。或從手，亦作斥、坼、拆、宅。」就說明「拆」與「坼」都讀「恥格切」，都有「裂」的意思，當然可以同義互換。阮元《詩經》校勘記：「唐石經、相臺本『拆』作『坼』。」「靡」和「紊」的意義也相近。《說文》：「靡，披靡也。」是散亂、倒下的意思。《說文》又云：「紊，亂也。」這可以說明「鳴靡啓坼」與「鳴紊啓拆」意義相同。

從結構來看，「鳴靡啓坼」是兩個主謂結構詞語組成的並列短語。《說文》：「鳴，鳥聲也。」段注：「引申之凡出聲皆曰鳴。」鳴靡、鳴紊、鳴條指木運之年的反常氣候情況，鳴指風木之聲，古人認爲風木之聲爲不祥之音。如《荀子・天論》「星墜木鳴，國人皆恐」就是其例。鳴靡、鳴紊、鳴條皆指風木太過或不及時的破敗之音。孫詒讓通過層層假設，認爲它們當爲「鳴璺」，既出現了「鳴」與「璺」兩個意義不配語素的強扭組合，又使這個生造詞與之出現的語境不諧。啓坼（拆）與鳴靡、鳴紊、鳴條的意義相近。

《廣雅·釋詁》:「啓,開也。」有開啓之意。春爲木,又有「發陳」、「啓陳」的特點,但歲木太過,就會導致「啓坼(拆)」,即,使正常的生化機制遭到破壞。整個五運六氣,都是一個從量的積累,到質的變化過程,木運太過之年的氣候也不例外。因此,我們不能以靜止的眼光來看。新春初運伊始,其表現爲「土疏泄,蒼氣達,陽和布化,陰氣乃隨,生氣淳化,萬物以榮」的「啓陳」景象。但不久就會出現「其動掉眩巔疾,其德鳴靡啓坼」的太過景象。

綜上,筆者認爲「鳴」和「啓」都指風木的生化機制;「紊」、「靡」、「拆」、「坼」皆指這種生化機制紊亂敗壞。「鳴靡啓坼」,作爲一個運氣學術語,其涵義不再是每個語素義的簡單相加,而是一個表示風木太過之年,生化機制紊亂敗壞內涵的整體術語。

上例就是圍繞「鳴靡啓坼」這一結點,將語詞背景、各家注釋、言語意義,綜會考察而定得失的具體做法。對《內經》注釋的研究,管中窺豹,可見一斑。

第三節　研究歷史及現狀

古代對《內經》注釋有關的研究成果,主要是以注本形式流傳下來的,具體概況可參考第二章第四節。現代研究情況主要從以下三方面成果得以體現:

1、期刊論文類

這類研究發展演變的軌跡經歷了,從音義訓詁到分析醫學學術源流,從個別詞彙考釋到探勘注家醫學思想,從局部思考到整體把握的理性化演進過程。上個世紀先賢的探索,主要是吉光片羽式的。如《中醫雜誌》1923 年第8 期方見吾發表題爲《注家誤釋經文舉例》一文;1924 年第 10 期余紹烈發表題爲《注家誤釋經文之商榷》的論文。《中醫世界》1936 年第 3 期歐陽福保發表題爲《內經「火鬱發之」釋義》的論文;1936 年第 6 期秦又安發表題爲《「東方生風」之今釋》一文。《復興中醫》1940 年第 6 期周偶生發表題爲《素靈選粹新釋》一文。《江蘇中醫》1963 年第 8 期徐湘亭發表題爲《〈素問〉誤文旁注》一文。《廣西中醫雜誌》1965 年第 1 期《關於「天食人以五氣」的解釋問

題》。《河南中醫學院學報》1979 年第 1 期石冠卿發表題爲《〈內經‧素問‧湯液醪醴論〉釋》的論文。《山東中醫學院學報》1980 年第 3 期姜建國發表題爲《〈內經〉「氣味」論的本義》一文。《中醫雜誌》1981 年第 4 期顧玉龍發表題爲《〈內經〉「喘」字析》的論文。《河南中醫》1981 年第 5 期李今庸發表題爲《「脈」字之義當訓爲「診」說》一文。《江蘇中醫雜誌》1982 年第 1 期龔仕明發表題爲《「天癸至」析》一文。《中醫雜誌》1985 年第 5 期孫啓明發表題爲《〈帛書〉「治」與〈內經〉「治」》的論文。《上海中醫》1986 年第 4 期王慶其發表題爲《〈內經〉「以象之謂」疏義》一文。《上海中醫藥雜誌》1987 年第 2 期劉愛民發表題爲《「淫溲不利」釋》一文。《按摩與導引》1988 年第 4 期發表宮偉新題爲《〈素問‧至眞要大論〉「摩之」釋義》的論文。以上論文的標題大多引出《內經》一詞一語，內容也是針對它進行考辨。其最大功績，在於訂正了許多誤說，正本清源，爲建立科學體系奠定了比較堅實的基礎；其不足則在於缺乏全域性的宏觀審視，只見樹木不見森林。到上世紀末，這種局面略有改觀。如《河南中醫》1994 年第 5 期張長城等題爲《近年〈內經〉諸版本注疏失誤析例》從徵引原文失考，不明語法疏於斷句，未破通假順文作注，錯訓虛詞違背常理等四個方面舉例說明誤注的情況。雖名之「析例」，但已將一些傾向性較強的共同規律揭示出來，起到了承上啓下的作用。

　　本世紀《內經》語言研究有了明顯的突破，或將眼光轉移到某一注家的釋義取向，以人爲中心展開專題，或捃取注釋的某些特色，以多文本的共同特徵爲專題，或取某一時段的研究進行概述。總之，較之上個世紀，有由點向面，由微觀向宏觀，由考辨向探索發展的特點。如《浙江中醫雜誌》2000 年第 1 期發表了楊毓雋題爲《略論馬蒔注釋〈靈樞〉的特色》一文。從「分節提要，旨意鮮明」；「注釋周詳，聯繫應用」；「融會貫通，見解獨到」三個方面進行了論述。《邯鄲醫學高等專科學校學報》2002 年第 2 期王桂生等發表《〈黃帝內經〉注釋整理之最》一文，對《內經》整理注釋具有開創之功的歷史人物、事件進行了概述。《中國中醫基礎醫學雜誌》2003 年第 8 期發表了鮑曉東等題爲《試論張志聰注釋〈內經〉的訓詁成就》一文，認爲張注「方法精當」、「術語準確」、「注重內證」、「兼及校勘」、「多出創意」。《中醫藥學刊》2003 年第 11 期傅海燕等發表題爲《〈黃帝內經〉詞語研究述評——兼論〈內經〉的詞義引申及義項排列規律》的論文，認爲歷代許多注家對《內經》進行了校勘整理、注解詮釋，沒有對《內經》的詞彙作系統的研究。80 年代初，

隨著對《內經》等 11 部重要的醫學著作進行校注整理，《內經》詞彙專項研究
拉開了序幕。王琦等的《素問今釋》，郭靄春的《黃帝內經素問校注語釋》、《黃
帝內經校注》、《黃帝內經靈樞校釋》，山東中醫學院、河北醫學院編的《黃帝
內經素問校釋》、《靈樞經校釋》，張珍玉的《靈樞經語釋》等書籍，對《內經》
的詞語進行了注釋、校勘、語譯，解決了《內經》中的許多疑難詞義，爲學
習研究《內經》提供了方便。有關《內經》語言文字研究的論文也發表了很
多，據《黃帝內經研究大成》第七編「《黃帝內經》研究文獻彙編」記載，1957
～1990 年，有關語言文字研究方面的論文共有 268 篇，其中一部分是對《內
經》疑難詞語的考釋，極個別的是對《內經》某一詞語的歸納整理。到目前
爲止，發表的有關《內經》語言文字方面的論文，仍集中在以上兩方面。認
爲對《內經》詞彙的研究，由於錢超塵先生的《內經語言研究》和張登本、
武長春主編的《內經詞典》的誕生，而取得了突破性的進展。不過還應看到
一些研究成果還有待完善，一些研究領域仍未開墾，還有許多工作要做。《中
醫藥學報》2004 年第 6 期蘇春梅題爲《從王冰〈內經素問序〉看〈內經〉歧
義注釋產生的一個原因》一文認爲，在古籍整理和注釋中，總會遇到各種各
樣的問題，有時無法讀通文字，有時上下文無法融通，錯簡、脫簡現象時常
發生。如果解釋不通，也不應該輕易刪除，一般正確的方法是存疑。《中國中
醫藥》2004 年第 8 期翟雙慶發表題爲《〈內經〉的注家和注本》論文，分三部
分對有關研究著作進行介紹：1、類分研究《內經》著作。2、注解《內經》
的著作。3、校勘《內經》著作。其中注釋《內經》的著作介紹了〔唐〕王冰
注解的《黃帝內經素問》，〔明〕吳昆的《素問吳注》，〔清〕高士宗的《素問
直解》，〔清〕張琦的《素問釋義》，〔明〕馬蒔的《素問注證發微》和《靈樞
注證發微》，〔清〕張志聰的《素問集注》和《靈樞集注》。

　　而在國外，則基本停留在上個世紀以點爲核心的研究層次。如《日本經
絡學會誌》豐田白詩 1977 年第 5 期《關於〈素問〉「厥」的研究》，1979 年第
7 期《必齊的變遷》，1981 年第 9 期《關於〈素問〉〈靈樞〉中的「合」》；小
野太郎 1982 年第 10 期《就〈素問〉中的「氣」的一個考察》，1985 年第 12
期《關於〈素問〉〈靈樞〉〈難經〉中的「氣」的調查和比較考察》；東海林茂
1982 年第 10 期《關於「並」》；山本朝子 1990 年第 17 期《〈靈樞〉中「而」
的研究》。比較全面一點的要算日本丹波元簡的《素問識》和《靈樞識》。

2、學位論文類

有關《內經》語言的學位論文基本上是這個世紀的產物，也體現了本世紀《內經》語言研究的共同特色，並不斷拓展《內經》語言相關的周邊領域，將《內經》語言、思想、文化放到大的時代背景下考察。如遼寧中醫學院 2000 級博士生林琳題爲《〈黃帝內經〉與〈淮南子〉比較研究》一文，分析《黃帝內經》與《淮南子》文字表述異同，醫學思想的相關性，文化哲學背景對其影響，包括宇宙發生及萬物形成論、天人觀、地人觀、氣論、陰陽學說、五行學說、形神觀、養生觀等方面，考察了《黃帝內經》與《淮南子》的理論體系。其結論是：先秦兩漢的大文化背景是《黃帝內經》與《淮南子》成書的基原，這兩部書的寫作風格、文字特點、學術思想都非常接近。認爲它們之間確有親緣關係，認爲它們成書時間相近，且《黃帝內經》略晚於《淮南子》。

山東中醫藥大學 2002 級碩士生李懷芝《對胡澍、俞樾校詁〈素問〉的研究》認爲：《素問校義》、《讀書餘錄》二書對《素問》的校注方面，一遵乾嘉樸學之舊貫，其研究方法與成就，對我們研究《內經》有一定的啓發作用。作者從文獻角度，對胡澍、俞樾的生平著述，《素問校義》及《讀書餘錄》的成書背景進行了分析研究，對胡、俞二儒校勘、注釋《素問》給予了辨正，對其研治《素問》的經驗、不足及對後世的影響做了探討。二人研治《素問》與清代實行文化統治的政治背景，乾嘉時期的樸學興盛及清儒關注醫經等關係密切。其校勘《素問》的方法以理校、本校爲主，胡氏間或使用對校，而俞氏偶有運用它校。胡、俞二人繼承了王念孫、王引之父子的治經方法，據言語環境確定語義，就古音以求古義，詳徵博考，備其佐證，運用音韻知識校勘《素問》，取得了令人矚目的成就，對後人學習研究《素問》校勘、注釋醫經產生了一定的影響。

遼寧中醫學院 2003 級博士生傅海燕題爲《〈黃帝內經〉首見醫學詞彙研究》一文，介紹先秦兩漢古籍中蘊涵的豐富醫學內容；調查了古漢語界對先秦兩漢詞彙研究的概況，發現《內經》是其研究的盲點；調查了當今醫學界對《內經》語言文字研究的情況，發現目前研究的重點仍是疑難詞語考釋。然後採用共時描寫、歷時比較和數理統計相結合的方法，系統地發掘出首見於《內經》的醫學詞彙——新詞 83 個以及有新義的詞 384 個，從《內經》理論系統的幾個方面，深入地分析了一些有代表性詞語的意義。首見於《內經》的醫學詞彙，是中醫學詞彙的源頭之一，代表了《內經》超出前代醫學的創

新，成爲構建《內經》理論體系的要件，對中醫學的發展起到了奠基作用。

北京中醫藥大學 2004 級博士生王育林題爲《試論清儒〈黃帝內經〉音韻訓詁研究》的學位論文，論述了清儒研究《黃帝內經》的事實、方法和成就，側重研究他們對《內經》的文字、語音、詞義現象的理解和說明，爲閱讀理解《內經》提供方法和參考資料，也爲編寫醫學史和語言學史積累素材。

韓國慶熙大學校大學院 1985 年 12 月金裕戌題爲《對〈黃帝內經〉「淖」字的意義分析》博士學位論文。

3、研究專著類

錢超塵先生有《內經語言研究》一書。該書分爲上、中、下三編，分別講《內經》的訓詁、音韻和語法。其中訓詁篇爲本課題研究提供了許多有價值的參考。錢氏在訓詁篇的前言部分說：「本章將以《內經》的詞義爲研究核心，對《內經》的詞義進行多角度多方面的探討，以期對《內經》的訓詁有一個比較深入的認識。古人講，『文以載道』，研究《內經》的語言訓詁，對進一步瞭解和掌握《內經》博大精深的思想內容，無疑是極有裨益的。」《內經語言研究》與本課題比較，側重點不同。首先是研究對象同中有異，《內經語言研究》以「《內經》的詞義爲研究核心」；而本課題以《內經》難於理解的經文及其歷代注釋爲研究對象。其次是研究目的也有區別，《內經語言研究》以期對《內經》的訓詁有一個比較深入的認識，說明進一步瞭解和掌握《內經》博大精深的思想內容；而本課題則希望通過對《內經》經、注的研究，探討專科古籍注釋的經驗和教訓，尋找注釋學的規律，爲古籍整理提供有益的借鑒。

張登本、武長春主編的《內經詞典》，是第一部《內經》專書詞典，它利用電子電腦資料庫對《內經》所用的全部 2286 個漢字，5580 個詞（包括少數短語）進行了全面的統計處理，在吸收前人訓詁及歷代注家研究成果的基礎上，全面分析確定了《內經》字詞的含義，從本義引申義假借義各方面進行了詳盡的解釋，爲研讀《內經》提供了巨大的幫助，也爲研讀其它中醫古籍提供了重要的工具。郭靄春先生主編的《黃帝內經詞典》也對《內經》的全部字詞進行了注音和釋義，也是研究《內經》詞語的重要參考書。兩書充分注意到了詞義發展演變的規律，取得了巨大的成就。

張爛珅先生《黃帝內經文獻研究》就《內經》的編成年代、歷史背景，

《素問》、《九卷》名稱及源流考，《素問》、《靈樞》引書引文考，以及《素問》、《靈樞》中不同學派、篇文組合、學術思想等進行了研究。

從以上現狀可見，《內經》文獻及語言文字研究其對象還主要在於經文本身，涉及到注釋的只有零星幾篇論文，而對《內經》注釋方法的討論就更少涉及。

第二章 《內經》及其注釋

第一節　總　論

結集成書於漢代的《黃帝內經》，是我國的一部中醫經典著作，由《素問》和《靈樞》兩部分構成，前者側重於醫學理論，後者則以醫學實踐爲主。書中內容多以黃帝、岐伯、雷公、少俞、伯高等人問答爲形式。冠以「黃帝」之名，實乃貴之、重之，以求廣爲流布，遍濟蒼生。古人著述，非惟名利，但求澤被後世，眞正的著作編纂者已不得而知，這種情況屢見不鮮。內經之「內」與「外」相對，張舜徽先生《漢書藝文志通釋》：「醫書之分《內經》、《外經》，猶《春秋》、《韓詩》有內、外傳，《晏子春秋》、《莊子》、《淮南》有內、外篇也。《漢志・諸子略》雜家著錄《淮南內》二十一篇，《淮南外》三十三篇，顏師古注云：『內篇論道，外篇雜說』《莊子》分內、外篇，成玄英序云：『內則談於理本，外則語其事蹟。』斯又二者之異也。大抵內篇爲作者要旨所在，外篇其緒餘耳。醫書之《內經》、《外經》，亦同斯例。」由此可見，署名黃帝也好，標識內經也好，以及經中常見的藏之金匱、靈蘭秘室。用意同出一轍——這是一部偉大的著作。《四庫全書・子部・醫家類・類經》卷一「類經名義」注：「內者，性命之道；經者，載道之書。」正是對上述觀點的證明。

《內經》成爲國醫經典之始祖，傳統醫學理論之淵源，由漢而清，乃至現代，孕育出一代代中醫名家。指導醫學實踐，形成豐富多彩的流派。後世著述也多在此基礎上發揮：秦越人《八十一難經》本其旨設難釋義，其間營衛部位，藏府脈法，與夫經絡腧穴，辨之博矣。楊玄操序《難經》云：「黃帝

有《內經》二帙，帙各九卷，而其義幽賾，殆難窮覽，越人乃採摘英華，抄撮精要，二部經內，凡八十一章，勒成卷軸，伸演其首，探微索隱，傳示後昆，名爲《八十一難》。」漢張仲景《傷寒雜病論》參考《靈》、《素》內容而垂範千古。晉皇甫謐《針灸甲乙經》「乃撰集三部，使事類相從」之書，其中兩部即出《內經》。王叔和《脈經》多出《素問》診法。隋巢元方《諸病源候論》則取其病因、病機內容而獨立爲說。宋代林億序《重廣補注黃帝內經素問》對該書的傳承作過概述：「（《內經》）歷代寶之未有失墜，蒼周之興秦和述六氣之論，具明於左史；厥後越人得其一二，演而述《難經》；西漢倉公傳其舊學，東漢仲景撰其遺論；晉皇甫謐刺（次）而爲《甲乙》；及隋楊上善纂而爲《太素》，時則有全元起者，始爲之訓解，缺第七十一通；迄唐寶應中太僕王冰篤好之，得先師所藏之卷大爲次注，猶是三皇遺文爛然可觀。」

　　《內經》既是國醫之祖，又慧及海外，而對日本、朝鮮的影響猶深。自南北朝至隋唐時期，伴隨著中外文化日益頻繁的交流，許多中醫書籍也被傳到日本和朝鮮。西元八世紀初，日庭曾採用唐制，制定醫藥職令——《大寶律令・疾醫令》，規定醫學生必修《甲乙經》、《本草》、《素問》、《黃帝針經》諸書。至平安朝時代（約當唐德宗至宋孝宗時）他們的醫學也都是根據《大寶律令》，以學習我國的醫學爲主，其中《同類聚方》百卷，就是以我國的《素問》、《黃帝針經》、《甲乙經》、《本草》、《小品方》等爲底本編纂而成。朝鮮的醫學制度也曾仿效隋唐，設醫學校，置醫博士，以我國醫學書爲教本，用《素問》、《難經》、《甲乙經》、《本草經》等教授學生。越南黎有卓編《海上醫宗心領全帙》也將《內經》節錄注釋的一部大型綜合性醫書。〔註1〕

　　下面就《內經》文獻著錄、版本情況，注釋所用相關理論，及其歷代注釋簡況作一說明。

第二節　《內經》的著錄及版本

1、《內經》的著錄

　　《內經》最早著錄於西漢班固《漢書・藝文志》，顯然劉歆《七略・方技略》（原書已佚）就已經收入。由秦而漢，戰火不斷，書籍亡佚不在少數，書

〔註1〕參山東中醫學院、河北醫學院《黃帝內經素問校釋》，人民衛生出版社，1982年。

缺簡脫，禮崩樂壞的情況引起了孝武帝的重視。於是建藏書之閣，置寫書之官，成帝使謁者陳農求遺書於天下，詔光祿大夫劉向校經傳、諸子、詩賦，侍醫李柱國校方技。每一書已，劉向條其目錄，撮其旨意，錄而奏之。但事業未竟，劉氏西歸，其子歆總群書而奏《七略》，成爲《漢書·藝文志》的前身，《黃帝內經》即在其列。

　　從性質上看，它是一部「醫經」。班固云：「醫經者，原人血脈經落（絡）骨髓陰陽表裏，以起百病之本，死生之分，而用度箴石湯火所施，調百藥齊和之所宜。至齊（劑）之得，猶慈石取鐵，以物相使。拙者失理，以瘉爲劇，以生爲死。」這對《內經》的性質不無揭示，「醫經」重在於「理」。故班氏云，得其理則治病如磁石取鐵，失其理則以生爲死。由此可見，這個經，這個理對治病的重要性。一同與《黃帝內經》並列的醫經還有：《外經》三十七卷，《扁鵲內經》九卷，《外經》十二卷，《白氏內經》三十八卷，《外經》三十六卷，《旁篇》二十五卷。一併成爲祖國醫學理論著作有目可考的源頭。

　　從內容上看，《內經》不僅僅是講醫理，也講實踐，這就與《漢書·藝文志》同時著錄的「經方」一脈相承，相互貫通。「經方者，本草石之寒溫，量疾病之淺深，假藥味之滋，因氣感之宜，辨五苦六辛，致水火之齊，以通閉解結，反之于平。及失其宜者，以熱益熱，以寒增寒，精氣內傷，不見於外，是所獨失也。」被班氏列入「經方」的還有：《五藏六府痺十二病方》三十卷，《五藏六府疝十六病方》四十卷，《五藏六府癉十二病方》四十卷，《風寒熱十六病方》二十六卷，《泰始黃帝扁鵲俞拊方》二十三卷，《五藏傷中十一病方》三十一卷，《客疾五藏狂顚病方》十七卷，《金創瘲瘲方》三十卷，《婦人嬰兒方》十九卷，《湯液經法》三十二卷。這十一家經方所列之症，在《內經》裏都有體現。有的還是專篇論述的，如《內經》有：《素問·痺論篇》第四十三，《素問·風論篇》第四十二，《素問·熱論篇》第三十一，《靈樞·寒熱病》第二十一，《靈樞·熱病》第二十三，《靈樞·寒熱》第七十，《靈樞·顚狂》第二十二，《素問·湯液醪醴論篇》第十四。而對於疝病、癉病、瘲瘲以及五藏內傷，《內經》多處論及。《內經》裏提到的疝病種類就有：頹疝、心疝、厥疝、疝瘕、癃疝、七疝、衝疝、狐疝風、（各藏）風疝、癀疝、狐疝、卒疝。由此可見，《內經》是當時醫學著作之集大成者。

　　除了同時一併著錄於《漢志》的其它醫經、經方書籍與《內經》在學術淵源上聯繫緊密外，《內經》經文裏也常提到其論術所本。如《針經》、《九針》、

《熱論》、《刺法》、《下經》、《本病》、《奇恒》、《陰陽》、《上經》、《金匱》、《揆度》、《陰陽十二官相使》、《太始天元冊》、《脈法》、《大要》、《脈要》、《陰陽傳》、《經脈》、《奇恒之勢》等等就是。

以上是《內經》最早見於著錄的相關情況，再看其它史志情況。到《隋書・經籍志》「醫方」類有「《黃帝素問九卷》（梁八卷），《黃帝針經九卷》，《黃帝素問》八卷（全元越〔註2〕注），《黃帝甲乙經》十卷」。《舊唐書・經籍志》「明堂經脈類」：「《黃帝三部針經》十三卷（皇甫謐撰），《黃帝素問》八卷，《黃帝針經》十卷，《黃帝九靈經》十二卷（靈寶注），《黃帝內經太素》三十卷（楊上善注）」《新唐書・藝文志》「明堂經脈類」：「皇甫謐《黃帝三部針經》十二卷，全元起注《黃帝素問》九卷，靈寶注《黃帝九靈經》十二卷，王冰注《黃帝素問》二十四卷，《釋文》一卷（冰號啓玄子），楊上善注《黃帝內經太素》三十卷。」《宋史・藝文志》「醫書類」：「《黃帝內經素問》二十四卷（唐王冰注），《素問》八卷（隋全元起注），《黃帝靈樞經》九卷，《黃帝針經》九卷，《黃帝九虛內經》五卷，楊玄操《素問釋音》一卷，皇甫謐《黃帝三部針灸經》十二卷（即《甲乙經》），《黃帝太素》三卷（楊上善注），高若訥《素問誤文闕義》一卷，劉溫舒《內經素問論奧》四卷。」

除了正史史志著錄，其它目錄亦有所見。宋鄭樵《通志・藝文略》：「《黃帝素問》九卷，全元起注，《黃帝素問》二十四卷，晉（唐）王冰撰，《補注素問》二十四卷，林億補注，《素問釋音》一卷，《黃帝內經太素》三十卷，楊上善注，《黃帝太素經》三卷，靈寶注《黃帝九靈經》十二卷，《靈寶靈樞》九卷，《內經靈樞經》九卷，《內經靈樞略》一卷。」宋晁公武《郡齋讀書志》：「《黃帝素問》二十四卷，唐王冰注，《靈樞經》九卷。」尤袤《遂初堂書目》有《黃帝內經》。陳振孫《直齋書錄解題》：「《黃帝內經素問》二十四卷。」

2、《內經》的版本

《黃帝內經》這一名稱可以從廣義和狹義兩個層面理解。廣義的《黃帝內經》當指歷代《素問》、《靈樞》（《九卷》、《針經》）的全本、節本、改編本、注釋本等，如楊上善注《黃帝內經太素》，張介賓《類經》皆在其列，上文史志著錄，基本是從廣義《內經》著眼。而狹義的《黃帝內經》則僅指今天《素問》、《靈樞》的通行本。現就狹義《黃帝內經》的版本情況介紹如下。

〔註2〕「越」爲「起」之誤。

　　現在通行的《素問》是經王冰次注〔註3〕，並經宋林億等校正者，其中也保存了梁全元起《素問訓解》的部分注文和原本的篇次。全本南宋後亡佚，主要靠林億校語提供的資料得知全氏注的部分情況。全元起正史無傳，籍貫不詳。《南史・王僧孺傳》載：「侍郎全元起欲注《素問》，訪以砭石。」由此可知，其生平應該與王僧孺（西元 465～522 年）相去不遠，故為齊梁間人。《隋書・經籍志》、《宋史・藝文志》皆載：「《素問》八卷，全元起注。」由於作者所據《素問》祖本已亡一卷（第七卷），所以只注了八卷。明徐春甫《古今醫統大全》載全氏「以醫鳴隋，其實不在巢、楊之下，一時縉紳慕之如神，患者仰之。得則生，捨則死。其醫悉祖《內經》。」故其所注頗有參考價值。如《素問・熱論》之「少陽主膽」。全本作「少陽主骨」，與上文「陽明主肉」相應。並注為「少陽者肝之表，肝候筋，筋會於骨，是少陽之氣所榮，故言主於骨。」又如該篇之「三陽經絡皆受其病，而未入於臟者，故可汗而已」，全本「臟」作「府」（腑），並注云「傷寒之病始於皮膚腠理，漸勝於諸陽而未入府，故須汗發其寒，熱而散之。」此外，林億尚以全注本與王注本對校，指出其中錯誤多處。全氏是已知校訂注釋《素問》最早的醫家。

　　王冰，正史無傳。明徐春甫《古今醫統大全・歷代聖賢名醫姓氏》：「王冰寶應中為太僕令，號啟玄子，篤好醫方，得先師所藏《太素》及全元起者，大為次注《素問》，合八十一篇，二十四卷。又著《玄珠》十卷，《昭明隱旨》三卷。」他因感《素問》「世本紕繆，篇目重複，前後不倫，文義懸隔，施行不易，披會亦難」，乃「精勤博訪，歷十二年」，而重予注釋，於唐寶應元年（西元 762 年）撰成。王冰以全本為祖本，首先調整篇次，糾正原來的重出和錯易，改為二十四卷，八十一篇。全本篇次大致以診法、經絡、藏象、治法、養生、陰陽為序。而王冰則將養生類篇目置於卷首，依次按陰陽、藏象、診法、經絡、治法等排列，反映了作者從防到治，從理到法的科學思想體系。由於《素問》早佚一卷，王氏謂有張公「舊藏之卷」，取而補之。即是《天元紀大論》以下七篇。後有人疑非《素問》原文，但其文字古奧、氣勢磅礡、立論宏偉、意旨精深，不失為有價值的古典醫著。《刺法論》、《本病論》兩篇內容闕如。王注本中僅存篇目。對於原本文字的重疊、錯亂，王冰亦做了大量的校訂，並刪繁存要、增補貫通。而且所加文字皆朱書以別之。

〔註3〕重新排序，並加注釋。

但歲久流傳而朱墨混淆，原注用心所爲竟被湮沒，呂復、黃以周等都曾爲之惋惜。此外，王冰引徵多種古籍，對原文作了詳細注釋。其注追本溯源。深入淺出，著重發揮了陰陽理論和運氣學說。對後世注家產生了深遠的影響。誠如林億、高保衡所言：「迄唐寶應中。太僕王冰篤好之，得先師所藏之卷，大爲次注。猶是三皇遺文。爛然可觀。」王冰《素問》後經林億校正，遂廣爲流傳，成爲後世《素問》之通行本。

林億生於西元十一世紀，北宋醫家。宋仁宗嘉祐二年（西元 1075 年）設校正醫書局於編修院，命其與高保衡、孫兆等校正醫書，歷十餘年完成。林氏謂《素問》「去聖已遠，其術晻昧，是以文注紛錯，義理混淆……嘉祐中，仁宗念聖祖之遺事將墜於地，乃詔通知其學者，俾之是正。臣等承乏典校，伏念旬歲。」於是在王注本的基礎上「搜訪中外，裒集眾本，浸尋其義，正其訛舛」，並端本尋支，泝流討源，改錯六千餘字，增注兩千餘條。從而使漢唐以來該書紛亂的情況得以糾正。《素問》文字從此趨於穩定，再無更大變動。林校本名爲《重廣補注黃帝內經素問》，共二十四卷。曾有宋、金、元、明、清以及近、現代多種刊本。其中主要的版本有：北京圖書館藏金刊殘卷本，即林億《重廣補注黃帝內經素問》二十四卷本，尚存卷三至卷五、卷十一至十八、卷二十、補遺一卷，它卷皆亡；改變卷數的合刊本《補注釋文黃帝內經素問》十二卷，有元代至元五年己卯（西元 1339 年）胡氏古林書堂刊本（附《素問人式運氣論奧》三卷，前有劉溫舒序，並有《遺篇》一卷）；明嘉靖二十九年庚戌（西元 1550 年）武陵顧從德雕北宋刻本；清光緒三年丁丑（西元 1877 年）新會李元綱刻本等。與《靈樞經》白文合刊的有：明萬曆十二年甲申（西元 1584 年）繡谷書林周曰校刊本；清咸豐二年壬子（西元 1852 年）金山錢氏守山閣校刊本等。明鼇峰熊宗立種書堂仿元本重刻本；明嘉靖間趙簡王朱厚煜居敬堂刊本；清道光二十九年金陵宋仁甫刻二十四卷本；清咸豐三年錢熙祚守山閣校刻二十四卷本等。

《靈樞經》的文獻著錄，直至《宋史·藝文志》方有所見。宋高宗紹興二十五年乙亥（西元 1155 年），四川錦官（成都）史崧校正「家藏舊本」並增修音釋，附於卷末，刻爲二十四卷（後人改爲十二卷），即流傳至今之《靈樞經》。其序云「昔黃帝作《內經》十八卷，《靈樞》九卷，《素問》九卷，乃其數焉。世所奉行，唯《素問》耳。……僕本庸昧，自髫迄壯，潛心斯道，頗涉其理，輒不自揣，參對諸書，再行校正，家藏舊本《靈樞》九卷，共八

十一篇，增修音釋，附於卷末，勒成二十四卷。庶使好生之人，開卷易明，了無差別……今崧專訪請名醫，更乞參詳，免誤將來。」本書所論醫理，與《素問》屬於同一體系。所不同者，除闡發陰陽五行理論，臟腑氣血功能，病因、病機、辨證之外，著重論述了經絡、輸穴、針具、刺法及其治療原則。明代馬玄台深得《靈樞》之精蘊，所以對該書推崇備至。如在《靈樞注證發微》中說：「《靈樞》大體渾全，細目畢具，猶儒書之有大學，三綱八目，總言互發，真醫家之指南，其功當先於《素問》也。」因此，他對於皇甫士安之後，皆以《針經》為名，遂使後學視此書為用針專著，棄而不習深感遺憾。

宋、金本《靈樞經》今已不見行世。現存主要版本有：元至元五年己卯（西元 1339 年）胡氏古林堂十二卷本[註4]；明英宗《正統道藏》本；明憲宗成化十年熊氏種德堂本；明朱厚煜趙府居敬堂本；明萬曆繡谷書林周曰校刊本；明萬曆吳勉學校刊《醫統正脈三》本；清道光二十九年三味堂刻十二卷本；清咸豐三年錢熙祚守山閣校刻二十四卷本等。

第三節 《內經》注釋相關理論

《內經》是一部以理論為主要內容的著作，注釋者也應該對相關理論深知熟悉，才不至於所作注釋離經叛道。班固《漢書·藝文志》將《黃帝內經》十八卷列入「醫經」類，「醫經」與「經方」是有區別的，前者重於醫學理論而後者側重於具體的實際應用。這就說明，《內經》的重點是理論方面的構建。綱舉目張，一理萬法。《內經》理論是先聖實踐精華的凝結，只有弄清這個「理」，在實踐中才能以簡御繁，做到出神入化。再者，理論對方法又有指導和檢驗作用，比如一條經文的理解與闡釋，常用「兩理」皆通的標準來檢驗，一個是醫理，一個是文理，其中的醫理也就是《內經》本身所承載的規律，或謂之為「道」，或稱之為「法」，法亦源於道。如果僅僅從普遍規律即「道」這個層面理解理論，是不完善的，因為理論本身又是一個系統，即若干相關實事和規律在一起整合後的體系，故理論體系也不排除方法論的介入。

《內經》理論系統主要是宇宙整體恒動觀。所謂整體觀，就是強調認識對象的完整性、統一性、和系統性。而認識「對象」則是人和環境這個大的

[註4] 與《素問》合刊。

體系，以及人本身這個小的體系，即所謂天人合一、天人合參的觀點。如《靈樞·邪客》就說：「人與天地相應者也。」《靈樞·歲露》亦云：「人與天地相參也，與日月相應也。」整體觀念在後來的發展中甚至將主體和對象都泛化了，醫泛指一切治理的主體，被治對象也可泛指整個世界一切背離規律的人和事物。如唐孫思邈《備急千金要方·論診候第四》即云「上醫醫國，中醫醫人，下醫醫病」，就是這一理論的體現。

那麼恒動呢？則是指這些大大小小的體系出入升降，活動不已，人具有與天地浮沉變化的特點。《素問·生氣通天論》曰：「陽氣者，一日而主外，平旦人氣生，日中而陽氣隆，日西而陽氣已虛，氣門乃閉。」人本身的生命節律與宇宙節律應當同步，疾病的變化也隨外環境變化而消長。《靈樞·順氣一日分為四時》曰：「夫百病者，多以旦慧、晝安、夕加、夜甚，何也？岐伯曰：四時之氣使然……朝則人氣始生，病氣衰，故旦慧；日中人氣長，長則勝邪，故安；夕則人氣始衰，邪氣始生，故加；夜半人氣入藏，邪氣獨居於身，故甚也。」一旦運動停止，那麼這一主體也就要從系統中退出。正如《素問·六微旨大論》所云：「出入廢則神機化滅，升降息則氣立孤危，故非出入則無以生長壯老已，非升降則無以生長化收藏，是以升降出入無器不有。」這個無器不有，就說明整體恒動規律的普遍性。

再從系統整體恒動的工作機制來看《內經》的主要理論。系統的東西是由部分組成的，有哪些部分呢？主要是陰陽學說、五行學說、藏象學說、經絡學說、運氣學說幾部分，其中陰陽五行也是我國古代哲學的核心，哲學是對整個世界的認識，這就同《內經》的整體觀念殊途同歸。這個工作機制不僅僅與我國古代的哲學有關，也與現代科學中的信息理論、控制論和系統論一脈相承。下面就這幾方面理論作一說明。

1、陰陽學說

陰陽學說是用對立統一觀點將系統變化發展分析開來解釋的一種方法論。《素問·陰陽應象大論》曰：「陰陽者，天地之道也，萬物之綱紀，變化之父母，生殺之本始，神明之府也。」這把陰陽提到世界變化發展之本源的高度來認識。《易傳·繫辭上》曰：「一陰一陽謂之道。」這一陰一陽也就是兩儀，太極生兩儀，那麼太極又是指什麼呢？以往或稱之為無，是無中生了有；或稱之為元氣混而為一的天地合一的狀態。那麼誰又見到這種狀態呢，

憑什麼說有這種狀態呢？最後歸之於虛無，一個宇宙變化的很現實的問題，則陷入虛無，無怪一提到陰陽，有人就認為它是迷信、是偽科學，甚至借此否定中醫。這與太極的理解不無關係。

太極就是太陽。「太」有至高、至遠的意思；「極」《說文・木部》「棟也」，屋脊之棟也是房屋至高、至上之處。那麼「太極」就是同義連文，表示至高至上至遠的東西，還要與地球上的變化息息相關，那自然就是太陽。先聖生活在地球上，憑著敏銳的觀察，感受到那極高極遠的太陽，與天地宇宙乃至人類一切變化之間的密切關係。無器不在的升降出入都離不開這個太極，離不開這個太陽。讓「太極」這個概念從虛無中回到了現實，我們再回到陰陽這個主題上。那陰陽呢，則是與太陽有關的事物屬性，這種屬性會體現到每一事物之中。我們不妨將常見的陰陽屬性歸類圖表逐錄如下：

屬性	時間	空		間	季節	溫度	亮度	濕度	運		動	功	能
陰	夜	下	北	內	秋冬	寒冷	陰暗	潮濕	靜	慢	降	衰退	成形
陽	晝	上	南	外	春夏	火熱	明亮	乾燥	動	快	升	興奮	氣化

《說文》曰：「陰，暗也。水之南，山之北也。陽，高明也。」這個太極分出的陰陽，顯然與太陽有關。從時間上看，地球背向太陽為夜為陰，面向太陽則為晝為陽；從空間上看，下、北、內離太陽遠為陰，上、南、外離太陽近為陽；從季節上看，秋冬離太陽遠為陰，春夏離太陽近為陽；從溫度上看，寒冷是得到太陽的熱量少了為陰，火熱是得到太陽的能量多為陽；從亮度來看，沒有太陽照射的地方晦暗為陰，光照地帶明亮為陽；從濕度上看，日曬地乾為陽，反之潮濕為陰；從運動上看，動、快、升是富有能量的象徵為陽，一切的能量都直接或間接來自於太陽，反之靜、慢、降為陰；從功能上看，興奮、氣化都是能量相對多的表現為陽，衰退、成形反之為陰。

但同時也應看到，陰陽是相對比較而言的，陰陽之間可以互相轉化，陰中有陽，陽中有陰。比如太陽的炙烤可以使濕地變乾，乾燥為陽，潮濕為陰；但太陽的炙烤使水氣蒸發，這一過程中，水氣只是從一個地方，移到另一個地方，這裏乾那裏濕，水氣只是在出入升降。所以《素問・金匱真言》云「陰中有陽，陽中有陰。平旦至日中，天之陽，陽中之陽也；日中至黃昏，天之陽，陽中之陰也；合夜至雞鳴，天之陰，陰中之陰也；雞鳴至平旦，天之陰，陰中之陽也。」這一過程同時也能看出陰陽變化是一個此消彼長的過程。這

種陰陽的相互作用，相互轉化產生了宇宙的節律，也產生了人體的節律。正常的陰陽變化是宇宙生命運動必不可少的動力，如果陰陽偏盛，在天爲災變，在人爲疾病。《素問‧陰陽應象大論》曰「陰陽反作，病之逆從也」。一切疾病的診治也就是促成陰陽由偏盛向正常的轉化。《素問‧三部九候論》「無問其病，以平爲期」，就是陰陽理論在診法上的應用，不管什麼病，診治都是爲了達到陰陽平衡的穩態。那麼怎樣才能平衡陰陽呢？這就涉及到《內經》的另外一個理論，即五行生剋原理。

2、五行學說

什麼是五行呢？也許認爲是金、木、水、火、土五種物質及其運動變化。這種觀點無論是從哲學上看還是從歷史文獻上看恐怕都不完備。哲學不僅僅認識某些事物和現象，更重要的是從事物現象中抽象出本質，那麼作爲一種哲學觀念，顯然不僅指具體的某幾種物質，而應該是一般性和普遍規律，是從具體事物中概括出的世界觀和方法論。比如說一個「金」字，若將它具體化，那就應該是無窮多事物，即所謂「數之可十，推之可百，數之可千，推之可萬，萬之大不可勝數，然其要一也」。這個「一」就是「金」，是一個哲學概念。而具體表現呢？在自然界五音之商、五味之辛、五色之白、五化之收、五氣之燥、五方之西、五季之秋……不可勝數；在人體五臟之肺、五腑之大腸、五體之皮、五官之鼻、五志之悲、五聲之哭、五變之咳、五脈之浮、五液之涕……不一而足。

再從文獻記載看，《尚書‧洪範》曰：「五行：一曰水，二曰火，三曰木，四曰金，五曰土。水曰潤下，火曰炎上，木曰曲直，金曰從革，土爰稼穡。潤下作鹹，炎上作苦，曲直作酸，從革作辛，稼穡作甘。」「潤下」、「炎上」等也是從屬性來定義水、火這些概念的。處於發生階段能屈能伸，舒展條達的事物現象都屬木；處於盛長階段欣欣向榮，溫熱、升騰、明亮的事物都屬火；凡具有化生、承載、受納功能的事物現象都屬土；處於發展轉折變革階段，具有肅殺、收斂、沉降屬性的事物現象都屬金；處於伏藏階段，具有滋潤、就下、寒涼、閉藏屬性的事物現象都屬水。《白虎通義‧五行》：「五行者何也？謂金、木、水、火、土也。言『行』者，欲言爲天行氣之義也。」班固在這裏說得很清楚，五行不僅是具體指五種物質，而且是運動變化的五種狀態，即「爲天行氣」。那什麼是「天行氣」呢？天行氣即陰陽消長的五

種狀態，《靈樞・順氣一日分爲四時》：「春生夏長，秋收冬藏，是氣之常也，人亦應之。以一日分爲四時，朝則爲春，日中爲夏，日入爲秋，夜半爲冬。」又《素問・天元紀大論》：「天有陰陽，地亦有陰陽，木火土金水，地之陰陽也。」五行是陰陽變化階段性的進一步細化和類分。即陰分爲少陰和老陰，陽又分爲少陽與老陽，這樣春夏秋冬就與少陽、老陽、少陰、老陰對應，也就是和木火金水對應，與東南西北對應。加上時間之長夏或空間之中央所屬之土，就構成五行。

　　對立統一的事物屬性，一分爲陰陽，陰陽再分爲五行，用以描述事物對立面的相互制約和轉變，這就是所謂的「生」、「剋」、「化」。生即相生，有相互資生、助長、促進的意思，這個相生是陰陽四時推移的規律和秩序的推闡：春生夏，夏生長夏，長夏生秋，秋生冬，冬生春。即木生火，火生土，土生金，金生水，水生木。剋即相剋，有相互克制、制約的意思，相剋即對立，如春與秋的對立，冬與夏的對立。即《素問・寶命全形論》：「木得金而伐，火得水而滅，土得木而達〔註5〕，金得火而缺，水得土而絕，萬物皆然。」這個「萬物皆然」就說明它具有普遍性。相生與相剋的關係結合在一起就形成了動態的「化」，造化之機不可無生，亦不可無制，無生則化育無由，無制則亢而爲害，這樣就使宇宙萬事萬物在系統的生剋規律中變動。

3、藏象學說

　　藏象一詞，早見於《素問・六節藏象論》篇，其文有云：「帝曰：藏象何如？岐伯曰：心者，生之本，神之變也，其華在面，其充在血脈，爲陽中之太陽，通於夏氣；肺者，氣之本，魄之處也，其華在毛，其充在皮，爲陽中之太陰，通於秋氣；腎者，主蟄，封藏之本，精之處也，其華在髮，其充在骨，爲陰中之少陰，通於冬氣；肝者，罷極之本，魂之居也，其華在爪，其充在筋，其生血氣，其味酸，其色蒼，此爲陰中之少陽，通於春氣；脾、胃、大腸、小腸、三焦、膀胱者，倉廩之本，營之居也，名曰器，能化糟粕，轉味而入出者也，其華在唇之四白，其充在肌，其味甘，其氣黃，此至陰之類，通於土氣。」有些《內經》校勘者徑直將「藏象」改爲「臟象」，意即人體內臟及其在外部顯露出來的表象。從經典「六節」與「藏象」連文來看，「藏象」固然可以指內臟與其表象，但意蘊當更加寬泛。「六節」即六六之

─────────────────────

〔註5〕《說文》：「達，行不相遇也。」

節，是自然六個甲子日周〔註6〕構成的不同陰陽變化節律階段，而這一規律反應到人身上則以五臟功能與之相應，即上文心通於夏氣，肺通於秋氣，腎通於多氣，肝通於春氣之類。那麼「藏象」一詞就可用以表述天人陰陽表裏之聯繫，在天爲特徵的隱藏與顯露之間的聯繫，在人爲內臟與色脈之間的聯繫。故不必將「藏象」改爲「臟象」，因爲「藏象」已經涵蓋了「臟象」的內容，二者是概念上的屬種關係，也可把「臟象」理解爲狹義的「藏象」。歷代《內經》注釋者對「藏象」一詞提出了不同的看法，或從廣義爲訓，或從狹義立言。王冰曰：「象謂所見於外，可閱者也。」張介賓曰：「象，形象也，臟居於內，形見於外，故曰藏象。」吳昆云：「臟，九臟也。象，謂三百六十五節，以象三百六十日，九臟以象九野也。」又云：「象，猶天象之象，可見者也。」馬蒔曰：「夫臟在內而形之於外者可閱，斯之謂藏象也。」高士宗云：「藏象者，神藏五，形藏四，合爲九藏。神藏五，開竅於耳目鼻口，形藏四，開竅於前後二陰。竅雖有九，其位惟穴。又形藏神藏，合於三陰三陽之六氣，猶之以六爲節，以九制會，故曰藏象。」其中王氏之解言簡意賅，深得本旨。

我們認爲宜從廣義理解「藏象」的涵意，凡是內在的不可直接感知的皆可謂之「藏」，與此對應的能直接感知的外在表象皆可謂之「象」，不僅五臟有象，六腑有象，萬物皆然。也可用陰陽屬性對「藏象」進行分析，藏屬陰，象屬陽，藏象互爲表裏。根據音義密合或音隨義轉的原則廣義「藏象」之藏該讀 cáng，狹義「藏象」之藏該讀 zàng。那麼藏象學說則可以視之爲研究事物表裏之間聯繫的科學。中醫四診，望、聞、問、切中有三診運用了藏象學說，藉以尋求病機，探明因由。

4、經絡學說

經絡，指經脈和絡脈，故又可稱之爲經絡。是人體氣血運行，臟腑聯絡，表裏溝通，傳導感應，自我調節的系統。經絡學說則是研究經絡系統的組成、分佈、功能、病變的有關理論。《內經》經注都運用到這一理論，並予以高度重視。《靈樞·經脈》云：「經脈者，所以能決死生，處百病，調虛實，不可不通。」《靈樞·經別》曰：「十二經脈者，人之所以生，病之所以成，人之所以始，病之所以起。學之所始，工之所止也。」綜人一身之經絡，可分

〔註6〕六個六十天，三百六十天。

為經脈和絡脈兩大系統。經和絡的區別是主幹和分支的區別。經脈主要是十二經脈，即手足之三陰三陽；其次是十二經別，即從十二經脈別出的較大分支；再次是奇經八脈，即任脈、督脈、衝脈、帶脈、陰蹻脈、陽蹻脈、陰維脈、陽維脈。絡脈主要是較大的十五別絡，從十二經脈中分出，即十二經脈及任督二脈各分出一支別絡，再加上脾之大絡構成；其次是浮絡，即分佈於人體淺表部位的絡脈；再次是孫絡，是細小的絡脈。

再從經典記載看經絡分佈。《靈樞·經脈》云：「肺手太陰之脈，起於中焦，下絡大腸，還循胃口，上膈屬肺，從肺系橫出腋下，下循臑內，行少陰心主之前，下肘中，循臂內上骨下廉，入寸口上魚，循魚際，出大指之端；其支者，從腕後直出次指內廉，出其端。……肝足厥陰之脈，起於大指叢毛之際，上循足跗上廉，去內踝一寸，上踝八寸，交出太陰之後，上膕內廉，循股陰入毛中，過陰器，抵小腹，挾胃屬肝絡膽，上貫膈，布脅肋，循喉嚨之後，上入頏顙，連目系，上出額，與督脈會於巔；其支者，從目系下頰裏，環唇內，其支者，復從肝別貫膈，上注肺。」這段細緻入微的描述，數千年來一直成為指導人們循經施治的準繩。遺憾的是至今的科學技術沒法予以實證，李時珍《奇經八脈考》曰：「內景隧道，惟返觀者能照察之，其言必不謬也。」人的感官能力能夠洞察到的，僅僅是外在真相極其狹小的部分，憑借發展外在工具只是人類探索真知的方法之一，而通過有意識的自身修煉提高人的本能，是古代認識世界的重要途徑，也是包括中國在內的幾大世界先進古代文明發展的共同方法，有必要繼承與發展。

當然，就效用來說，五行學說和經絡學說也得到現代科學的驗證。楊鑫輝《心理學的歷史理論技術》說：「在這方面，其實已有成功的例子；像對『怒傷肝，喜傷心，思傷脾，憂傷肺，恐傷腎』等問題的實驗探討和驗證；五音對五臟的心理生理的實驗驗證，採用電腦經絡探測系統儀，檢測對五臟相對應的經絡、穴位在靜息狀態和發音狀態下資訊值的變化，已經初步證明五音和五臟之間存在心理生理上相關聯的密切關係，五音對五臟的對應性，五行、經絡理論的相關性，以及聲音表象的作用問題。」〔註7〕也正是因為「有效」，才讓一代又一代的中醫學人不離不棄，堅信經絡基本理論的指導作用。

〔註7〕楊鑫輝《心理學的歷史理論技術》暨南大學出版社，2001年，第129頁。

5、運氣學說

運，即木火土金水五運；氣，即風寒暑濕燥火六氣。分別以十天干統運和十二地支主氣來表示形成氣候變化的天地兩方面因素。干支紀年紀月紀日，推算出四時節氣，大的週期爲六十年一個甲子，其中又有小的週期節律。如《素問·六節藏象論》云：「五日謂之候，三候謂之氣，六氣謂之時，四時謂之歲，而各從其主治焉。五運相襲，而皆治之，終期之日，周而復始，時立氣布，如環無端。」自然氣候的這種有規律的變化過程中又分爲運氣不及和運氣有餘兩類。運氣不及指主歲之運氣不足。在十天干統運中，如逢乙年、丁年、己年、辛年、癸年，皆爲陰干之運，陰爲不及。如甲己之歲，均爲土運主歲，逢己巳、己卯、己丑、己亥、己酉、己未等年份爲土運不及。土運不及，則風乃大行，土氣衰而木乃乘之。不及之年，時至而氣未至。運氣太過指主歲之運氣有餘，在十天干統運中，如逢甲年、丙年、戊年、庚年、壬年，皆爲陽干之運，陽爲太過，故其運氣亦太過。如甲己之年，均爲土運主事，逢甲子、甲戌、甲申、甲午、甲辰、甲寅之年爲土運太過。土氣太過，則雨濕流行。凡太過之年，時未至而氣先至。運氣學說是醫學與氣象學結合的產物，是以研究氣象變化與人類健康之間的關係爲主的科學。古人對運氣學說的意義就有較深刻的認識，《素問·天元紀大論》云：「夫五運陰陽者，天地之道也，萬物之綱紀，變化之父母，生殺之本始，神明之府也，可不通乎！」

以上 5 種學說，既是中醫學的基本原理，也是指導《內經》註釋的根本理論。

第四節　《內經》注釋小史 [註8]

1、現存祖本

現存祖本除了本章第二節所提及的「《內經》的版本」外，還有以下幾種。

1.1、黃帝內經太素　三十卷

〔隋〕楊上善撰注，是現存分類注釋的第一家。注本每卷皆題「通直郎守太子文學臣楊上善奉敕撰注」字樣。楊氏正史無傳，徐春甫《古今醫統大

〔註8〕該節參考高文鑄《黃帝內經書目匯考》，及傅景華《黃帝內經目錄學研究》。

全》載其在大業中（西元 605～616 年）爲太醫侍御，述《內經》爲《太素》。全書十九篇，包括了《素問》和《九卷》的內容。篇名分別爲攝生、陰陽、人合、臟腑、經脈、輸穴、營衛氣、身度、診候、證候、設方、九針、補瀉、傷寒、寒熱、邪論、風論、氣論、雜病等。唐初楊上善等奉命校定古代醫書，於是在原本《太素》的基礎上重新整理，擴爲三十卷，並撰寫了注文。《舊唐書・經籍志》對此已著錄。經楊上善改編加注之《太素》，由於使經文各歸其類，可疑處皆於注中指出而不輕易改動正文，其注「依經立訓」而「不逞私見」〔註9〕，所以具有較高的學術價值。

　　北宋治平（西元 1064～1067 年）中，林億等奉詔校正醫書，《太素》亦在其列，但其校本未見流傳。南宋以後，該書大半缺佚。《宋史・藝文志》僅載「《黃帝內經太素》三卷」。金、元諸史及明《崇文總目》、《郡齋讀書志》、《直齋書錄解題》等皆未著錄。及在明代業已消息杳然。後來焦竑撰《國史・經籍志》又載「《太素》三十卷」，但無傳。十九世紀初，日本仁和寺發現古本《太素》，其後即影回仁安二年（宋乾道三年）舊鈔本，但已缺一、四、七、十六、十八、二十、二十一卷，其它亦有無首少尾者。

　　現存主要版本有：日天保五年甲午（西元 1834 年）奈須信德寫本；日天保十年己亥（西元 1839 年）阪立節春璋倩皇寫本；清光緒二十三年丁酉（西元 1897 年）通隱堂（漸西村舍）匯刻本；1924 年蘭陵堂仿宋嘉佑刻本等。

1.2、黃帝三部針灸甲乙經　十二卷

　　〔晉〕皇甫謐撰。皇甫謐（西元 215～282 年）字士安，幼名靜，自號玄晏先生，安定朝那（今甘肅靈臺）人，魏晉間醫家。該書是作者根據《素問》、《針經》、《明堂孔穴針灸治要》三部醫籍整理合編而成，簡稱《針灸甲乙經》，或《甲乙經》。作者在撰集該書時，採用了「使事類相從，刪其浮辭，除其重複，論其精要」的方法，因而使其眉目更加清晰，內容更爲系統。如卷一總論臟腑、氣血、精神、津液等，共十六篇；卷二概述經脈、絡脈、脈度、經筋等，共七篇；卷三列舉腧穴部位、主治、刺法等，共三十五篇；卷四闡述臟腑病脈、三部九候等，共三篇；卷五詳載針具、針道、針法、禁忌等，共七篇；卷六分析陰陽、形氣、虛實、正邪等，共十二篇；卷七以下，列敘臟腑、經絡、內傷、外感、婦人、小兒諸病，合四十八篇。《甲乙經》如此理法層出、條分縷析，遂使魏晉前醫學成就得以系統總結，同時對後世醫學，特

〔註9〕黃以周《舊鈔太素經校本・敘》。

別是針灸學的發展產生了深遠的影響。

林億校本名《新校正黃帝針灸甲乙經》，係林億參照多種古代醫籍，如《素問》、《靈樞》、《九墟》、《太素》等，對《甲乙經》進行校定整理而成，於宋熙寧二年（西元1069年）刊行。此後，《甲乙經》文字基本定型，雖經多次重刻，改動處甚少。林億等校正過程中，糾正了原文中某些錯誤，並增補了其中所缺的《內經》部分原文。

現存主要版本有：《古今醫統正脈全書》本；明刊醫學六種單行本吳勉學校刊本；四庫全書本；清光緒十一年乙酉（西元1885年）四明存存軒刻本；光緒十三年丁亥（西元1887年）行李草堂刻本等。

2、全文原編的《內經》注本

2.1、黃帝內經素問靈樞經注證發微　十八卷

〔明〕馬蒔注。馬蒔字仲化，號玄臺子（後避康熙諱，亦稱元臺），會稽（今浙江紹興）人。本書係《素問》、《靈樞經》合刊的全注本，各九卷。書中原文仍按王注本次序排列，篇首作「篇釋」，然後逐篇逐節對原文的醫理、詞義等予以辨注。其中指出王冰的一些錯誤，並闡述了自己的見解，很有參考價值。特別是《靈樞經》的注釋部分，歷來評價甚高。這是因為作者素嫻於針灸、經脈，故其注在剖析醫理和申明字義方面均有發揮。後人謂其較之《素問》部分「過之遠矣」。汪昂《素問靈樞類纂約注》中說：「《靈樞》從前無注，其文字古奧，名數繁多，觀者蹙額顰眉，醫率廢而不讀。至明始有馬玄臺之注，其疏經絡穴道，頗為詳明，可謂有功於後學。」此外，馬氏注《靈樞》時，以之與《素問》對照，有相同者，「則援引之」，「後世醫籍有訛者，則以經旨正之於分注之下」。並指出：「後學者，當明病在何經，用針合行補瀉，則引而伸之，用藥亦猶是矣。」書末附「人體經脈腧穴圖解」。

該書刻於明萬曆十四年（西元1586年），刊行後流傳頗廣。現存主要版本有：明萬曆十四年丙戌（西元1586年）天寶堂刻本；明萬曆十六年戊子（西元1588年）寶命堂刻本；清嘉慶十年乙丑（西元1805年）古歙鮑氏慎餘堂刻本；光緒五年己卯（西元1879年）刻本；光緒十四年戊子（西元1888年）揚州邱氏文富堂刻本等。

2.2、黃帝內經素問吳注　二十四卷

〔明〕吳昆注。吳昆字山甫，別號鶴皋，安徽歙縣人，生於西元1551

年，卒年不詳。本書又名《素問注》，或《素問吳注》，係《素問》的原編全注本。書中將通行本《素問》七十九篇依次分段予以注釋。篇首簡述該篇大意，頗爲明白曉暢。每段文字詳加闡析，亦妥貼入理。如注「三焦者，決瀆之官」爲：「決，開也。瀆，水道也。上焦不治，水溢高原；中焦不治，水停中脘；下焦不治，水畜膀胱。故三焦氣治，則爲開決瀆之官，水道無氾濫停畜之患矣。」後世多宗其說。汪昂謂「《素問吳注》間有闡發，補前注所未備」。《安徽通志藝文考稿》中言其「批郤導窾，深入顯出，治《內經》者，皆當讀之」。

該書刊於明萬曆二十二年（西元 1594 年），流傳較廣。現存主要版本有：明萬曆二十二年甲午刊本；萬曆三十七年己酉（西元 1609 年）刊本；清光緒二十四年戊戌（西元 1898 年）新安程氏重刻本等。

2.3、黃帝內經素問靈樞集注　十八卷

〔清〕張志聰注。張志聰字隱庵，浙江錢塘（今杭州）人，生於西元 1610 年，約卒於西元 1674 年。本書由張氏與侶山堂諸生集體撰寫，故名「集注」。其次序依王冰之舊，篇首先述全篇大意，然後按句夾註。注文較精審，每摒棄舊說，益以新解，闡發原文意旨頗爲詳備，特點在於就經解經、忠於原著。由於作者發揮了集體的力量，注文別具特色，因而深受後世醫家的稱頌。如陳修園遍覽各家，絕少許可，惟心折張注、高注。

該書刊於西元 1672 年，《素問》、《靈樞》各九卷。現存主要版本有：清三多齋刻本；清康熙十一年壬子（西元 1672 年）刻本；光緒五年己卯（西元 1879 年）勤思堂刻本等。

2.4、黃帝內經素問直解　九卷

清人高世栻撰。高世栻字士宗，浙江錢唐人。清代著名醫家，曾隨張志聰學醫，並協助其著述。本書意在重注《素問》，使之「直捷明白，可合正文誦讀」，故名爲「直解」。書中首先詮解篇名，然後分節注釋。所述較爲明白曉暢，能夠深入淺出，特點是重視字句文義的參訂，且又繁簡適宜，通俗易懂。此外，原缺《刺法》、《本病》二篇，高氏取馬玄臺《靈樞注證發微》中所載補於後，並謂「所論皆陰陽上下，運氣升降與諸大論相爲貫通」，因一例注之。

該書刊於西元 1695 年，現存主要版本有：清康熙三十四年乙亥（西元

1695 年）侶山堂刊本；光緒十三年丁亥（西元 1877 年）浙江書局重刊本等。

2.5、古今圖書集成醫部全錄·黃帝素問　四十六卷　靈樞經　二十二卷

清人蔣廷錫等纂。蔣廷錫字楊孫，號西谷，常熟人。《古今圖書集成醫部全錄》共五百二十卷，包括醫部匯考、醫部總錄、醫書名流列傳、醫部藝文、醫部雜錄等。其中輯錄自《內經》到清初文獻百餘種，分類編纂，有論有方，內容豐富，系統全面。《內經》部分主要以通行本次序爲準，並收入王冰、馬蒔、張志聰等的注釋，可以說是《內經》的集注本，對於有比較地瞭解《內經》的主要注家有一定的參考價值。

該書刊於西元 1723 年，現存主要版本有：《古今圖書集成》本第八二八至九一九冊；清光緒十年甲申（西元 1884 年）圖書集成印書局鉛印本；光緒十六年庚寅（西元 1890 年）同文書局原樣影印本等。

2.6、素問釋義　十卷

清人張琦撰。張琦字宛鄰，清陽湖人。本書篇次、原文悉依王冰舊本，但注釋內容卻不取王說，而以林氏校正爲注，並取黃元御《素靈微蘊》、《素問闕疑》等文。由於黃、章二書世少流傳，發揮經論又多創見，因而張氏注本很有參考價值。自序中謂其「疑者闕之，僞者乙之，合者存之，誤者正之」，如此潛神竭慮達二十年之久，始成是書。

該書刊於清道光十年庚寅（西元 1830），有《宛鄰書屋叢書》本，亦有單行本等。

2.7、素問直講　九卷

清人高士億著。高士億字玉章，清金城人。因感歷代《素問》注釋辭句繁費，乃按王冰注本篇次，於每章每節之後予以直講，即用較通俗易懂文字對原文加以說明。同時又命其弟子羅濟川對原文中疑難字詞進行注釋。並在每篇開頭概述大意。所以頗適於初讀《素問》者參考。該書另一特點是，其中《刺法論第七十二》和《本病論第七十三》兩篇，謂得自三峰山道士原本，與通行本之《素問遺篇》不同。

該書刊於清同治十一年壬申（西元 1872 年），流傳極少。現存清刻本扉頁及目錄首行作「黃帝內經素問完璧直講詳注」，卷端作「黃帝內經素問詳注直講全集」，故此二者又爲《素問直講》之別名。

2.8、內經評文　三十六卷

　　清人周學海評注。周氏字澂之，安徽建德人，光緒十八年（西元 1892 年）進士，官內閣中書。其潛心醫學，論脈尤詳，著述甚豐。編有《周氏醫學叢書》三集，共三十二種。

　　本書包括《素問評文》二十四卷（附遺篇）、《靈樞評文》十二卷。因作者認爲《內經》「英詞風發，浩然沛然，析及毫芒，昭於日月，是神於醫而雄於文者。」故爲之「分析腠理，指點起伏」，通過評論其文詞章句而「廣其功用」，故名爲《內經評文》。書中內容全依通行本《內經》編次排列，然後用品評文章的方式，根據誦讀古文的要求，通過注文及旁注予以評述。特點是注重詞章而略於字義。每篇均分節分段闡明用詞之意，詳析造句之法，並提示音韻規則，解釋文章結構。篇末又點出本篇大意要旨及文筆特色，對於理解原文精蘊具有一定的參考價值。

　　該本刊於西元 1896 年，爲《周氏醫學叢書》本。此外有清光緒十七年辛卯（西元 1891 年）至宣統之年辛亥（西元 1911 年）池陽周氏福慧雙修館刻本等。

2.9、素問靈樞合注　各十卷

　　明人馬蒔，清人張志聰合注。本書是上海廣益書局將馬、張二氏所注《內經》合編而成。合編時沒有增加新的內容，只是在原文後分列二注，故又名《馬張合注黃帝內經》。現存清宣統二年庚戌（西元 1910 年）廣益書局石印本，以及後來重印的掃葉山房石印本、錦章書局石印本等。

2.10、黃帝內經素問注解　十卷

　　孫沛注解。孫沛字子雲，漢中人。本書系用現代語言注解《素問》的著作。反映了當時的一些觀點。現存 1937～1939 年北京鉛印本，其中第一卷爲1925 年印。

2.11、中國醫藥匯海·黃帝內經　三十七卷

　　蔡陸仙編輯。作者係雲陽人，所編《中國醫藥匯海》有經部、史部、論說部、藥物部、方劑部、醫案部、針灸部等七編。《黃帝內經》部分爲三至八冊，在第一編，經部第二種。包括《素問》二十四卷、遺篇一卷、《靈樞》十二卷。卷首有《內經》提要，列「《內經》名義考證」、「《內經》形質上考辨」、「諸家注解舉略」、「歷代《內經》研究家及卷目次序」、「編輯體例」等。卷

末附唐宗海《醫經精義》二卷。

該書係《內經》之集注本。正文按通行本篇次排列，每篇後皆有「諸家選注」，以王冰、林億、馬蒔、張志聰爲主，兼及吳昆、滑壽、張介賓、李中梓、汪認庵、薛生白、徐大椿、陳修園等。各家注釋逐節以數目字塡列，使讀者一望而知某段係注原文中某句。各家注本之篇章字句較《內經》通行本原有字句的損益多寡，以及篇章是否更易等，亦作了對照。分類重編諸家的注釋後，又標明了其在該書的何篇。考證諸家之校勘內容亦記於後。篇末有編者按，闡述作者對本篇的考證及各家雜記，並摘錄有關《內經》的論述，以供參考。

該書刊於 1941 年，現存中華書局鉛印本。

3、節文原編的《內經》注本

3.1、黃帝內經素問節文注釋　十卷

明人黃俅撰。黃俅〔註 10〕字穀如，新郡（今四川境內）人。本書係《素問》節要集注本。其中選錄《素問》原文約六十五篇部分內容，按原來篇次，先後附以王冰、馬蒔注文編輯而成，是一部經過選編的《素問》王、馬合注本。此外亦闡發了一些黃俅自己的見解。

本書刊於 1619 年，流傳極少。現存明萬曆四十七年己未（西元 1615 年）瓊芝室刊本。

3.2、素問經注節解　九卷

清人姚止庵撰。姚氏字紹虞，會稽人，清初醫家。作者認爲《素問》有複贅重出、文詞殘缺、義無可考、字句駁雜者，遂盡爲刪削貫通。又語之脫誤，考別本以補葺；字之舛訛，會文理以訂正；句法顛倒、段落參錯，通上下以更易；文章奧義，醫經大旨，取諸注以參斷，故名爲《素問經注節解》。

本書分內、外兩篇，前三卷，後六卷。篇目依王冰之舊，篇首總序各目大略。所引注文多取王冰、林億、馬蒔、張介賓之說。《天元紀大論》以下七篇，基本全錄張介賓《類經》語。《著至教論》後七篇疑爲假託，未作詳解。姚氏自注獨抒己見，不沿舊說，且重視醫理大旨的闡解，而力排隨文順解之拘泥。

〔註10〕另有元明時醫家，歙縣人黃俅，曾著《黃俅醫案》。

本書撰於清康熙十六年丁巳（西元 1677 年）。人民衛生出版社據以排版。
原版缺《骨空論》。據作者自序，謂有《靈樞經注節解》，但未見。

3.3、內經纂要二卷

清人馮兆張編。馮氏字楚瞻，海鹽人。該書係《素問》王注之節要本。
其中選五十二篇，部分內容，分上、下兩卷。注文依王冰原注。該書收入《馮
氏錦囊秘錄》，刊於 1702 年。

3.4、內經詮釋

清人徐大椿著。徐氏字靈胎，吳江人。本書選《素問》六十二篇，主要
刪去有關針灸的篇目。每篇內容亦有刪節，有的甚至只剩其中幾句。如《通
評虛實論》只取「邪氣盛則實，精氣奪則虛」。篇次依王冰之舊，注文通俗
易懂。該書收入《徐靈胎醫學全書十六種》，為後集第一種。現存清光緒十
九年癸巳（西元 1893 年）石印本，1936～1948 年廣益書局鉛印本等。由於
現存版本距作者甚遠，有疑非徐氏所作者。

3.5、素問識　八卷

〔日〕丹波元簡編。丹波元簡字廉夫，日本著名醫家。本書係作者節取
《素問》部分原文，逐條予以注釋而成。其篇次仍依王冰注本，但除去王氏
補入的《天元紀大論》以下七篇。卷首列有「序」、「《素問》題解」、「《素問》
匯考」、「《素問》諸家注解書目」、「全元起本卷目」等。注解方式是摘取每
篇中重要或深奧的詞句，選錄切當的前人注釋，並參以己見，加以辨析。所
選注家主要有王冰、馬蒔、吳昆、張介賓、張志聰、高士宗等。所引注文均
甚入理，不妄言「識」。所加之「簡按」，亦有獨到之處，頗能發前人所未發。

撰於 1806 年的《素問識》，傳入我國後，深受國內醫家的珍視，曾多次
予以刊行。現存主要版本有日天保八年（西元 1837 年）刊本，日文久三年
（西元 1863 年）躋壽館鉛印本，1936 年陳存仁編《皇漢醫學叢書》本等。

3.6、靈樞識　六卷

〔日〕丹波元簡著。本書的編撰方法、體例、內容等，均仿《素問識》，
係《靈樞經》的節要集注本。現存主要版本有：日文久三年（西元 1863 年）
躋壽館聚珍版，日聿修堂（丹波氏堂名）醫書本，中國醫學大成本等。1959
年上海科技出版社曾據以排印出版。

3.7、素問紹識　四卷

〔日〕丹波元堅著。丹波元堅係丹波元簡之子。本書仿《素問識》而作，撰於 1846 年，無多發揮。現存 1936 年《皇漢醫學叢書》本等。1956 年人民衛生出版社據以重印出版。

第三章 《內經》自注研究

第一節 總 論

　　自注就是作者對其著述所加的注，或爲原典內容中自我詮釋性的文字。自注形式早已有之，如《論語‧顏淵》：「子張問：『士何如斯可謂之達矣？』子曰：『何哉，爾所謂達者？』子張對曰：『在邦必聞，在家必聞。』子曰：『是聞也，非達也。夫達也者，質直而好義，察言而觀色，慮以下人。在邦必達，在家必達。夫聞也者，色取仁而行違，居之不疑。在邦必聞，在家必聞。』」這一對話就對「聞」和「達」這兩個概念進行了自注。較早的歷史文獻，於行文中插入解釋性的語言，也起著注釋的作用。比如《左傳‧宣公十二年》：「止戈爲武。」《昭公元年》：「皿蟲爲蠱。」這是解釋文字字形意義，注爲釋字。《公羊傳‧宣公十五年》：「初稅畝。初者何？始也。稅畝何？履畝而稅也。」《禮記‧王制》：「東方曰夷，南方曰蠻，西方曰戎，北方曰狄。」這是注釋典章名物。早期文中釋義可以看成是一種不自覺的自注形式。劉治立認爲：「自注雖然在兩漢時期已經出現，但當時尙處於自發的萌芽階段，沒有形成一種有章可循的體例。」〔註1〕

　　從形式上看，自注有兩種。一種是融入正文的自注，也稱正文訓詁，即在行文某處，對其上下文加以說明，它已經是正文一個不可分割的部分，文注合一。陸宗達先生《訓詁簡論》中云：「有一種訓詁材料混合在正文裏，不以訓詁形式出現，而實際上起很重要的訓詁作用。」說的就是這種情況。

〔註1〕《史書自注的發展歷程及其影響》，《寧夏社會科學》2005 年第 4 期。

另一種是採用文注分離的形式。一般注文以註腳、章節附註或單獨文本的形式出現。融入正文的自注很多著述裏都有，特別是一些使用獨創理論或術語較多的著作，比如《黃帝內經》就是。其《素問・水熱穴論》云：「勇而勞甚則腎汗出，腎汗出逢於風，內不得入於臟腑，外不得越於皮膚，客於玄府，行於皮裏，傳爲附腫，本之於腎，名曰風水。所謂玄府者，汗空也。」文中「玄府」這個詞，雖在《內經》多次出現，但明確給予定義者，僅此一次。像這類專有名詞，它書亦無訓解，若非作者自注，後人理解，易入歧旁。文注分離者，如西晉史學家司馬彪《續漢書》自注，和北魏散文家楊衒之《洛陽伽藍記》自注。這種文注分離的形式，則是轉向自覺自注後的產物。

在結集《內經》之有漢，自注雖處於自發階段，但開始向自覺階段過渡。章學誠以爲「太史敘例之作，其自注之權輿乎？明述作之本旨，見去取之從來，已似恐後人不知其所云，而特筆以標之。所謂不離古文，乃考信六藝云云者，皆百三十篇之宗旨，或殿卷末，或冠篇端，未嘗不反復自明也。」〔註2〕這段話對自注的作用有精當的說明。自注又叫子注或本注。章學誠曰：「史家自注之例，或謂始於班氏諸志，其實史遷諸表已有子注矣。」〔註3〕劉昭在爲司馬彪《續漢書》作注時將司馬彪的自注稱爲「本注」，如《漢書・百官志》二：「太祝令一人，六百石，本注曰：凡國祭祀，掌讀祝，及迎送神。」

對字、詞、成語典故以及句子篇章等內容自注，一是能反映作者的學術思想和立意所在，二是反映某時代或地域被訓釋詞的詞義。一般說來，有了自注不至於造成後人誤解或妄說，故應引起足夠重視。自注內容，訓釋範圍亦很廣泛。如：《素問・逆調論》：「帝曰：人有身寒，湯火不能熱，厚衣不能溫，然不凍慄，是爲何病？岐伯曰：是人者素腎氣勝，以水爲事，太陽氣衰，腎脂枯不長。一水不能勝兩火……肝一陽也，心二陽也，腎孤臟也，一水不能勝二火，故不能凍慄。」對人體病變，身寒不熱，又不凍慄，這一組矛盾現象從理論上加以闡釋，以肝、心二臟比之二火，腎一臟比之一水，是一水二火雖寒不慄之實已明矣。有些理論和治療方法是抽象的概括，不附加說明，就難以捉摸。如「三刺則穀氣出」，是什麼意思呢？不明句意，相關理論自然也就無法運用。《靈樞・官針》：「所謂三刺則穀氣出者，先淺刺絕

〔註2〕〔清〕章學誠《文史通義・史注》嶽麓書社，1993年，第69頁。
〔註3〕葉瑛，《文史通義校注・史注》中華書局，1985年，第238～239頁。

皮，以出陽邪，再刺則陰邪出者，少益深絕皮致肌肉，末入分肉間也；已入分肉之間則穀氣出。」此用串講句義的形式將這種治療方法的原理予以說明。

上述理論上的隔閡需要自注，時間上的隔閡同樣需要自注來解決。比如我國古代《內經》出現之前，就應該有豐富的醫學文獻。這些文獻大多已經亡佚，今人已不得而知，但《內經》正文中保留對這些佚書的相關闡釋，還可以讓人窺其一斑。如《素問‧病能論》曰：「《上經》者，言氣之通天也。《下經》者，言病之變化也。《金匱》者，決死生也。《揆度》者，切度之也。《奇恒》者，言奇病也。」此釋醫古文獻章旨之文。凡此諸名，疑皆古代單篇別行之文，賴有此解，略知其章旨大意。

自注在內容上解決了經義不明的問題，同時自注的形式也是他注的典範，它採用哪些術語引出注釋內容，以及選擇哪些點作爲自注對象，都爲他注所借鑒，故亦可稱自注爲注釋之權輿。下面就此分節討論。

第二節　自注的術語標誌及其它形式

從行文形式看，部分自注有一定的標誌。因爲注是附加說明性的文字，這就與正文所敘之事，要明之理，文氣不是直接貫通的，用一些表示意義另有轉換的提示詞語，才能上下文合理銜接。這些標誌性的詞語，就具有粘連、整合的功用。

1、名曰、命曰

這兩個詞用法相同，有時爲避重複，能交替使用。如《素問‧陰陽離合論篇》：「天覆地載，萬物方生，未出地者，命曰陰處，名曰陰中之陰；則（才）出地者，命曰陰中之陽。」在「陰中之陰」這一概念前用了「名曰」，後面「陰中之陽」前就換用「命曰」了，使行文不至於單調呆板。「名曰」出現的頻率很高，一般是用於對專有名詞術語的解釋。如《素問‧至眞要大論》篇：「論言人迎與寸口相應，若引繩小大齊等，命曰平。」「平」，是中醫裏的一個具有重要意義的概念，即陰陽平衡，是健康的象徵，是一切治療追求達到的目標。人迎爲陽，寸口爲陰，陰、陽脈之大小齊等，故謂之平，平人者不病。又《素問‧六元正紀大論》：「五運行同天化者，命曰天符，余知之矣。」《靈樞‧經筋》：「其病轉筋者，治在燔針劫刺，以知爲數，以痛爲輸

（腧），命曰季秋痺也。」《靈樞‧終始》：「脈口四盛，且大且數者，名曰溢陰，溢陰爲內關，內關不通死不治。人迎與太陰脈口俱盛四倍以上，命名關格，關格者，與之短期。」這裏「內關」、「溢陰」、「關格」爲不同的脈象術語，「季秋痺」爲疾病名稱，「天符」爲運氣學術語。這些詞行業以外很少使用，都可歸之爲中醫專有名詞的類別。《內經》中以「名曰」、「命曰」自釋的概念還有：

經穴名：天突、委陽、扶突、天窗、天牖、天柱、天府、天容、天隱、天池、氣海、風府、虛裏、太衝、列缺、通裏、內關、支正、偏歷、外關、飛陽、光明、豐隆、公孫、大鐘、蠡溝、尾翳、長強、大包、大迎、懸顱。

疾病名：風厥、心痺、肺痺、肝痺、腎痺、厥疝、逆、關格、重強、厥、脾風、疝瘕、蠱、癃、風水、骨痺、寒瘧、溫瘧、癉瘧、胕髓、伏梁、寒熱、癘風、陽厥、酒風、息積、厥逆、脾癉、膽癉、暴厥、煎厥、疝、筋痺、肌痺、風痺、周痺、狂、癲、脹、癩、疽、大風、脫營、失精、白氣微泄、孟春痺、仲春痺、季春痺、孟夏痺、仲夏痺、季夏痺、孟秋痺、仲秋痺、季秋痺、孟冬痺、仲冬痺、季冬痺、漏泄、奪精、猛疽、天疽、疵癰、夭疽、腦爍、米疽、井疽、甘疽、股脛疽、銳疽、敗疵、赤施、兔齧、走緩、四淫。

臟腑功能名：器、奇恒之腑、傳化之腑。

篇名：玉機、氣交變、治亂。

脈象名：逆、陰出之陽、一陽、逆四時、重實、溢陰、溢陽。

診治名：刺未病、瀉、補、繆刺、經刺、去爪。

生理機能名：害蜚、樞持、關樞、樞儒、害肩。

運氣學名：氣淫、氣迫、歲立。

氣象名：微風、弱風、大弱風、謀風、剛風、大剛風、折風、凶風、嬰兒風。

其它名稱：志悲、陰中之陰、陰中之少陰、少陰、太陰、陰中之絕陰、平人、眾人、不足、神之微、神機、合陰、營氣、亂氣、五裁、三實、旱鄉、白骨、酒悖。

中醫術語屬於專有名詞，具有非全民常用性，非文中自釋很難被初學者理解，成爲掌握該學科的障礙。術語自釋，除用「名曰」、「命曰」外，亦有僅用「曰」字標識者，如《素問‧玉機眞臟論》篇：「春脈者肝也，萬物之所以始生也。故其氣來，軟弱輕虛而滑，端直以長，故曰弦。」「弦」爲脈

象名，文中自釋其內涵爲「端直以長」即摸上去有觸及弓弦之感。

2、所謂、是謂

這兩個詞具有複說、引證、揭示意旨等功能，在漢語中廣泛用來文中自注，且出現時代較早，先秦典籍正文就有使用。如《左傳·隱公三年》：「且夫賤妨貴，少陵長，遠間親，新間舊，小加大，淫破義，所謂六逆也。君義，臣行，父慈，子孝，兄愛，弟敬，所謂六順也。」自注揭示了「六逆」、「六順」的內涵。

以「所謂」、「是謂」爲標誌的自釋，解釋和被釋所處位置不同，分別採用以下兩種格式：（1）所謂＋被釋＋注釋；（2）注釋＋是謂＋被釋。即被釋有放在注釋前或後的順序不同。在《內經》裏所謂這一術語出現十分頻繁，共出現近兩百次。後代注家留意到它的功用問題。王冰注《病能論》篇云：「凡言『所謂』者，皆釋未了義。」用「是謂」的也不少，《素問·生氣通天論》篇：「凡陰陽之要，陽密乃固，兩者不和，若春無秋，若多無夏，因而和之，是謂聖度。」「聖度」就是聖人養生的法度，即經文所云：「聖人陳陰陽」「聖人春夏養陽，秋冬養陰」等法則。

亦有「所謂」、「是謂」連用共同說明一個概念者。如《靈樞·終始》：「所謂平人者不病，不病者，脈口人迎應四時也，上下相應而俱往來也，六經之脈不結動也，本末之寒溫相守司也，形肉血氣必相稱也，是謂平人。」就是被釋概念「平人」前後皆有出現，前用「所謂」引出，後用「是謂」總括。中醫用「平人」這一概念，都是用來指稱健康之人。上例以「不病」解釋「平人」後，再從脈象、四肢的冷暖等外在現象，來說明什麼樣的人才算健康。

有時在詮釋語中又出現比較專業的術語，這就需要接連自注。如《素問·平人氣象論》篇：「人以水穀爲本，故人絕水穀則死，脈無胃氣亦死。所謂無胃氣者，但得眞臟脈，不得胃氣也。所謂脈不得胃氣者，肝不弦，腎不石也。」脈無胃氣——見眞臟脈——肝不弦，腎不石等都是同義蟬聯自注。

3、言、所言

「言」這一術語一般採用「被釋＋言＋注釋」的格式，相當於現在「某某，說的是某」。如《靈樞·小針》：「濁氣在中者，言水穀皆入於胃，其精氣上注於肺，濁溜於腸胃。」亦有用「所言」者，《靈樞·九針十二原》：「節

之交，三百六十五會，知其要者，一言而終，不知其要，流散無窮，所言節者，神氣之所遊行出入也，非皮肉筋骨也。」因為上文提到「節」這一不大容易理解的概念，所以下文則從正反兩方面對它進行注釋。這裏的「節」實際上指的是腧穴，張介賓說得更明白：「所謂節者，神氣之所會也，以穴俞為言，故有三百六十五節。」又如《靈樞・五味》：「五宜：所言五宜者，脾病者，宜食秔米飯牛肉棗葵；心病者，宜食麥羊肉杏薤；腎病者，宜食大豆黃卷豬肉藿；肝病者，宜食麻犬肉李韭；肺病者，宜食黃黍雞肉桃蔥。」這裏用所言窮盡列舉，揭示「五宜」的內涵。

4、者……也、者

這種判斷格式，表意相當於現代漢語中的「被釋是什麼」。「者」字前面為被釋，「也」字前面為注釋，即「被釋＋者＋注釋＋也」。最常見的是在敘述過程中予以插述，先用「某某者」復指一下被釋，然後在「也」字前給予解釋。如《靈樞・本輸》：「肺出於少商，少商者，手大指端內側也，為井（木）；溜於魚際，魚際者，手魚也，為滎；注於太淵，太淵，魚後一寸陷者中也，為腧；行於經渠，經渠，寸口中也，動而不居，為經；入於尺澤，尺澤，肘中之動脈也，為合。」這裏一連自注了「少商」、「魚際」、「太淵」、「經渠」、「尺澤」五個穴位。注前兩穴用「者……也」格式，後三穴「者」字省去。又《素問・痺論篇》：「帝曰：榮衛之氣亦令人痺乎？岐伯曰：榮者，水穀之精氣也，和調於五藏，灑陳於六府，乃能入於脈也，故循脈上下，貫五藏，絡六府也。衛者，水穀之悍氣也，其氣慓疾滑利，不能入於脈也，故循皮膚之中，分肉之間，熏於盲膜，散於胸腹。」又《素問・大奇論》：「脈至如懸雍，懸雍者，浮揣切之益大，是十二俞之予不足也。」這種「者……也」判斷形式也可與「所謂」連用，如《素問・水熱穴論》：「所謂玄府者，汗空也。」亦有將被釋重複出現者，如《素問・金匱眞言論》：「所謂得四時之勝者，春勝長夏，長夏勝冬，冬勝夏，夏勝秋，秋勝春，所謂四時之勝也。」其被釋「四時之勝」就前後兩見。

5、解

「解」也是注釋別名之一，是「注解、講解、解釋」的意思。《玉篇・角部》：「解，釋也。」《廣韻・蟹韻》：「解，講也，說也。」晉杜預《春秋

左氏傳序》：「故特舉劉、賈、許、潁之違，以見同異，分經之年，與傳之年相附，比其義類，各隨而解之，名曰經傳集解。」以「解」字名篇，在我國古籍中也很常見：《管子》就有《牧民解》、《形勢解》、《立政九敗解》、《版法解》、《明法解》，《韓非子》有《解老篇》，《禮記》有《經解》。

　　《內經》裏自注的單位，有大有小。小的對一字一詞進行解釋，大的則對段落篇章進行注解。整部《黃帝內經》一百六十二篇論文中，有些單篇以「解」命名。如《素問》中有《陽明脈解》、《脈解》、《針解》三篇，《靈樞》中有《小針解》一篇。《陽明脈解》篇闡明足陽明胃經實熱症狀的表現，及病理變化，從理論上說明其病「惡人與火，鐘鼓不爲動，但聞木音則惕然而驚，棄衣而走，登高而歌，妄言罵詈」的緣故。《脈解》篇用三十幾個「所謂」引出被釋對象，介紹三陰三陽六經，四時盛衰病變的病因和病理。《針解》篇則是使用「者……也」判斷句的形式說明針刺手法，及九針與自然的關係，如「黃帝問曰：願聞九針之解，虛實之道。岐伯對曰：刺虛則實之者，針下熱也，氣實乃熱也；滿而泄之者，針下寒也，氣虛乃寒也」等等。

　　其中最典型的要數《靈樞・小針解》，它完全是以摘錄它篇經文，然後進行注釋的方式構成。是一篇注釋《靈樞・九針十二原》的文字。如《九針十二原》有這樣的文字：「小針之要，易陳而難入，粗守形，上守神，神乎神，客在門，未睹其疾，惡知其原？刺之微，在速遲，粗守關，上守機，機之動，不離其空，空中之機，清靜而微，其來不可逢，其往不可追。知機之道者，不可掛以發，不知機道，叩之不發，知其往來，要與之期，粗之暗乎，妙哉工獨有之。往者爲逆，來者爲順，明知逆順，正行無間。」而相應的《小針解》則云：所謂「易陳」者，易言也。「難入」者，難著於人也。「粗守形」者，守刺法也。「上守神」者，守人之血氣有餘不足，可補瀉也。「神客」者，正邪共會也。「神」者，正氣也。「客」者，邪氣也。「在門者」邪循正氣之所出入也。「未睹其疾」者，先知邪正何經之疾也。「惡知其原」者，先知何經之病，所取之處也。「刺之微在數遲」者，徐疾之意也。「粗守關」者，守四肢而不知血氣正邪之往來也；「上守機」者，知守氣也。「機之動不離其空」者，知氣之虛實，用針之徐疾也。「空中之機清淨以微」者，針以得氣，密意守氣勿失也。「其來不可逢」者，氣盛不可補也。「其往不可追」者，氣虛不可瀉也。「不可掛以發」者，言氣易失也。「扣之不發」者，言不知補瀉之意也，血氣已盡而氣不下也。「知其往來」者，知氣之逆順盛虛也。「要與之期」

者，知氣之可取之時也。「粗之暗」者，冥冥不知氣之微密也。「妙哉工獨有之」者，盡知針意也。「往者爲逆」者，言氣之虛而小，小者逆也。「來者爲順」者，言形氣之平，平者順也。「明知逆順，正行無間」者，言知所取之處也。

這完全是將注釋內容，與經文合編而共處一冊的情況。

6、何謂

「何謂」一詞，可以在問句中引出被釋，從某種意義上說，整部《內經》基本是通過問答形式來闡明醫理的。有人稱《內經》爲「岐黃之書」，也就是因爲其中大多數篇章以「論篇」爲題，「論篇」之「論」即黃帝與臣下岐伯等人，以問答形式討論明理。《素問》的「問」也是這一形式的體現。

「何謂」、「所謂」之別，主要體現在兩個方面：一方面是「何謂」採用問句的形式，另一方面是用「何謂」被釋既可以放在注釋之前，也可以放在注釋之後。如《素問・至眞要大論》：「帝曰：善。方制君臣何謂也？岐伯曰：主病之謂君，佐君之謂臣，應臣之謂使，非上中下三品之謂也。帝曰：三品何謂？岐伯曰：所以明善惡之殊貫也。」被釋「方制君臣」、「三品」是放在「何謂」前面的。「方制君臣」指配製藥方中的三類藥：主治疾病的是君藥，輔佐君藥的是臣藥，輔佐臣藥的是使藥。「三品」指藥物好壞的三個檔次：能久服無毒，有益無害的爲上品；毒性不大，可治病補虛的爲中品；能祛邪破積，但有毒不宜常用的爲下品。「方制君臣」、「三品」這兩個概念放在一起闡釋，能起到究訛辨錯的作用。又如《素問・六節藏象論》：「帝曰：何謂所勝？岐伯曰：春勝長夏，長夏勝冬，冬勝夏，夏勝秋，秋勝春，所謂得五行時之勝，各以氣命其藏。」被釋「所勝」則是放在「何謂」後面的。

「何謂」、「名曰」略有不同，前者引出的被釋既可以是一個詞，還可以是一個句子，如《素問・天元紀大論》：「何謂氣有多少，形有盛衰？鬼臾區曰：陰陽之氣各有多少，故曰三陰三陽也。形有盛衰，謂五行之治，各有太過不及也。」被釋「氣有多少，形有盛衰」就是以疑問形式提出的一個句子。而後者一般則只是解釋以詞爲單位的概念。如《素問・平人氣象論》：「胃之大絡名曰虛裏。」

「何謂」、「是謂」經常配合使用，既可詮釋術語，又能明析意義相近的概念。如《靈樞・決氣》：「兩神相搏，合而成形，常先身生，是謂精。何謂

氣？岐伯曰：上焦開發，宣五穀味，熏膚充身澤毛，若霧露之溉，是謂氣。何謂津？岐伯曰：腠理發洩，汗出溱溱，是謂津。何謂液？岐伯曰：穀入氣滿，淖澤注於骨，骨屬屈伸，泄澤補益腦髓，皮膚潤澤，是謂液。何謂血？岐伯曰：中焦受氣取汁，變化而赤，是謂血。何謂脈？岐伯曰：壅遏營氣，令無所避，是謂脈。」就是「何謂」與「是謂」連用，一併對精、氣、津、液、血、脈等幾個意義相近的術語給予區分。

經文中「何謂」一詞，有的地方也可能是王冰在整理過程中加進去的。王序有云「指事不明者，量其意趣，加字以昭其義」。如《素問·陰陽別論篇》開頭「人有四經十二從，何謂？」楊上善編《太素》中就沒有「何謂」二字。由此可見它還有關聯前後文，使之有機整合的功能。

7、則

「則」一般用作連詞，表示承接、假設、因果等關係。以「則」引起的多是推理式自注。如《太素·調食》：「黃帝曰：鹹走血，多食之令人渴，何也？少俞曰：鹹入於胃，其氣上走中焦，注於脈，則血氣走之，血與鹹相得則血凝，血凝則胃汁注之，注之則胃中竭，竭則咽路焦，故舌乾善渴。」人體是一個自我調節，維持平衡的系統。某方面的偏盛或不足，都會導致其它方面的相應變化來維繫穩態。上例對變化理據的說明，用聯詞「則」字表示推論，上下蟬聯，環環緊扣，闡明「多食鹹」與「令人渴」之間的邏輯聯繫。又《靈樞·九針論》：「二者，地也。人之所以應土者，肉也。故為之治針，必筩其身而員其末，令無得傷肉分。傷則氣得竭。」其中「令無得傷肉分」後有自注說明原因，即「傷則氣得竭」。

8、同義連文式

意義相同的詞、短語、句子放在一起，也可以起到注釋作用。如《素問·玉機眞藏論篇》：「傳，乘之名也。」其中「乘」在古醫籍中，有疾病從某一內臟向另一內臟傳變的意思，該義它典鮮見，用「傳」釋之，通俗易懂。又《素問·陽明脈解》篇：「其妄言罵詈，不避親疏而歌者何？」「罵詈」放在一起，同義連文，能互參見義。《素問·至眞要大論》：「岐伯再拜對曰：明乎哉，問也！天地之大紀，人神之通應也。」「通應」具體指什麼呢？下文云：「帝曰：願聞上合昭昭，下合冥冥奈何？」把它換了一個意義相同的說

法，「通應」意即「上合昭昭，下合冥冥」也就是指天、地、人共同適用的普遍規律。

9、集解式

如果說以「解」名篇的注文，其注釋單位是「篇」的話，「集解式」注釋則是以「段」爲單位的自釋。這裏的「集解」是集中進行解釋，而非傳統注釋中的集眾家之說而解之。即先用一段文字集中提出問題，後段文字對前段內容進行「集解」。這種情況，沒有提示性的語詞標誌，但從形文來看，是眾問而一答，一答而該眾問。如《靈樞·血絡論》篇中的下兩段文字：

黃帝曰：「刺血絡而仆者，何也？血出而射者，何也？血少黑而濁者，何也？血出清而半爲汁者，何也？發針而腫者，何也？血出若多若少而面色蒼蒼者，何也？發針而面色不變而煩悶者，何也？多出血而不動搖者，何也？願聞其故。」

岐伯曰：「脈氣盛而血虛者，刺之則脫氣，脫氣則仆。血氣俱盛而陰氣多者，其血滑，刺之則射；陽氣畜積，久留而不瀉者，其血黑以濁，故不能射。新飲而液滲於絡；而未合和於血也，故血出而汁別焉；其不新飲者，身中有水，久則爲腫。陰氣積於陽，其氣因於絡，故刺之，血未出而氣先行，故腫。陰陽之氣，其新相得而未和合，因而瀉之，由陰陽俱脫，表裏相離，故脫色面蒼蒼然。刺之血出多，色不變而煩悶者，刺絡而虛經，虛經之屬於陰者，陰脫，故煩悶。陰陽相得而合爲痹者，此爲內溢於經，外注於絡，如是者，陰陽俱有餘，雖多出血而弗能虛也。」黃帝集中提問，岐伯進行「集解」。

10、邏輯關聯式

還有一些自注，被釋和注釋處在不同分句中，分句之間靠邏輯關聯。如《素問·刺要論》：「刺皮無傷肉，肉傷則內動脾，脾動則七十二日四季之月，病腹脹煩，不嗜食。刺肉無傷脈，脈傷則內動心，心動則夏病心痛。刺脈無傷筋，筋傷則內動肝，肝動則春病熱而筋弛。刺筋無傷骨，骨傷則內動腎，腎動則冬病脹，腰痛。刺骨無傷髓，髓傷則銷鑠胻酸，體解㑊然不去矣。」我們可以用「之所以……是因爲……」這種倒裝因果格式來解讀上例的關聯，其中被釋就是「刺皮無傷肉」五句，而緊跟的就是對這一針刺原則的理

由給予注釋，原因就是誤刺會導致「肉傷則內動脾，脾動則七十二日四季之月，病腹脹煩，不嗜食」等病變。

11、引證式

在行文中引用它經內容來證明自己的觀點。如《素問·逆調論》：「陽明者，胃脈也。胃者，六府之海，其氣亦下行。陽明逆，不得從其道，故不得臥也。」接下來又說：「《下經》曰：胃不和則臥不安。此之謂也。」就是用《下經》內容來證前陽明（胃經）逆不得臥的觀點。又《素問·五運行大論》：「天地之氣，勝復之作，不形於診也。」接下來說「《脈法》曰：天地之變，無以脈診。此之謂也。」上述兩例皆在行文中引用古經來說明自己的觀點，並用「此之謂也」標識引證與被證之間的聯繫。

第三節　正文自注的原因及作用

正文自注，見著者去取之由來，正後人傳意之訛誤，型範後注，乃注釋之濫觴。因而，它發揮了多方面的作用。首先是明確了中醫術語的內涵，上文關於「名曰」、「命曰」的敘述可見一斑，這類文中自注大大增強了所述內容的可讀性，架起了語言文字與中醫理論之間的橋樑。其次是文中多義詞有時不自注意義難以明彰。此外，自注還能幫助判斷療效，說明診治方法，揭示病因，敘學術源流等功能。

1、揭示多義詞的文中義

多義詞在不同語境中可能表現出不同的意義。日常交際中之所以不致於發生誤會，是因爲語境給我們限定了它的動態使用義。但多義詞放進比較艱深的理論探討語境中後，情況就不同了，因爲當人們對某一理論要闡釋的道理本身不甚瞭解時，得憑藉表述這一理論的語言來領會，這時文中自注就顯得尤爲重要。沒有自注，初入門徑者無所適從。如「命門」、「窗籠」這樣的詞非注不明。《靈樞·衛氣》：「足太陽之本，在跟以上五寸中，標在兩絡命門。命門者，目也。足少陽之本，在竅陰之間，標在窗籠之前。窗籠者，耳也。」「命門」是個多義詞：可指右腎，石門穴的別稱，又指第十四、十五脊椎之間骨縫中的穴位，這裏指目內眥稍上方凹陷中的睛明穴。「窗籠」也

是多義詞：指聽宮穴、又是天窗穴的別名，這裏指耳。

有些多義詞的義項只出現在某一領域內，如同行業術語，欲被普遍接受需要自注明其內涵。如《靈樞·熱病》：「苛軫鼻，索皮於肺，不得，索之火。火者，心也。……膚脹口乾，寒汗出，索脈於心，不得，索之水。水者，腎也。……目眥青，索肉於脾，不得，索之木。木者，肝也。……筋躄目浸，索筋於肝，不得，索之金，金者，肺也。……癲疾毛髮去，索血於心，不得，索之水。水者，腎也。……病不食，齧齒耳青，索骨於腎，不得，索之土。土者，脾也。」其中火水木金土，分別表示心腎肝肺脾，因爲較之常用語義特殊，故加以自注。

再如《內經》中有「三陽」、「二陽」、「一陽」等概念，到底指的是什麼呢？從字面上會有不同的理解。《陰陽類論》有云：「黃帝曰，二陽者，陽明也。」這就清楚了。三陽也不是指「太陽、少陽和陽明」這三條陽脈，而僅僅指「太陽」一經。同時自注也有利於避免歧義。如《太素·藏府氣液》「五藏不和則七竅不通，六府不和則留爲癰疽」很容易讓人誤以爲五藏不和導致六腑生癰疽，故經文接下來說「邪在府則陽脈不利，陽脈不利則氣留之，氣留之則陽氣盛矣。」陽脈氣盛留之，揭示了癰發之所是陽脈流經之處，而不一定是六腑本身。

2、解釋療效的判定方法

如《靈樞·終始》：「故一刺則陽邪出，再刺則陰邪出，三刺則穀氣至，穀氣至而止。所謂穀氣至者，已補而實，已瀉而虛，故以知穀氣至也。」「穀氣至」一語不好理解，文中加注說明：指用了補法，正氣已經充實，脈象也有力；若用了瀉法，邪氣被排除，人體的陰陽氣血雖不能立即得到調和，但知病將痊癒。又《素問·骨空論》：「大風汗出，灸譩譆，譩譆在背俠脊傍三寸所，壓之令病者呼譩譆，譩譆應手。」則通過注釋來說明，如何判斷所灸穴位譩譆的位置，以確保灸之效果。

3、對診治方法的解釋

《內經》以介紹中醫理論爲主，也兼及論治，其治療方法主要是針刺，診斷多用脈診。如《素問·針解篇》云：「徐而疾則實者，徐出針而疾按之；疾而徐則虛者，疾出針而徐按之。」針刺手法，常有虛實兩端，但何爲「實」

何爲「虛」，則非注不明。除了虛實，針刺的時機也非常重要，「方」、「員」這一對概念就是與針刺時機相關的，如《素問・八正神明論》：「帝曰：余聞補瀉，未得其意。岐伯曰：瀉必用方，方者，以氣方盛，以月方滿也，以日方溫也，以身方定也，以息方吸而內（納）針，乃復候其方吸而轉針，乃復候其方呼而徐引針，故曰瀉必用方，其氣而行焉。補必用員，員者行也，行者移也。刺必中其榮，復以吸排針也。」又比如《素問・骨空論》：「灸寒熱之法：先灸項大椎，以年爲壯數；次灸橛骨，以年爲壯數。視背俞陷者灸之，舉臂肩上陷者灸之，兩季脅之間灸之，外踝上絕骨之端灸之，足小指次指間灸之，腨下陷脈灸之，外踝後灸之，缺盆骨上切之堅痛如筋者灸之，膺中陷骨間灸之，掌束骨下灸之，臍下關元三寸灸之，毛際動脈灸之，膝下三寸分間灸之，足陽明跗上動脈灸之，巔上灸之。」「灸寒熱之法」是一種診治方法，自注具體說明這一方法包含灸哪些部位。診治方法中包含一些專門術語，因爲使用範圍的局限，往往不被眾人所知，所以也是文本自注的核心內容。如《素問・繆刺論》：「黃帝問曰：余聞繆刺，未得其意，何謂繆刺？……夫邪客大絡者，左注右，右注左，上下左右與經相干而布於四末，其氣無常處，不入於經俞，命曰繆刺。帝曰：願聞繆刺以左取右，以右取左奈何……故絡病者，其痛與經脈繆處，故命曰繆刺。」其中「繆刺」這一術語，不好理解，通過經文自釋，我們知道病邪是身體左右兩邊傳變的，繆刺就是一種左痛刺右，右痛刺左的診治方法。

4、解釋病名、病因

《內經》中有許多疾病名稱，往往隨文自釋。如《靈樞・脈度》：「陰氣太盛，則陽氣不能榮也，故曰關。陽氣太盛，則陰氣弗能榮也，故曰格。陰陽俱盛，不得相榮，故曰關格。」又《素問・評熱病論》篇：「曰汗出而身熱者，風也；汗出而煩滿不解者，厥也。病名曰風厥。」其中「關」、「格」、「關格」，「風」、「厥」、「風厥」皆爲病名。再比如《素問・瘧論》：「夏傷於大暑，其汗大出，腠理開發，因遇夏氣凄滄之水寒，藏於腠理皮膚之中，秋傷於風，則病成矣。夫寒者，陰氣也；風者，陽氣也。先傷於寒而後傷於風，故先寒而後熱也，病以時作，名曰寒瘧……先傷於風，而後傷於寒，故先熱而後寒也，亦以時作，名曰溫瘧……其但熱而不寒者，陰氣先絕，陽氣獨發，則少氣煩冤，手足熱而欲嘔，名曰癉瘧。」該段對病名「寒瘧」、「溫瘧」、「癉

瘧」進行了解釋。下面再看有關病因的自注。

　　病發有因，明其因則能早防早治，濟天下蒼生共享安康。《內經》中常用比喻來說明發病原因，如《靈樞·五變》有云：「黃帝曰：一時遇風，同時得病，其病各異，願聞其故。少俞曰：善乎哉問！請論以比匠人。匠人磨斧斤，礪刀削，斲材木，木之陰陽，尚有堅脆，堅者不入，脆者皮弛，至其交節，而缺斤斧焉。夫一木之中，堅脆不同，堅者則剛，脆者易傷，況其材木之不同，皮之厚薄，汁之多少，而各異耶。夫木之早花先生葉者，遇春霜烈風，則花落而葉萎；久曝大旱，則脆木薄皮者，枝條汁少而葉萎；久陰淫雨，則薄皮多汁者，皮潰而漉；卒風暴起，則剛脆之木，枝折杌傷；秋霜疾風，則剛脆之木，根搖而葉落。凡此五者，各有所傷，況於人乎！」這裏少俞用了一段類比說理，以木喻人，樹木本身的材質不同，在相同的氣候下，各有所傷；與人「一時遇風，同時得病，其病各異」是同一道理。說明疾病既與環境有關，又與體質的強弱有關，也就是既受外因的影響，也受內因的影響。又如《素問·長刺節論篇》：「病在少腹，腹痛不得大小便，病名曰疝，得之寒。」「疝」這一疾病，從病因上講，是得之於傷寒，症狀則是腹痛不得大小便。由此可見，病名病因，常常是結合起來予以說明的。

5、揭示病變原理

　　《素問·評熱病論》有「有病溫者，汗出則復熱」句。一般情況下，汗出會使熱病消解，這裏卻出現了異常情況「汗出則復熱」，為了說明原因，經文接下來云「人所以汗出者，皆生於穀，穀生於精。今邪氣交爭於骨肉而得汗者，是邪卻而精勝也。精勝，則當能食而不復熱。復熱者，邪氣也。汗者，精氣也。今汗出而輒復熱者，是邪勝也。」又如《靈樞·邪客》「夫邪氣之客人也，或令人目不瞑，不臥出者，何氣使然？伯高曰：五穀入於胃也，其糟粕津液宗氣分為三隧。故宗氣積於胸中，出於喉嚨，以貫心脈而行呼吸焉。營氣者，泌其津液，注之於脈，化以為血，以榮四末，內注五藏六府，以應刻數焉。衛氣者，出其悍氣之慓疾，而先行於四末分肉皮膚之間，而不休者也。晝日行於陽，夜行於陰，常從足少陰之分間，行於五藏六府，今厥氣客於五藏六府，則衛氣獨衛其外，行於陽不得入於陰。行於陽則陽氣盛，陽氣盛，則陽蹻陷，不得入於陰，陰虛，故目不瞑。」邪氣造成「汗出復熱」、「目不瞑」等病變的原由，經文通過自注交待得很清楚。

6、敘學術源流

任何一門學科的完善都是一個積累創新的過程，這在科技方面表現尤爲突出，祖國醫學自然也不例外。《內經》在科學原理的論證過程中，涉及到學術傳承的源流，某一觀點本於哪裏，見於何書，往往借助自注來說明。《上經》、《下經》、《揆度》、《奇恆》等經《素問》常引，《大要》、《九針》、《刺法》、《禁服》等典《靈樞》有敘，甚至連《兵法》內容也用來證明治療原理。如《靈樞‧逆順》：「伯高曰：氣之逆順者，所以應天地陰陽四時五行也。脈之盛衰者，所以候血氣之虛實、有餘不足。刺之大約者，必明知病之可刺與其未可刺，與其已不可刺也。黃帝曰：候之奈何？伯高曰：《兵法》曰：無迎逢逢之氣，無擊堂堂之陣。《刺法》曰：無刺熇熇之熱，無刺漉漉之汗，無刺渾渾之脈，無刺病與脈相逆者。」關於針刺治病，有一個抓住時機候氣下針的問題，伯高引用《兵法》、《刺法》裏的內容予以說明。《孫子兵法‧軍爭》有「無邀正正之旗，無擊堂堂之陣，此治變者也。」大體是說當敵方陣勢嚴整時不可進攻，而要等到對方懈怠時方可出擊。而治病也不能在邪氣方盛之時下針，要等到邪衰之時方可。至於《刺法》一書，《素問》之《調經論》、《腹中論》、《奇病論》、《評熱病論》和《靈樞》之《逆順》、《官針》等篇皆有引用。如《評熱病論》篇：「帝曰：有病腎風者，面胕痝然壅，害於言，可刺不？岐伯曰：虛不當刺，不當刺而刺，後五日其氣必至。帝曰：其至何如？岐伯曰：至必少氣，時熱，時熱從胸背上至頭，汗出手熱，口乾苦渴，小便黃，目下腫，腹中鳴，身重難以行，月事不來，煩而不能食，不能正偃，正偃則咳，病名曰風水，論在《刺法》中。」王冰注：「《刺法》，篇名，今經亡。」《內經》據引這些上古醫經，既證明了所要闡述的觀點，又敘說了學術源流。同時也讓後人對這些亡佚經典的內容有一個大致瞭解，其意義不僅僅是在注釋方面，對於醫學史以及文獻學皆功不可沒。

第四節 自注對他注的指導性

1、指導他注，糾正訛謬

《靈樞‧師傳》講醫生治病要「順其（患者）志」，對於「順」的具體做法，經文本身有大段論述。黃帝曰：「順之奈何？」岐伯曰：「入國問俗，

入家問諱，上堂問禮，臨病人問所便……且夫王公大人，血食之君，驕恣縱欲，輕人而無能禁之，禁之則逆其志，順之則加其病，便之奈何？治之何先？」岐伯曰：「人之情莫不惡死而樂生，告之以其敗，語之以其善，導之以其所便，開之以其所苦，雖有無道之人，惡有不聽者乎？」經文從兩方面自釋了「順」的含義：一是要求醫者遵循患者的習俗，來使患者感到志意順暢。另一方面又要曉之以理，使患者能自覺拋棄不良志意而合乎康健之道。順有適應和理順兩層意思。將「夫惟順而已矣」譯為「這只有採取應順的方法罷了」〔註4〕則忽略了經文自身對「順」理順一義的詮釋，理解偏狹不全。

又如《靈樞·師傳》：「夫中熱消癉則便寒，寒中之屬則便熱。」張志聰《靈樞集注》：「熱中寒中者，寒熱之氣，皆由中而發，內而外也。」釋「中」為「內」，不得經文本旨，當從楊上善注，「中，腸胃中也。腸胃中熱，多消飲食，即消癉病也。」楊注的正確性，可從經文自釋得到證明。經云：「胃中熱則消穀，令人懸心善饑，臍以上皮熱；腸中熱，則出黃如糜，臍以下皮寒。胃中熱則腹脹；腸中寒，則腸鳴飧泄。」「中」顯然係指腸胃之中而非「寒熱之氣，皆由中而發，內而外也」。

自注也可糾正經文中魯魚亥豕之類的文獻錯誤，如《靈樞·四時氣》：「睹其色，察其以，知其散復者，視其目色，以知病之存亡也。」馬蒔注：「以，為也。凡人有病，須知睹病人之氣色，察病人之所為。」就是因為沒有體察原文自注而就誤文為訓。經文中的「以」字當是「目」之誤，《正字通·已部》：「已與目古共一字。隸作目、以。」《詩·何人斯》釋文：「目，古以字。」「目」與「目」因形近而誤。《靈樞·九針二十原》以及《小針解》、《太素·雜刺》均作「目」。經文用「者……也……」判斷句式進行了自注。我們也可以根據「視其目色，以知病之存亡也」推知前文「以」字當為「目」。「睹其色，察其以」是互文格式，當前後兩句參互見義，即觀察臉色和眼睛。

2、提供經文理解的線索

《靈樞·經脈》講十二經脈走向時，皆敘其「動」怎麼樣，如「肺手太陰之脈，是動則病肺脹滿；大腸手陽明之脈，是動則病齒痛、頸腫；胃足陽明之脈，是動則痛灑灑振寒，善伸數欠顏黑；脾足太陰之脈，是動則病舌本強，食則嘔，胃腹痛；心手少陰之脈，是動則病嗌乾心痛」等等。這個「動」

字怎麼理解呢？同篇經文有云「脈之卒（猝）然動者，皆邪氣居之」這一自注爲後人理解「動」字提供了線索。所以清張志聰《集注》「夫是動者，病因於外」。人體病變有內外二因，內因爲情志活動不節，外因爲受到不良氣候侵襲，這個「動」顯然就是指後者，即外邪侵入人體而造成脈動。

3、成爲他注的藍本

如《素問·宣明五氣》篇：「是謂五禁，無令多食。」新校正云：「按《太素·五禁》云：肝病禁辛，心病禁鹹，脾病禁酸，肺病禁苦，腎病禁甘，名此爲五裁。楊上善云：口嗜而欲食之，不可多也，必自裁之，命曰五裁。」關於「五禁」這一概念，唐人楊上善和宋人林億皆有說明，而溯其本源，可上推到《靈樞·五味》經文的相關自注，其文云「五禁：肝病禁辛，心病禁鹹，脾病禁酸，腎病禁甘，肺病禁苦。」自注還可以區分同名異實的概念，同一個「五禁」涵義卻有不同，不通過經文自注不易分辨各自的意思。《靈樞·五禁》：「黃帝問於岐伯曰：余聞刺有五禁，何謂五禁？岐伯曰：禁其不可刺也……甲乙日自乘，無刺頭，無發蒙於耳內；丙丁日自乘，無振埃於肩喉廉泉；戊己日自乘四季，無刺腹去爪瀉水；庚辛日自乘，無刺關節於股膝；壬癸日自乘，無刺足脛。是謂五禁。」兩處「五禁」一是禁食，一是禁刺，義各有別。

有的注者也直接點明之所以這樣下注，是因爲以原典爲本。如《太素·九針之三·雜刺》：「著痹不去，久寒乎已，卒取其裹骨。」楊上善注：「準上經，卒當爲焠，刺痹法也。」所謂「準上經」即以經文上面的自注爲據。上經內容即《太素·身度·經筋》：「焠刺者，刺寒急，熱則筋縱，毋用燔針。」

第四章 《內經》他注研究

第一節 總 論

　　他注，即原典作者以外他人所作注解。他注有以下特點：一是注釋內容的時代性。有些古代名物、制度後世不再沿襲，在原典或舊注時代人人知曉，不必下注。但後世之注應予以解釋，否則古今隔閡不明。如《靈樞·師傳》：「余聞先師有所心藏，弗著於方」之「方」，是古人記事的木版，亦引申用以指稱書籍。《管子·霸形》：「削方墨筆。」注：「方，謂版牘也。」韓愈《與孟尚書書》：「聖賢事業，具在方冊。」古人常用，故舊多不爲注，今則宜下注加以說明。注釋的時代性不僅僅表現在名物的時代性上，還與時代經濟狀況決定的國人健康有關，人們的健康狀況也具有時代性。古代醫學文獻是當時條件的產物，注者也應當瞭解這方面情況。如《太素·調食》：「甘走肉，多食之令人心悗，何也？」楊上善注：「甘味性弱，不能上於上焦，又令潤，胃氣緩而蟲動。蟲動者，穀蟲動也。穀蟲動以撓心，故令心悗。」古人衛生條件較差，體內有寄生蟲存在非常普遍，就是到了上個世紀前半葉，生寄生蟲者，還不乏其人。故有食甘心悶之說。二是受自注的指引。如《素問·宣明五氣篇》「五味所禁」中「禁」的理解。可參原典自述：「辛走氣，氣病無多食辛；鹹走血，血病無多食鹹；苦走骨，骨病無多食苦；甘走肉，肉病無多食甘；酸走筋，筋病無多食酸。」「禁」不能理解爲禁止、擯棄之類，經文接連五個「無多食」是對「禁」的注釋。「禁」的內涵體現了《內經》所持太過、不及皆主生病，以平爲目標的和諧健康觀。禁食某味會導致某味不及之

病變。故高世栻《直解》曰：「禁者，非禁絕之謂，乃無多食也。」《太素‧調食》中「五禁」這一概念，用「五裁」來表述。裁，減也，損也。即「口嗜而欲食之，不可多也，必自裁也，命曰五裁。」

他注的類型較多，如：將釋義與敘事結合，詞句解釋與人物活動描述結合在一起等等。王冰注《素問‧上古天眞論》「黃帝」一詞即云：「有熊國君少典之子，姓公孫。徇，疾也。敦，信也。敏，達也。慣用干戈，以征不享，平定天下，殄滅蚩尤。以土德王，都軒轅之丘，故號之曰軒轅黃帝。後鑄鼎湖山，鼎成而白日升天，群臣葬衣冠於橋山，墓今猶在。」從內容來看，注釋還可分爲集注與補注。集注有兩種情況：一是將前人多家注文彙集在一起，如程士德主編《素問注釋匯粹》就將王冰、楊上善、吳崑、馬蒔、張介賓、張志聰、高世栻等人的注釋匯於一編；一種是以一人的注釋爲主，而兼收它注，如張志聰的《素問靈樞集注》，除志聰之注外，還兼收莫承藝、朱景韓、高世栻、王弘義、楊象乾、莫善昌、朱長春等二十餘人之解。補注即補前注之不足，如林億等校正之本，名之爲《重廣補注黃帝內經素問》。其《生氣通天論》篇云：「味過於辛，筋脈沮弛，精神乃央。」王冰注：「央，久也。辛性潤澤，散養於筋，故令筋緩脈潤，精神乃央。」林億補注：「此論味過所傷，難作精神長久之解。央乃殃也，古文通用。」

他注是古籍注釋的主要形式。注者或與著者同時共處，但多數爲後世之人。因爲時代間隔，才產生了語言和思想上的隔閡，才有了注釋的必要。本文第二章第四節所舉歷代注釋類別，皆爲他注形式。他注是原典、注釋者之間交融的結果，考察他注可以從注釋者和注釋文本兩方面進行。注釋者的思想觀念，知識修養直接影響其注釋成果。因此，研究他注有必要在這兩方面進行探討。注釋文本又分爲注釋內容和注釋形式兩個方面。下文將就以上相關問題分節論述。

第二節　注釋與注釋思想

注釋思想，是注文中體現出來的注釋者的思想傾向性。注釋不僅僅是一種簡單的傳意活動，它與古今對譯不同。注釋反映了主體對象的認識和思想，是一種文本的再度加工闡釋，科技文獻的注釋還力求吸收新近研究成果，能反應注者時代及其研究水準；對譯則講求信、達、雅，是在忠實原文的基礎

上追求語言美，思想上保持原典不變。

　　注者不同的觀念取向，注釋思想不同，對原典的理解加工就不同。如《靈樞·師傳》：「上以治民，下以治身，使百姓無病，上下和親。」楊上善從民本思想出發，其注云：「先人後己，大聖之情也。」接著在注「非獨陰陽脈論，氣之逆順也。百姓人民皆欲順氣志也」時說「百姓之情皆不可逆，是以順之則吉也，故曰聖人無常心，以百姓爲心也。」兩處都是把「民」放在首位，認爲醫生也好，統治者也好，皆應該把民放在第一位來考慮。同樣的經文，張志聰《靈樞集注》採用吳慈先之說。吳注云：「上以治國，下以治民，治大治小，治國治家，乃修身齊家治國平天下之道。」則把原文「上以治民，下以治身」闡述爲「上以治國，下以治民」。國上而民下，國大而民小，先國而後民的思想流露無遺。而今本《靈樞校釋》則將上句譯爲「這樣既可以治療別人的疾病，又可以作自己保健的參考。」將原文「上下」二字理解爲敘述先後的關聯詞，相當於「其一」、「其二」之類，僅表敘述先後，淡化了等次觀念。由唐而清，再到現代，由於注者思想認識的差異，以上三家對「上」、「下」二字理解不同，加工出不同特色的注文。

　　又如《素問·上古天眞論》：「人老而無子，材力盡邪？將天數然也？」楊上善注：「天數，天命之數也。」張志聰《集注》：「陰陽者，萬物之終始也。此復論男女陰陽氣血，有始有終，有盛有衰，各有自然之天數。」楊、張之說各不相同，流露出對老而無子這一現象之本質的不同認識。楊氏以爲這是天命之數，是他所持宿命觀的體現。張氏《集注》從陰陽消長，來推人之氣血盛衰，認爲人老無子適應氣血由盛到衰這一自然規律。

　　注者思想既受原典思想制約，又受客觀規律制約。若注者闡發游離原典之外，則導致經注不合。如《靈樞·師傳》：「順者，非獨陰陽脈論氣之逆順也，百姓人民皆欲順其志也。」其中「志」張志聰《靈樞集注》：「志者，心之所之也。驕恣縱欲，惡死樂生，意之所發也。」那麼原文所講的順其志，是否要應順百姓「驕恣縱欲」的志意呢？顯然不是。「順其志」一方面應該是理順其志，即使百姓的志意應順自然規律。樂恬淡之態，無非分之念，這樣才不至於背離健康規律，也才符合《內經》精神。另一方面則是醫者應追求整體和諧的目標，「入國問俗，入家問諱，上堂問禮，臨病人問所便」醫患二者和諧來順其志。

　　應貫穿理論聯繫實際的思想，將認識與現實情況結合起來。如《素問·

陰陽應象大論》：「風勝則動，熱勝則腫，燥勝則乾，寒勝則浮，濕勝則濡瀉。」
其中「風勝則動」林億新校正云：「按：《左傳》曰：風淫末疾，即此義也。」
《左傳》講述帝王「至於淫以生疾，將不能圖恤社稷」，這一實際情況之中又
正好包含了「風勝則動」理論的具體表現。王冰注「燥勝則乾」云：「燥勝則
津液竭涸，故皮膚乾燥。」四肢發病（末疾）、皮質乾燥皆現實生活中所見之
病，用以說明「風勝則動」、「燥勝則乾」這樣一般性理論，則能增強理論的
可感性，加深對經文的理解。

錯誤的注釋思想，直接影響到注文的品質。《太素》卷二：「（天明）則
日月不明。」楊注引玄元皇帝老子「君之無德，則令日月薄蝕，三光不明也。」
把日蝕、月蝕與帝王之德關聯起來，實爲認識水準的局限，爲科技文獻注釋
所不取。又如注「邪害空竅」時云：「君不修德和陽氣者，則疵癘賤風入人
空竅，傷害人也。」這又不能完全看成是時代的局限，關鍵還是注釋思想，
認識水準。王冰唐寶應元年（西元 762）完成的《素問》次注，對上文的解
釋從唯物觀念出發，認爲天明則日月不明是比喻，喻人之眞氣不宜洩露。王
注曰：「天所以藏德者，爲其欲隱大明，故大明見則小明滅，故大明之德不
可不藏，天若自明，則日月之明隱矣。所喻者何？言人之眞氣，亦不可洩露，
當清靜法道，以保天眞。苟離於道，則虛邪入於空竅。」王注強調的是合道，
即與客觀規律相符合，而楊氏則持迷信之說。又《太素》卷二：「失四時陰
陽者，失萬物之根也。」楊注：「陰陽四時，萬物之本也。人君違其本，故
萬物失其根。」王注：「時序運行，陰陽變化，天地合氣，生育萬物，故萬
物之根，悉歸於此。」自然氣候的陰陽變化是萬物生長收藏變化之根本，而
歸之於君德，則失之牽強。同時也可以看出，注釋思想是一以貫之的，同一
注釋思想會在很多注文裏得到體現，上面三處楊氏皆用同一觀念來解釋相關
內容，就說明注釋思想具有一貫性。

下面以楊上善和王冰爲例，簡析他們注釋思想的時代共性。據杜光庭《道
德經廣聖義序》，稱楊氏爲唐高宗時（西元 650～683 年）人，而王冰於唐代
宗寶應元年（西元 762 年）給《素問》作序，由此看來，兩人相去不過百年，
也正是大唐盛極而衰的時期，因爲思想文化發展具有漸變性，二人在注釋觀
念上還有很多相同的地方。

1、整體觀念

整體觀在注釋中主要體現爲每下一注，不僅要考慮到該詞該句能夠成

立，還要與更大的系統保持一致。具體在注文中有時表現爲揭示前後文之間的聯繫，如《太素·調食》：「黃帝曰：營衛之行奈何？」楊注：「因前營衛大通之言，故問營衛所行。」他將整部經典看成一個有機的體系，前後互相關聯。黃帝之所以有「營衛之行奈何」這樣的發問，是因爲前面經文有「穀氣津液已行，營衛大通」這樣的內容。故問營衛的具體走向。注文從宏觀把握出發，起到關聯前後經文的作用。有時則表現在對事物共性與個性之間的聯繫，雖然個性千差萬別，但又有共同的「理」，如《太素·陰陽大論》：「故同名異邪。」楊注：「道理無物不通，故同名也。物有萬殊，故異邪也。」

整體是由全域中的各個分佈組成，注釋每一部分又要考慮到它在全域中的位置。如人經歷一個生、長、壯、老、已的過程，王冰根據這個過程不同環節來解釋其生理特點。如釋「四八筋骨隆盛，肌肉滿壯」云：「丈夫天癸八八而終，年居四八亦材之半也」。經文講的是四八（三十二歲）時的情況，但王氏注參照了整個人生發展過程，認爲這個年齡正好是鼎盛時期，所以經文有筋骨隆盛，肌肉滿壯這樣的的描述。整體由部分構成，部分之間又是相互聯繫的，用注釋揭示各部分之間的聯繫，也是整體觀念的體現。如王冰注「七八肝氣衰，筋不能動，天癸竭，精少腎藏衰，形體皆極」一句云：「肝氣養筋，肝衰故筋不能動，腎氣養骨，腎衰故形體疲極，天癸已竭，故精少也。」就彰顯了肝與筋，腎與形體之間的聯繫。注釋不僅僅是對本句進行闡釋，還呼應前後，使之一貫，注釋就起到了承上啓下的作用。如注「夫道者能卻老而全形，身年雖壽能生子也」云：「是所謂得道之人也，道成之證，如下章云。」就將各個章節聯繫起來。又注「使志若伏若匿，若有私意，若己有得」云：「皆謂不欲妄出於外，觸冒寒氣也，故下文云。」下面的經文正好是對這一養藏措施的具體說明，即「去寒就溫，無泄皮膚使氣亟奪」。

整體是一個相互關聯的系統，王注也常用到前後關聯的頂針句式，加強前後聯繫。如注《生氣通天論》篇：「因而強力，腎氣乃傷，高骨乃壞。」句云：「強力入房則精耗，精耗則腎傷，腎傷則髓氣內涸，故高骨壞而不用也。」又如《脈要精微論篇》：「夫五藏者，身之強也。」王注：「藏安則神守，神守則身強，故曰身之強也。」原文該句思維跨度較大，直接用判斷句式，讓人很難理解「五臟」和「身強」的關係，經過王注，由臟安到神守身強，聯繫緊密，順理成章。

整體觀念還表現在對《內經》材料重新整序的過程中。不同的注者對生

命運動規律的重點內容有不同的看法，晉皇甫謐以《精神五臟論》冠諸篇首，認爲精神與五臟的關係及精神對治療的意義重大；王冰則以《上古天眞論》開篇，認爲掌握養生規律和方法，特別是保養先天眞氣，對於人健康長壽意義重大；楊上善注本《太素》雖然卷一亡佚，但從題名爲《攝生》來看，也當是持防甚於治的觀念。

2、事實求是的思想

　　中華傳統文化的主流以儒家爲代表，始終貫穿中庸的思想，具體反應到對待古籍的態度，既反對虛無的態度，又反對迷信的態度，這也就是實事求是的思想。如《太素·調食》「五穀」下，楊注云：「黃帝並依五行相配、相剋、相生，各入藏府，以爲和性之道也。案：《神農（本草）》及《名醫本草》，左右不同，各依其本，具錄注之，冀其學者量而取用也。」「五穀」具體是指的哪五種糧食，古籍中的記載互有出入，楊氏具錄並存。又同篇經文「五走：酸走筋，辛走氣，苦走血，鹹走骨，甘走肉，是謂五走。」楊注：「《九卷》此文及《素問》皆『苦走骨，鹹走血』。此文言『苦走血，鹹走骨』，皆左右異，具釋於前也。」對這一矛盾不置可否，留給後人研究。這種觀念比隨文敷衍，隱藏矛盾要好得多。

　　有了事實求是的思想，注釋就會結合實診情況，不會唯經是從。如《素問·標本病傳論》：「諸病以次相傳，如是者皆有死期，不可刺。」王注：「五藏相移皆如此，有緩傳者，有急傳者，緩者或一歲二歲三歲而死，其次或三月若六月而死，急者一日二日三日四日或五六日而死，則此類也。……雖爾，猶當臨病詳視日數，方悉是非爾。」《標本病傳論》講疾病變化規律和預後，經文雖然對預後有很多具體說明，但王氏認爲應當具體問題具體分析，只有「臨病詳視」，「方悉是非」。在運用理論進行實踐時，王氏注釋對後人讀經予以開放性的指引，這種思想是先進的。

　　有什麼樣的注釋思想，就會使用相應的注釋方法；相反，從注釋方法中又能看出與之對應的注釋思想。王氏爲了追求注文的客觀性，採用了從語言文字出發解讀古人思想的方法，他在《素問》序言裏說「假若天機迅發，妙識玄通，蕆謀雖屬乎生知，標格亦資於詁訓，未嘗有行不由徑，出不由戶者。」天機、妙識皆不如訓詁能通達經意。這就力避主觀臆斷，以實事爲準繩。

3、道家思想

　　楊上善是一位深受道家思想影響的學者，他不僅工醫，也研究道學。雖然流傳下來的著作僅存《太素》、《明堂》殘卷，但從歷代著錄來看，楊氏也有道家著作整理行世。《舊唐書·經籍志》:「《老子道德指略論》二卷，楊上善撰;《莊子》十卷，楊上善撰;《三教論衡》十卷，楊上善撰。《老子》二卷，楊上善撰。」另據唐代著名道家學人杜光庭《道德經廣聖義序》云:「太子司議郎楊上善，高宗時人，作《道德集注眞言》二十卷。」除此之外，楊氏在所撰注文中也能反應他的道學思想。如《老子》第四十二章有云:「道生一，一生二，二生三，三生萬物。萬物皆負陰而抱陽，沖氣以爲和。」楊氏注文中，也常常流露出這種變化發展觀。《太素·陰陽合》:「且夫陰陽者，有名而無形，故數之可十，離之可百，散之可千，推之可萬，此之謂也。」楊注:「陰陽之道，無形無狀，裁成造化，理物無窮，故數之可十，推之可萬也。」《太素·知針石》:「黃帝曰:人生有形，不離陰陽。」楊注:「萬物負陰抱陽，沖氣以爲和，萬物盡從二氣而生，故人之形不離陰陽也。」都是其證。

　　崇道貴德的時代烙印同樣打在王冰身上。王冰《素問》序云:「冰弱齡慕道，夙好養生，幸遇眞經，式爲龜鏡。」其注《上古天眞論》「知道」一詞有云:「謂知修養之道也。夫陰陽者天地之常道，術數者保生之大倫，故修養者必謹先之，《老子》曰:『萬物負陰而抱陽，沖氣以爲和。』《四氣調神大論》曰:『陰陽四時者，萬物之終始。』」亦是以道家思想貫穿注文。《素問》王注中，共十幾次引用《老子》一書進行論證:有的從反面進行說明，如注「以欲竭其精，以耗散其眞」:「《老子》曰:弱其志，強其骨。」弱其志即無欲無求，與經文「欲」、「耗」反義相對。也有引文從正面論述的，如注「不知持滿，不時御神」云:「《老子》曰:『持而盈之，不如其已。』言愛精保神，如持盈滿之器，不愼而動則傾竭天眞。」當然，有些經文與引文之間的聯繫是間接的，需要思考方能找到經注之間的一致性，如注「務快其心逆於生樂」云:「《老子》曰:甚愛必大費。」「愛」即貪心和欲求，從辨證的觀點出發，這種貪心和欲求又使心神不得寧靜而損於健康，會對身體造成損害。老子認爲，道是不會消亡的，只有器才會消亡，人不能循道，則淪爲器。如注「起居無節故半百而衰」云:「《老子》曰:物壯則老，謂之不道，不道早亡。」作爲一種觀念，道是對形形色色具體事物規律的概括，又體現

在許多具體事物中，如注「氣從以順，各從其欲，皆得所順」云：「《老子》曰：知足不辱，知止不殆。」以上都貫穿道家處世哲學中的順其自然。另外，道與德又是相輔相成的，唯德者有道，失德者失道，德又有自身的規範。故注「藏德不止，故不下也」云：「《老子》曰：上德不德，是以有德也。」注「道者聖人行之，愚者佩之」云：「《老子》曰：道者同於道，德者同於德，失者同於失，同於道者道亦得之，同於失者失亦得之，愚者未同於道德，則可謂失道者也。」道學思想和儒家文化一樣，都是本土文化的一部分，又以中和爲德，以平和爲道。道德皆處於變化消長之中，如注「陰陽者天地之道也」云：「《老子》曰：萬物負陰而抱陽，沖氣以爲和。」注「以調其氣之虛實，實則瀉之，虛則補之」云：「《老子》曰：天之道損有餘補不足也。」道家還有一種全身遠禍的思想。如注「無形無患此之謂也」云：「《老子》曰：吾所以有大患者，爲吾有身，及吾無身，吾有何患。」注「妄用砭石後遺身咎，此治之二失也」云：「《老子》曰：無遺身殃，是謂襲常。」

王氏注中，除了大量直接引用《老子》原文注經外，還不時滲透道學思想於自撰注文中。注「人有德也則氣和於目，有亡憂知於色」云：「道生之，德畜之。氣者，身之生神之舍也。天布德，地化氣，故人因之以生也。」注「恬憺虛無，眞氣從之；精神內守，病安從來」云：「恬憺虛無，靜也，法道清淨，精氣內持，故其氣邪不能爲害。」注「眞人，謂成道之人也。夫眞人之身，隱見莫測，其爲小也入於無間，其爲大也徧於空境，其變化也出入天地內外莫見跡，順至眞以表道成之證，凡如此者，故能提挈天地，把握陰陽也。」道在王氏看來又是自然規律的一種體現，注「唯聖人從之，故身無奇病，萬物不失，生氣不竭」云「道非遠於人，人心遠於道，惟聖人合於道，故壽命無窮。從猶順也，順四時之令也，然四時之令不可逆之，逆之則五藏內傷而他疾起。」很顯然，這裏王氏所指之道，是指四時之令，即應順時節春生夏長秋收冬藏的自然規律來養生。再比如在注「故陰陽四時者，萬物之始終也，死生之本也。逆之災害生，從之則苛疾不起，是謂得道。」時說：「謂得養生之道」，「道」的含義就更加明朗。

第三節　注釋與注釋修養

清杭世駿《道古堂集》卷八曰：「作者不易，箋疏家尤難。何也？作者以才爲主，而輔之以學，興到筆隨，第抽其平日之腹笥而縱橫曼衍以極其所至，

不必沾沾獺祭也。爲之箋與疏者，必語語核其指歸，而意象乃明；必字字還其根據，而證佐乃確。才不必言，夫必有十倍之作者之卷軸，而後可以從事焉。」這一論述，道出注疏者修養要求之高，可見一斑。

而其中「必有十倍之作者之卷軸」指的是什麼呢？當然是指注者要有廣泛的閱讀，有深厚的修養。注者的這種修養也表現在注文對傳統典籍的引證方面，沒有深厚的積累，注釋時怎麼可能信手拈來呢。王冰《素問》注引書有兩方面：一是《內經》本身《靈》、《素》諸篇〔註1〕，一是《內經》以外的其它典籍。下面就其引其它經典的情況作一概述。

1、醫學書

在諸引書中，自然是醫學典籍爲數眾多，如以下八種皆爲古醫書，不嫻熟它們，則無法相互貫通，左右逢源。如：

《脈法》8 次，如注《三部九候論》「上下左右之脈相應如參舂者病甚，上下左右相失不可數者死」云「《脈法》曰：人一呼而脈再至，一吸脈亦再至，曰平。三至曰離經，四至曰脫精，五至曰死，六至曰命盡。」又如注《腹中論》「何以知懷子之且生也？岐伯曰：身有病而無邪脈也」云「病，謂經閉也。《脈法》曰：尺中之脈來而斷絕者，經閉也。」

《中誥》9 次，《中誥圖經》6 次，《中誥流注經》1 次，《中誥孔穴圖經》5 次，《中誥孔穴經》2 次，《內經中誥流圖經》2 次。

《三備》3 次，如注《通評虛實論篇》「形度骨度脈度筋度，何以知其度也」云：「形度，具《三備經》，筋度脈度骨度，並在《靈樞經》中。又注《刺瘧論篇》「瘧脈滿大，急刺背俞，用五胠俞背俞各一，適行至於血也」云：「謂調適肥瘦，穴度深淺，循《三備》法而行針，令至於血脈也。」

《內經明堂》1 次，如注《通評虛實論篇》「針手太陰各五，刺經太陽五，刺手少陰經絡傍者一，足陽明一，上踝五寸刺三針」云：「足少陽絡光明穴，按《內經明堂》、《中誥圖經》悉主霍亂，各具明文。」

《本草》5 次，如注《腹中論篇》：「治之以雞矢醴，一劑知，二劑已」云：「按古《本草》雞矢並不治鼓脹，惟大利小便，微寒。今方制法當取用處湯漬服之。」又注《金匱眞言論》「其穀麥」云：「《本草》曰：麥爲五穀

〔註1〕這部分可參第九章注釋方法相關內容。

之長。」

《經脈流注孔穴圖經》2 次，如注《氣穴論篇》「臣請言之，背與心相控而痛，所治天突與十椎及上紀」云：「按今《甲乙經》、《經脈流注孔穴圖經》當脊十椎下並無穴目，恐是七椎也。」注同篇「大椎上兩傍各一凡二穴」云：「今《甲乙經》、《經脈流注孔穴圖經》並不載，未詳何俞也。」

《眞骨》1 次，如注《骨空論》「腰痛不可以轉搖，急引陰卵，刺八髎與痛上，八髎在腰尻分間」云：「八或爲九，驗《眞骨》及《中誥孔穴經》正有八髎，無九髎也。」

《八素經》1 次，如注《六節藏象論》「岐伯曰：此上帝所秘，先師傳之也」云：「《八素經序》云：天師對黃帝曰，我於儌貸季理色脈已三世矣，言可知乎。」

2、道學經典

這與注者的思想不無關係。由於崇尚道學，故在這方面廣泛涉獵，如以下六種就是。

《老子》17 次，其中卷一就引了 11 次。如注「上古之人，其知道者，法於陰陽，和於術數」云：「《老子》曰：萬物負陰而抱陽，沖氣以爲和。」又注「不知持滿，不時御神」云：「《老子》曰：持而盈之，不如其已。言愛精保神，如持盈滿之器，不愼而動，則傾竭天眞。」

《廣成子》1 次，如注《上古天眞論篇》「食飲有節，起居有常，不妄作勞」云：「《廣成子》曰：必靜必清，無勞汝形，無搖汝精，乃可以長生。故聖人先之也。」

《眞誥》1 次，如注《上古天眞論篇》「不知持滿，不時御神」云：「《眞誥》曰：常不能愼事，自致百疴，豈可怨咎於神明乎。」

《庚桑楚》5 次，如注《陰陽應象大論》「是以聖人爲無爲之事，樂恬憺之能，從欲快志於虛無之守，故壽命無窮，與天地終，此聖人之治身也」云：「《庚桑楚》曰：聖人之於聲色滋味也，利於性則取之，害於性則損之，此全性之道也。」又注《上古天眞論篇》「愚智賢不肖不懼於物，故合於道。」云：「《庚桑楚》曰：全汝形，抱汝生，無使汝思慮營營。」

《道經義》5 次，如注《陰陽應象大論》「在藏爲肝」云：「《道經義》曰：魂居肝，魂靜則至道不亂。」又同篇注「在藏爲心」云：「其神心也。《道經

義》曰：神處心，神守則血氣流通。」

　　《正理論》〔註2〕10 次，如注《痹論》「榮者，水穀之精氣也，和調於五藏，灑陳於六府，乃能入於脈也」云：「《正理論》曰：穀入於胃，脈道乃行；水入於經，其血乃成。」又注《氣厥論篇》「胞移熱於膀胱則癃溺血」云：「《正理論》曰：熱在下焦則溺血。」以上是徵引的兩個主要方面。

3、重要經史

　　《易》18 次，如注《陰陽應象大論》「黃帝曰：陰陽者，天地之道也」云：「《易繫辭》曰：一陰一陽之謂道。」又注《四氣調神大論》「交通不表，萬物命故不施，不施，則名木多死」云：「《易繫辭》曰：天地絪縕，萬物化醇。」

　　《尚書》12 次，如注《上古天眞論篇》「故能形與神俱，而盡終其天年，度百歲乃去」云：「《尚書・洪範》曰：一曰壽百二十歲也。」又注《陰陽應象大論》「土生甘」云：「《尚書・洪範》曰：稼穡作甘。」

　　《左傳》2 次，如注《六節藏象論》「變至則病，所勝則微，所不勝則甚，因而重感於邪，則死矣。故非其時則微，當其時則甚也」云：「《左傳》曰：違天不祥。」又如注《湯液醪醴論篇》「津液充郭，其魄獨居，孤精於內，氣耗於外，形不可與衣相保，此四極急而動中，是氣拒於內而形施於外，治之奈何」云：「四極，言四末，則四支也。《左傳》曰：風淫末疾。」

4、禮樂方面

　　《曲禮》1 次，注《上古天眞論篇》「以欲竭其精，以耗散其眞」云：「《曲禮》曰：欲不可縱。」

　　《禮記》2 次，如注《金匱眞言論篇》「故春善病鼽衄」云：「《禮記・月令》曰：季秋行夏令，則民多鼽嚏。」又同篇注「秋善病風瘧」云：「《禮記・月令》曰：孟秋行夏令則民多瘧疾也。」

　　《禮義》1 次，如注《六節藏象論》「天爲陽，地爲陰，日爲陽，月爲陰，行有分紀，周有道理，日行一度月行十三度而有奇焉。故大小月三百六十五日而成歲，積氣餘而盈閏矣」云：「《禮義》及《漢律曆志》云：二十八宿及

〔註2〕據宋鄭樵《通志》分類。

諸星，皆從東而循天西行。日月及五星。皆從西而循天東行。」

《樂記》5 次，如注《陰陽應象大論》「在音爲角」云：「角謂木音，調而直也。《樂記》曰：角亂則憂，其民怨。」又同篇注「在音爲徵」云：「徵謂火音，和而美也。《樂記》曰：徵亂則哀，其事勤。」

5、陰陽曆算方面

《陰陽書》7 次，如注《陽明脈解篇》「陽明者，胃脈也。胃者，土也。故聞木音而驚者，土惡木也」云：「《陰陽書》曰：木剋土，故土惡木也。」又注《陰陽應象大論》「髓生肝」云：「《陰陽書》曰：水生木。」然後說「腎水之氣養骨髓已，乃生肝木。」

《曆忌》2 次，如注《金匱眞言論篇》「東風生於春，病在肝，俞在頸項」云：「《曆忌》曰：甲乙不治頸。」又如《八正神明論》「凡刺之法，必候日月星辰，四時八正之氣，氣定乃刺之」云：「氣定乃刺之者，謂八節之風氣靜定，乃可以刺經脈，調虛實也。故《曆忌》云：八節前後各五日，不可刺灸，凶。」

《筭書》1 次，如注《靈蘭秘典論》「恍惚之數生於毫釐」云：「《筭書》曰：似有似無爲忽。」

《律書》2 次，如注《金匱眞言論》「中央色黃，入通於脾，開竅於口，藏精於脾……其音宮」云：「其音宮，宮土聲也。《律書》以黃鐘爲濁宮，林鐘爲清宮。」又注《六節藏象論》「夫六六之節九九制會者，所以正天之度氣之數也」云：「《律書》曰：黃鐘之律，管長九寸，多至之日，氣應灰飛。」

6、地理方面

《山海經》1 次，如注《異法方宜論》「其治宜砭石」云：「砭石，謂以石爲針也。《山海經》曰：高氏之山，有石如玉，可以爲針，則砭石也。」

7、小學工具書

《爾雅》2 次，如注《六節藏象論》「三而成天，三而成地，三而成人，三而三之，合則爲九，九分爲九野，九野爲九藏」云：「九野者，應九藏而爲義也。《爾雅》曰：邑外爲郊，郊外爲甸，甸外爲牧，牧外爲林，林外爲坰，坰外爲野。」

從以上《內經》注文中的旁徵博引可以看出，注釋需要深厚的積累，修養不夠注書難以做到融會貫通。

注釋修養也表現在文化知識上的多方面要求，如地理方面《素問·異法方宜論》、《五常政大論》諸篇有專門論述。注釋者也應該有相關的常識。在《太素·十二水》篇，楊注：「渭水出隴西首陽縣鳥鼠同穴山，東北至華陰入河，過郡四，行一千八百七十里，雍州浸也。」其它如清水、海水、湖水、汝水、沔水、淮水、漯水、江水、河水、濟水、漳水等皆一一注明其流經走向。又《素問·五常政大論》：「適寒涼者脹，之溫熱者瘡，下之則脹已，汗之則瘡已，此湊理開閉之常，太少之異耳。」王冰注：「西北東南言其大也。夫以氣候驗之，中原地形所居者，悉以居高則寒，處下則熱。嘗試觀之，高山多雪，平川多雨，高山多寒，平川多熱，則高下寒熱可徵見矣。中華之地，凡有高下之大者，東西南北各三分也。其一者，自漢蜀江南至海也；二者，自漢江北至平遙縣也；三者，自平遙北山北至蕃界北海也。故南分大熱，中分寒熱兼半，北分大寒，南北分外寒熱尤極，大熱之分其寒微，大寒之分其熱微。然其登涉極高山頂，則南面北面寒熱懸殊榮枯倍異也。」這一注解將我國地形與氣候之間的聯繫予以說明，而中醫治療強調通過分析人與自然整體變化情況來找病因。王氏能不厭其煩地敘說，是平日體察所在，深得《內經》本旨。

再如天文曆法方面。《素問·六節藏象論》：「立端於始，表正於中，推餘於終。」森立之《素問考注》，廣泛徵引爲解：「《正字通》曰：『曆法始中終皆舉之，先求日至以定曆元，履端於始也。參以昏星，舉正於中也。察日與天，會月與日，會之盈虛，齊以閏，歸餘於終也。』《史記·曆書》曰：『先王之正時也，履端於始，舉正於中，歸餘於終。』……《正義》曰：『履，步也。謂推步曆之初始以爲術。曆之端首，舉月之正，半在於中，氣歸其餘，分置於終末，言於終末，乃置閏也。』又曰：『其有進退，以中氣定之，無中氣即閏月也。古曆十九年爲一章，章有七閏。』又曰：『大率三十二月則置閏。』又曰：『凡爲曆者，閏前之月，中氣在晦，閏後之月中氣在朔。』又曰：『日月轉運於天，猶如人之行步，故推曆謂之步曆。步曆之始，以爲術之端首，謂曆之上元，以日月全數爲始，於前更無餘分，以此日爲術之端首，故言履端於首也。期之日三百六十有六日，謂從多至。至多至必滿此數，

乃周天也。』」〔註3〕設使無有天文方面相關修養，「立端於始，表正於中」之類經文，不可能以己昏昏而使人昭昭。

注釋修養不夠也導致諸多注釋錯誤。如《素問・陰陽應象大論》：「陰陽者，天地之道也，萬物之綱紀，變化之父母。」王冰注「變化之父母」為：「異類之用也。何者？然鷹化為鳩，田鼠化為鴽，腐草化為螢，雀入大水為蛤，雉入大水為蜃，如此皆異類因變化而成有也。」這些天方夜譚式的注釋，就屬於時代科技水準局限而造成的誤注。

第四節　《內經》注釋形式

1、注釋與注釋批評相結合

注釋不僅要講清哪些是對的，有時也必須澄清哪些是錯的，這就出現了一種將注釋與注釋批評相結合的形式。如日本伊澤裳軒《素問釋義・四氣調神大論》「所以聖人春夏養陽，秋冬養陰，以從其根」之注，就是博採眾說，將注釋與注釋批評融為一體。如，「滑（壽）曰：『春夏養陽，即上文養生、養長之謂。秋冬養陰，即上文養收、養藏之謂。』高（世栻）曰：『夫四時之太少陰陽者，乃萬物之根本也。所以聖人春夏養陽，使少陽之氣生，太陽之氣長；秋冬養陰，使太陰之氣收，少陰之氣藏。養陽養陰，以從其根。』桂山（丹波元簡）先生曰：『高氏此解貫通前章，猶為切當。王注諸家，及朱彥修說，並似失章旨焉。《千金・脾勞門》云：春夏養陽，秋冬養陰，以順其根本矣。肝心為陽，脾肺腎為陰，逆其根則伐其本云云。與高意符焉。《神仙傳》魏武帝問養生大略，封君答對曰：聖人春夏養陽，秋冬養陰，以順其根，以契造化之妙。全本此篇。』」〔註4〕日本江戶中期學者，受中國乾嘉學派考據之風的影響，對中醫古籍的整理，多集注形式，其中又多將注釋與注釋批評相結合，沙裏淘金，去偽存真。丹波元簡之注就是典型，他肯定了清人高士宗之解，並加以引證；同時也批評王冰等諸家之注，有失章旨。

又如《素問・痺論》有「六府亦各有俞，風寒濕氣中其俞，而食飲應之，循俞而入，各舍其府也。」明馬蒔《注證發微》云「此言六府之成痺者，先

〔註3〕〔日〕森立之《素問考注》學苑出版社，2002年，上冊278頁。
〔註4〕〔日〕伊澤裳軒《素問釋義》學苑出版社，2005年，第51頁。

以內傷爲之本，而後外邪得以乘之也。……蓋內無所傷，則外邪無自而乘之也。故六府之分肉皆各有俞穴，風、寒、濕之三氣，外中其俞，而內之飲食失節應之，則邪氣循俞而入，各舍於六府之中，此痹之所以成也。按：三百六十五穴皆可以言俞，今日俞者，凡六府之穴皆可以入邪，而王注只以足太陽經在背之六俞爲解，則又理之不然也。若只以井、榮、俞、原、經、合之俞穴解之，猶未盡通，況背中之六俞乎？」馬氏在論述痹病形成的同時，又加「按」批評了王冰注釋之拘狹。〔註5〕

　　注釋與注釋批評相結合的形式，一般出現在該典籍經過數人、數代之注，且採用「集注」的形式出現的著作中。它能集中反應某一問題結點的不同看法。優劣得失，在比較之中涇渭分明。狹義的注釋批評僅針對某一經文誤注而發，而廣義注釋批評則是針對當時的某些共同錯誤傾向而發，不使讀者爲時誤所牽。如《太素》卷九《脈行同異》云：「陰陽上下，其動若一。」楊注：「陰謂寸口，手太陰也；陽謂人迎，足陽明也。上謂人迎，下謂寸口。」雖然對經文之「陰陽上下」有了界定，楊氏還是擔心讀者爲當時的錯誤看法左右，故繼續伸述，並指正時誤云：「所論人迎、寸口，唯出黃帝正經，計此之外，不可更有異端。近相傳者，直以兩手左右爲人迎、寸口，是則兩手相望以爲上下，竟無正經可憑，恐誤物深也。」楊氏這裏借助注釋，批評了當時將兩手左右看成人迎、寸口之誤。

2、列舉用例式

　　有些經文脫離具體用例，僅從理論上解釋，說解不免乾澀空乏，於是注者常用舉例方法進行說明。典型用例有助於觀點和原理的深入理解。如《靈樞·師傳》講醫生治病應當順從患者的志意。若患者志意與健康相左，新的矛盾又出現了，於是黃帝提出以下問題「便其相逆者奈何？」楊上善注：「謂適於口則害於身，違其心而利於體者，奈何？」經文之問本是對志意健康不能兩全這一類情況而發，而楊注採用列舉法，以具體的適口害心解之，好處是把抽象的問題具體化，缺限是較之《內經》原典，注文內涵遠遠不足。舉例釋義最好點面結合，以點帶面，既能收到具體化之功效，又不至於偏以概全。如張志聰《靈樞集注》：「此言飲食衣服，乃日用平常之事，所當適其和平，則陰陽之氣可以持平，不致邪僻之氣生也。」「飲食衣服」的合適只是

〔註5〕王注：六府俞，亦謂背俞也。

適其志意的「點」，可類推至「日用平常之事」當適其和平這一「面」。這就大大豐富了適其志意的內涵。

3、概述原理式

五行生克原理。如《靈樞·五味》：「五禁：肝病禁辛，心病禁鹹，脾病禁酸，腎病禁甘，肺病禁苦。」張志聰《集注》：「五味五氣，有生有剋，有補有瀉，故五藏有病，禁服勝剋之味。」其中「禁服勝剋之味」是對「五禁」原理的揭示。根據則是五行生剋論：肝屬木，辛屬金，金剋木，故肝病禁食辛；心屬火，鹹屬水，水剋火，故心病禁食鹹；脾屬土，酸屬木，木剋土，故脾病禁食酸；腎屬水，甘屬土，土剋水，故腎病禁食甘；肺屬金，苦屬火，火剋金，故肺病禁食苦。

陰陽盛衰原理。如《靈樞·天年》：「人生十歲，五藏始定，血氣已通，其氣在下，故好走。二十歲，血氣始盛，肌肉方長，故好趨。三十歲，五藏大定，肌肉堅固，血脈盛滿，故好步。四十歲，五藏六府十二經脈皆大盛以平定，腠理始疏，榮華頹落，髮頗斑白，平盛不搖，故好坐。五十歲，肝氣始衰，肝葉始薄，膽汁始減，目始不明。六十歲，心氣始衰，苦憂悲，血氣懈惰，故好臥。七十歲，脾氣虛，皮膚枯。八十歲，肺氣衰，魄離，故言善誤。九十歲，腎氣焦，四藏經脈空虛。百歲，五藏皆虛，神氣皆去，形骸獨居而終矣。」人的一生，經歷一個由弱到強，強盛而衰的變化過程。這也是一個陰陽消長的過程。張志聰《集注》：「此言人之生長，從陰而生，自下而上，故曰其氣在下。好走好趨好步者，春夏生動之氣也。人之衰老，從上而下，自陽而陰，故肝始衰而心，心而脾，脾而肺，肺而腎。好坐好臥者，秋冬收藏之氣也。肌肉堅固，血脈盛滿，少陰陽明之氣盛也。腠理空疏，髮頗頒白，陽明少陰之氣衰也。」而陰陽消長之序又貫穿五行生剋原理。《集注》云：「朱氏曰：人之生長，先本於腎藏之精氣，從水火而生木金土，先天之五行也。人之衰老，從肝木以及於火土金水，後天之五行也。」

4、以具體細節說解抽象原理

人的思維有分析抽象兩端，這兩種不同思維取向皆在注釋方法中得可以體現。概括說明原理是思維中抽象的體現，而注釋者有時將一些抽象的原理結合具體細節來分析。如《素問·陰陽應象大論》：「治病必求於本。」其中

的「本」是承上文「陰陽者，天地之道也，萬物之綱紀，變化之父母，生殺之本始，神明之府也」中的「陰陽」來說的。陰陽是個抽象的概念，在治病中怎麼表現呢？只有具體化了才能夠把握。故張志聰《集注》云：「本者，本於陰陽也。人之藏府氣血，表裏上下，皆本乎陰陽，而外淫之風寒暑濕，四時五行，亦總屬陰陽之二氣。至於治病之氣味，用針之左右，診別色脈，引越高下，皆不出乎陰陽之理，故曰治病必求其本，謂病之本於陽邪本於陰邪也，求其病之在陽分陰分氣分血分也。審其湯藥之宜，用氣之升味之降，溫之補苦之泄也。」張氏生於醫學世家，又師從大名鼎鼎的儒醫張遂辰，是嫻熟理論與實踐的名醫，《清史稿》謂「自順治中至康熙之初，四十年間談軒歧之學者咸歸之。」故能將陰陽理論的實際應用闡發得淋漓盡致。

5、答疑解惑式

《素問·陰陽應象大論》「寒傷血」，張志聰《集注》：「寒甚則血凝泣，故傷血。王子方問曰：風傷筋，濕傷肉，以本氣而傷本體也。在心則曰熱傷氣，在腎則曰寒傷血者，何也？曰：氣為陽，血為陰，心主火而為熱，腎主水而為寒，是以熱傷氣而寒傷血者，同氣相感也。下文曰：陰陽者，血氣之男女也；水火者，陰陽之兆徵也。心腎為水火陰陽之主宰，故所論雖與別藏不同，而亦是本氣自傷之意。」風傷筋，濕傷肉，皆是本氣傷本體，按照這一原則當是熱傷心，寒傷腎。卻云「熱傷氣」、「寒傷血」，故有疑問。注者從氣血各自的陰陽屬性找到它們與心腎的聯繫，故此說亦不違背本氣傷本體的原則。又如馬蒔注《素問·離合正邪論》「按而止之，止而取之，無逢其衝而泄之」有云：「按而止之，止而泄之，早遏其路，而至於邪氣甚盛，切無逢其衝而泄之，致使邪氣難去，正氣反虛。何也？正氣者，經氣也。經氣因泄邪而太虛，故曰『其來不可逢』，正邪氣盛而不可逢之也。」馬氏借問答形式闡明泄邪的時機問題。

6、借題發揮式

有些注文不完全是針對經文論述主旨闡發的，經文只是引發注者議論的一個契機。這類注文可以看成是經文內容的相關話題，即注者是借經文題目闡述其它內容。如《太素·陰陽合》「岐伯曰：腰以上為天，腰以下為地，故天為陽，地為陰。」楊注：「夫人身陰陽應有多種：自有背腹上下陰陽，

有藏府内外陰陽，有五藏雄雌陰陽，有身手足左右陰陽，有腰上下天地陰陽也。」經文只是講人體上下之陰陽，注文則將其類推，予以發揮擴大論述範圍。又如馬蒔注《素問・奇病論》「人有重身，九月而瘖」云：「醫書謂人之受孕者，一月肝經養胎，二月膽經養胎，三月心經養胎，四月小腸經養胎，五月脾經養胎，六月胃經養胎，七月肺經養胎，八月大腸經養胎，九月腎經養胎，十月膀胱經養胎，先陰經而後陽經，始於木而終於水，以五行之相生爲次也。」内容基本不涉經之「九月而瘖」，只是闡發「重身」的相關情況。

7、引證式注釋

引證即引用其它内容爲證，來說解當下經文，它既是一種注釋形式，又是一種注釋方法，關於引本書爲證的内部求證法將在後文專題討論。這裏僅論及引它書爲證的它證法。爲了說明醫理醫法，則常引歷代醫書爲證，如楊上善注《太素・經脈連環》「盛則瀉之，虛則補之」時云：「《八十一難》曰：『東方實，西方虛，瀉南方，補北方，何謂也？然：金木水火土，當更相平。東方者木也，木欲實，金當平之。火欲實，水當平之；土欲實，木當平之；金欲實，火當平之；水欲實，土當平之。東方者肝也，肝實則知肺虛。瀉南方，補北方。南方火者，木之子也；北方水者，木之母也。水以勝火。子能令母實，母能令子虛，故瀉火補水，欲令金不得平木也。』」正是引用《難經》第七十五難的内容，來說明補瀉的具體方法。而爲了說明字詞義則引用訓詁專書，楊氏之注也不泛其例。如注《太素・經脈連環》「（膀胱足太陽之脈）其支者，從髆内左右別下貫胂，過髀樞」云「胂，俠脊肉也」，正是引用《說文・肉部》「胂」字的釋義。

8、隨筆式注釋

《素問・五藏生成篇》「徇蒙招尤」于鬯注：「徇，吳昆注本改爲眴。俞蔭甫太史《餘錄》亦云：『徇者，眴之借字；蒙者，矇之借字。眴矇並爲目疾。』說當得之。而『招尤』二字，俞雖譏王注迂曲，仍謂未詳其說。鬯竊謂『招尤』即『招搖』也。搖、尤一聲之轉，此類連語字，本主聲不主義，招尤，招搖，一也。《漢書・禮樂志》顏注云：『招搖，申動之貌。』《文選・甘泉賦》李注云：『招搖，猶彷徨也。』然則王注謂：『招，謂掉也，搖掉不定也。』義實未失，特專解招字，致尤字不可解而云：尤，甚也。宜俞氏斥

為迂矣。至顧光校，謂目不明則易於招尤。張嘯山先生校，亦謂視不審則多誤，故云招尤。以尤作過字義，實較王義爲更迂。此與韓愈《感二鳥賦》：『祇以招尤而速累』者，自不可同也。《說文·目部》云：『旬，目搖也。』或體作眴。《刺虐篇》云：『目眴眴然。』然則招搖即申眴矇之義，猶下文腹滿䐜脹，䐜脹即申腹滿之義也。」〔註6〕這類注釋，形式靈活，釋字解句，引證議論批評兼而有之。一般注文中蘊涵的信息比較豐富。

第五節 《內經》注釋內容

1、揭示文中比喻

比喻取象，是《內經》常用的表達方式。如《素問·四氣調神大論》：「陽氣閉塞，地氣冒明。」王冰注：「陽謂天氣，亦風熱也。地氣謂濕，亦云霧也。風熱之害人，則九竅閉塞；霧濕之爲病，則掩翳精明。取類者，在天則日月不光，在人則兩目藏曜也。《靈樞經》曰：天有日月，人有眼目。」祖國醫學持有天人合一的整體觀念，即今之系統論的觀念。《四氣調神大論》主要闡述人體應順四時氣候變化，適應自然節律來養生防病。「陽氣閉塞，地氣冒明」既講天氣，又喻人體，不應順養生之道，會使人體陽氣閉塞，眼目不明，就像地面霧氣遮住了日光一樣。王注起到了揭示經文喻意的作用。又如《素問·大奇論》：「脈至如省客，省客者脈塞而鼓，是腎氣予不足也。」張介賓注：「省客，如省問之客，或去或來也。」馬蒔注：「脈至如省客者，暫去暫來也。正以脈本閉塞，而復有鼓擊於手指之時，是以腎氣全衰，本源虧極，鼓不常鼓，而閉塞自如是也。」則揭示了「省客」這一脈象的比喻涵義。

2、借注釋闡發觀點

注者的思想觀點往往借注釋加以闡述。如《素問·四氣調神大論》：「唯聖人從之（道），故身無奇病，萬物不失，生氣不竭。」王冰注：「道非遠於人，人心遠於道，惟聖人心合於道，故壽命無窮。從，猶順也，謂順四時之令也。然四時之令，不可逆之，逆之則五藏內傷而疾起。」道，即規律，具體指養生規律，四時之令。聖人凡人，並無本質區別。王冰的道學觀並不神

〔註6〕于鬯《香草續校書·內經素問》中華書局，1963年。

秘，道即四時之令，非常樸實的自然觀。

亦有闡述注者學術見解者。如《靈樞‧五味》：「脾色黃，宜食鹹，大豆、豕肉、栗、藿皆鹹。」張志聰《集注》：「脾苦濕，急食苦以燥之，而又曰脾色黃，宜食鹹，大豆、豕肉、栗、藿皆鹹，蓋脾爲陰中之至陰，而主濕土之氣，乃喜燥而惡寒濕者也，故宜食苦以燥之，然灌溉於四藏，土氣潤濕而後乃流行，故又宜食鹹以潤之。是以《玉機眞藏論》曰：脾者土也，孤藏以灌四旁者也。其（脈）來如水之流者，此謂太過，病在外，故宜急食苦以燥之。如鳥之喙者，此謂不及，病在中，謂如黔喙之屬，艮止而不行，是以食鹹以滋其潤濕而灌溉也。蓋脾爲土藏，位居中央，不得中和之氣，則有太過不及之分，是以食味有兩宜也。」脾有燥濕兩宜，乍一看互相抵觸，張氏之注條分縷析而明辨之，持之有據。

3、以驗方證經理

醫學實踐是在一定理論指導下的活動，反過來又可以根據實踐來證明理論的正確性。醫經的注釋也可以方證經。如《太素‧調食》：「齒者骨之所終也，故苦入而走骨。」楊上善注：「齒爲骨餘，以楊枝苦物資齒，則齒鮮好，故知苦走骨。」其中「楊枝」治齒病，利用的就是「苦走骨」這一原理。如白楊，苦、寒、無毒。《本草綱目‧木部》：「（白楊）葉主治齲齒，煎水含漱；又治骨疽，久發骨從中出，頻搗傅之。」「（白楊皮）煎膏可續筋骨。」明馬蒔也繼承了這一注釋方法，有時也以藥方附經注之後，理法並存。如注《素問‧咳論篇》「六腑之咳」，對每一臟腑經絡結構，咳發症狀，分別說明，再加以總結。然後附方云「按：李東垣治六腑咳方：胃咳用烏梅丸，膽咳用黃芩加半夏生薑湯。大腸咳用赤石脂禹餘糧湯、桃仁湯，不止，用豬苓湯分水，小腸咳用芍藥甘草湯，膀胱咳用茯苓甘草湯，三焦咳用錢氏異功散。」

以上是經文敘述病例，注文出示驗方者。亦或經文敘述驗方，注文分析經方中用藥之原理。是病何以用此藥，該藥何以能主是病，皆能以醫經原理統攝之。如《靈樞‧邪客》中敘述邪氣客人，令人不瞑不臥之病，療法是「飲半夏湯一劑，其臥立至」。張志聰《集注》云：「半夏色白形圓，味甘而辛，陽明之品也。《月令》五月半夏生，感一陰之氣而生者也。胃屬戊土，腎藏天癸，飲半夏湯一劑者，啓一陰之氣上交於胃，戊癸合而化大火土之氣，則內外之陰陽已通，其臥立至。」就是分析了半夏湯治療不能正常入睡的道理。

4、揭示多義詞之文中義

通過注文揭示多義詞文中義的方法很多。首先，是以說明聲調來區別意義。如《素問・上古天眞論》：「女子七歲，腎氣盛，齒更髮長。」其中「更」和「長」在靜態時都是多音多義詞。張志聰《集注》：「更，平聲。長，上聲。」根據音義密合的原則，利用漢字四聲別義的特點，使多義詞在具體語境中意義明晰化。其次，是加上修飾限定成份別義。如《素問・陰陽應象大論》：「陰陽者，天地之道。」中的「道」字，王冰注：「謂變化生成之道也。」

再就是比較別義。《內經》由散篇編纂而成，篇各獨立，且內容重出者亦不少。如「伏梁」病在《素問・腹中論》、《素問・奇病論》裏均見。又見於《靈樞・邪氣藏腑病形》、《靈樞・經筋》。「伏梁」同名異實，歷代注家對此有所說明。如《腹中論篇》：「帝曰：病有少腹盛，上下左右皆有根，此爲何病？可治不？岐伯曰：病名曰伏梁。帝曰：伏梁何因而得之？岐伯曰：裏大膿血居腸胃之外。」王冰不解「伏梁」爲多義，就籠統注曰：「伏梁，心之積也。」林億等新校正云：「詳此伏梁與心積之伏梁大異，病有同名而實異者不一，如此之類是也。」滑壽從之。張介賓認爲本篇所論之伏梁「即今之所謂痞塊」並說「本節……病名伏梁，是又不獨以心積爲伏梁也。蓋凡積有內伏而堅強者，皆得名之。」今本《中醫大辭典》給「伏梁」一詞立了三個義項：①指心積症。②指髀股胻皆腫，環臍而痛的疾患。③指少腹內之癥腫。這樣互參比較，據境別義更爲妥帖。

另外，有些多義詞在具體語境中成了偏義複詞，其中部分語素無義，這也容易引起誤解，需要注釋說明。如《素問・六節藏象論》：「脾胃、大腸、小腸、三焦、膀胱者，倉廩之本，營之居也，名曰器，能化糟粕，轉味而入出者也。」其中「脾胃」一詞，森立之《素問考注》「案：脾胃，蓋古來之熟語，與前文同例，猶單言胃也。藏府相爲表裏，然心與小腸，肺與大腸，腎與膀胱，其部位相隔絕，但其氣經相通，故云相爲表裏耳。肝與膽，脾與胃，則其部位相切迫如一，故云脾云胃，云肝云膽，脾與胃一音，肝與膽一聲，眞有以也，猶如夫婦兄弟，陰陽男女之字例。」〔註7〕倉廩爲藏物之器，「脾胃」二字中只有「胃」有藏物功能，「脾」無實義，所以說脾胃「猶單言胃也」，不加以說明則易誤解。

〔註7〕〔日〕森立之《素問考注》學苑出版社，2002年，上冊276頁。

5、闡明章旨大義

　　《內經》注本，篇題之下，揭示章旨大義，大約始於明代馬蒔。如《黃帝內經素問注證發微》第一篇《上古天眞論》篇目下馬注：「（篇）內言上古之人，在上者自然知道，在下者從教以合於道，皆能度百歲乃去。惟眞人壽同天地，正以其全天眞故也，故名篇。篇內凡言道者五，乃全天眞之本也。後篇仿此。」將該篇大意予以注解。

　　清人承其餘緒。如《素問‧陰陽應象大論》篇題之下，張志聰《集注》云：「此篇言天地水火，四時五行，寒熱氣味，合人之藏府形身，清濁氣血，表裏上下，成象成形者，莫不合乎陰陽之道。至於診脈察色，治療針砭，亦皆取法於陰陽，故曰《陰陽應象大論》。」有的通過解題來闡明章旨大義，如高士宗《黃帝內經素問直解‧異法方宜論》注云：「『異法』者，一病而治法各不同。有砭石、毒藥、灸焫、微針、導引諸法也。『方宜』者，東方砭石，西方毒藥，北方灸焫，南方微針，中央導引也。聖人雜合以治，用各不同，五方之病，各得其宜，故曰《異法方宜》。」則是其例。

　　或借注發表對整部著作成書情況的看法。如《素問‧針解論》中有一段「義理殘缺，莫可尋究」的爛文，高士宗針對它加按說：「《素問》一書，論天人運氣之理，經脈俞穴之會，飲食輸瀉、血氣循行，惟生知之聖，開天立極，始能道之。今觀蠹簡爛文，存而不去，則《素問》傳自軒歧，確乎不爽。奈後人不能探索，妄疑此書，非上古之文，乃戰國時人所（作）。而戰國時人，未聞有如黃帝之聖者也。如有黃帝之聖，何難自名成倫，豈必假問答於軒歧，而故隱晦若是耶。西晉王叔和，編次張仲景《傷寒論》，毫無所得，猶以己之序例，附於論中，稱第二卷。伊何人而甘自沒耶。若謂戰國時人，能作是論，則此人亦聖人矣。若謂書傳上古，後人增飾，則爛文必刪去矣。孔安國序《尙書》云：伏羲、神農、黃帝書，謂之三墳，言大道也。宋林億序《素問》云：至精至微之道，傳之至下至淺之人，其不廢絕爲已幸矣。由此觀之，則後儒不譜三墳，淺下妄疑，不亦宜乎。」高氏注文提出對《內經》成書年代的看法，雖不能算是定論，但也算一家之言，可供後人研究參考。

6、補經文之省

　　《素問‧陰陽應象大論》：「此天地之陰陽，陽之汗，以天地之雨名之；陽之氣，以天地之疾風名之。」王注：「舊經無『名之』二字，尋前類例故

加之。」檢《太素》該文作「陽之汗，以天地之雨名之，氣以天地之風。」後半句「氣以天地之風」省略甚多，單獨成句則不可解。王氏將其補足爲「陽之氣，以天地之疾風名之」則使語義彰顯。又如《素問‧靈蘭秘典論》：「主不明則十二官危，使道閉塞而不通。」其中「使道」具體指什麼呢？王冰注：「使道，謂神氣行使之道也。」補充「神氣行使」幾字後就比較好理解了。又比如《素問‧評熱病論》篇：「巨陽引精者三日，中年者五日，不精者七日。」其中「三日」、「五日」、「七日」到底指什麼呢？吳昆注：「巨陽與少陰腎爲表裏。腎者，精之府。精，陰體也，不能自行，必巨陽之氣引之，乃能施泄，故曰巨陽引精，是爲少壯人也，水足以濟火，故三日可愈；中年者，精雖不竭，比之少壯則弱矣，故五日可愈；年老之人，天癸竭矣，故云不精。不精者，眞陰衰敗，水不足矣濟火，故治之七日始愈。」使疑惑了然。

7、揭示經文體例

如《太素‧五藏分命》「心偏傾，操持不壹，無守司也」。楊上善注云：「心藏偏傾不一，神亦如之，故操持百端，竟無守司之恒，此爲眾小人所得心神也。心藏以神，有此八變。後之四藏，但言藏變，皆不言神變者，以神爲魂魄意志之主，言其神變，則四種皆知，故略不言也。」經典僅僅在論述「心」時闡述了形神統一的原理，而講肝、脾、肺、腎時，雖然提到其形之偏傾，但論不及神，楊氏認爲是舉「心」神而賅餘藏。

又《素問‧陰陽應象大論》「故曰：夏傷於暑，秋必痎瘧。」森立之《考注》案：「此云『論言』《生氣通天論》爲岐伯語，而冠以『是以』二字。《陰陽應象大論》爲黃帝言，而冠以『故曰』二字。據此考之，則此是傳聞之古論，而不與古經之文同歟？蓋黃帝家書已有經書、論書二件，故或爲『經言』，或云『論言』，其所出自異耳。或曰：『古經中自有論，非別有論書也。』理或然矣。馬、吳、張共曰：『論即《生氣通天》及《陰陽應象》二論。』此說非是。蓋二論共王冰所云，非古有此名。經文『論』字自是別義可知也。」[註8] 這就說明經文中的「論」字，並非馬蒔、吳昆、張介賓所指的《生氣通天》及《陰陽應象》二論，而是傳聞之古論。上述諸注，皆對行文體例進行了剖析。

〔註8〕〔日〕森立之《素問考注》學苑出版社，2002年，上冊21頁。

8、揭示名物的內涵

　　首先，是對經穴名稱以類通釋。「物以類聚」，對物之「類」加以闡釋，也就揭示了它的大體屬性，助益於其中個體的理解。所以有的注釋並非僅僅將對象限於當前句，而是與該句相關的一個系統都拿來解釋。這樣既給當前名物定了位，又對它所屬體系有所瞭解。如《太素・十五絡脈》：「手太陰之別，名曰列缺。」經文只講一經（手太陰）、一穴（列缺），楊注則云：「十二正經，有八奇經，合二十脈，名為之經。二十脈中，十二經脈、督脈及任衝脈有十四經，各別出一脈，有十四脈，脾藏復出一脈，合有十五脈，名為大絡。任衝及脾所出，散絡而已；餘十三絡，從經而出，行散絡已，別走餘經，以為交通。從十五絡別出小絡，名為孫絡。任、衝二脈雖別，同稱一絡，名曰尾翳，似不別也。別於太陰正經，故曰別也，餘皆放（仿）此。此別走絡，分別大經，所以稱缺。此穴列於缺減大經之處，故曰列缺也。」

　　其次，是對病名進行闡釋。《素問・瘧論》篇：「帝曰：癉瘧何如？岐伯曰：癉瘧者，肺素有熱，氣盛於身，厥逆上衝，中氣實而不外泄，因有所用力，腠理開。風寒舍於皮膚之內，分肉之間而發，發則陽氣盛，陽氣盛而不衰，則病矣。其氣不及於陰，氣內藏於心，而外舍於分肉之間，令人消爍脫肉，故命曰癉瘧。」其中「癉瘧」一詞，森立之《考注》：「案：此亦重明癉瘧之理也。蓋『肺素有熱，氣盛於身』者，是痰熱也。『厥逆上衝，中氣實而不外泄』者，痰中挾邪結實不通，因發四逆證，與四逆散證同。《太素》無『衝』字，似是。『上中氣實』者，謂胸上鬲中飲邪結實不通也。此『中』字與前文所云『中外』之『中』同義。『因有所用力，腠理開』，則曩舍皮膚分肉之間之邪氣至此而發。『發則陽氣盛，陽氣盛而不衰則病』者，乃衝陽之氣與邪氣共盛而為熱也。『其氣不及於陰』者，言其邪氣入淺，不及募原之陰分也。故但發熱而不發寒，然其發熱有常期，故得名瘧。云『氣內藏於心』者，謂其邪氣迫在隔膜上心臟之部位也。非在心臟中之謂也。蓋邪迫於心家，則邪火尤熾盛，外舍分肉之間。其熱盛，故令人消爍脫肉。消爍脫肉則精血殫盡，故名曰癉瘧也。」〔註9〕就是對「癉瘧」內涵進行注解。

9、揭示虛詞的用法

　　虛詞的運用是漢語語法一大特點，因而對漢語典籍的注釋，也應揭示其

〔註9〕〔日〕森立之《素問考注》學苑出版社，2002年，上冊22頁。

中虛詞的用法。注文中對虛詞用法的解釋，一般採用兩種方式，或直接講述其用法，或融入句子解釋之中。前者如《素問·評熱病論》「人之所以汗者，皆生於穀，穀生於精。」于鬯注：「此『於』字但作語辭，與上句於字不同。」又《靈樞·動輸》：「上十焉息？下八焉伏？〔註10〕何道從還？不知其極。」張介賓注：「焉，何也。」用作疑問代詞。《素問·診要經終論》：「春刺冬分，邪氣著藏，令人脹病不愈，又且欲言語。」張志聰注：「又且者，言不惟病不愈而又有此證也。」其中「又且，表示遞進關係。」後者如《素問·陰陽應象大論》「壯火之氣衰，少火之氣壯」中的「之」字，是理解全句經文的關鍵所在。「之」是一個兼類詞，正確定性很重要。馬蒔注：「用壯火之品，則吾人之氣不能當之，而反衰矣。」這裏不能當助詞「的」講，而相當於「則」，作連詞用。「之」作連詞也是有文獻可證的。清人王引之《經傳釋詞》曰：「之猶則也，《僖公九年·左傳》曰：東略之不知，西則否矣。《晉語》曰：華則榮矣，實之不知。之亦則也，互文也。」《呂氏春秋·圓道篇》：「其所欲者之遠，其所知者之近也。」當是其例。

第六節　他注的作用

1、幫助考校原文訛誤

　　注釋和校勘在古籍整理中本來有明確的分工，注釋爲意義的轉換，使經典通俗化，明晰化，校勘則爲恢復經典之本來面貌。但在實際操作中又不能絕對分開，只有在校勘基礎上才能進行注釋，所以後人在注經過程中滲透校勘內容或爲後人校勘提供依據。如《太素》卷二「久視傷血」，楊上善注：「夫爲勞者，必內有所損，然後血有所傷。役心注目於色，久則傷心，心主於血，故久視傷血。」將《太素》、《靈樞》、《素問》三書互參，發現《靈樞·九針論》「久視」之前有「五勞」二字，《素問》有「五勞所傷」幾字。是後二書字衍還是《太素》文脫呢？楊注可以幫助解決這一疑案。據注文中有「夫爲勞者」，則可斷定原文有提到與勞傷相關的話題，注中存留而正文已脫。「五勞」即久視、久臥、久坐、久立、久行五種過度勞頓，皆能傷身。上例據楊注推斷《太素》文脫，下面則是直接揭示衍文者，《素問·逆調論》「帝曰：人有身寒，湯火不能熱，厚衣不能溫，然不凍栗，是爲何病？岐伯曰：是人

〔註10〕上、下言脈進退之勢，十、八喻脈盛衰之形。

者，素腎氣勝，以水爲事，太陽氣衰，腎脂枯不長，一水不能勝兩火，腎者水也，而生於骨，腎不生則髓不能滿，故寒甚至骨也。所以不能凍栗者，肝一陽也，心二陽也，腎孤藏也。一水不能勝二火，故不能凍栗，病名曰骨痺。」一段高士宗注云：「一水不能勝兩火，七字在下，誤重於此，衍文也」。高氏認爲前一個「一水不能勝兩火」爲衍文，是涉後「一水不能勝二火」而衍。再比如王冰常在《素問》注中，揭示版本之誤，如《長刺節論》：「刺兩髂髎。」注云：「『髎』一爲『髀』，字形相近之誤也。」《刺腰痛》篇：「刺厥陰之脈。」注云：「『厥陰』，一經作『居陰』，是傳寫草書厥字爲居也。」《診要經終論》：「中腎者七日死」王注：「一云十日死，字之誤也。」又「中肺者五日死」注云：「一云三日死，亦字誤也。」以上融校於注。

2、揭示注釋者時代及版本情況

　　《太素》卷二「天氣清靜，光明者也」楊上善注：「天道之氣，清虛不可見，安靜不可爲，故得三光七耀光明者也。玄元皇帝曰：虛靜者，天之明也。」據《舊唐書‧高宗紀下》，乾封元年（西元 666 年）追號老子爲「太上玄元皇帝」，詳見《唐大詔令集》。由此可知楊注當在乾封元年之後。關於楊上善的生平，正史無傳。北宋林億等《重廣補注黃帝內經素問序》「隋楊上善纂而爲太素」。明李濂《醫史》稱之爲隋大業中太醫侍御。但《太素》每卷之下均題有「通直郎守太子文學臣楊上善奉敕撰注」字樣。此官爲唐高宗顯慶（西元 656～661 年）間才設置，與上楊注相契合。故注文有助於考訂注者生活的大致年代。除此之外注文也反應了該書當時的不同版本情況。如《太素》卷二十七《十二邪》「下氣不足，則爲痿厥足悶，補足外踝下留之」楊注：「一本刺足大指間上二寸留之。」其中「一本」說明當時的版本情況，與此相類的還有「有本」、「一曰」之類。如《太素》卷三《陰陽大論》「天有四時五行，以生長收藏，以生寒暑燥濕」楊注：「有本有風，謂具五者也。」也就是有的版本在「寒暑燥濕」中加上了「風」字，構成五種氣候。又《太素》卷十四《四時脈形》「其氣去如毛者，此謂不及，病在中」楊注：「一曰如數也。」說明有的版本「其氣去如毛者」作「其去如數者」。〔註11〕

〔註11〕吳昆注：如數（shǔ），其實未數也，蓋往來急疾，類於數耳。

3、銜接原典辭氣或理據

一部經典就是一個有機的學說體系。其言辭言語，其邏輯因果，皆應前後貫通。靠什麼來貫通呢？除了經文語言內部的自足外，注釋亦能起關聯作用。注，本義為灌注，引申為貫通。如《素問・四氣調神大論》「使志若伏若匿，若有私意，若己有得」王冰注：「皆謂不欲妄出於外，觸冒寒氣也，故下文云。」其中「故下文云」四字並不為了解釋某句原文，而是為了指明前後文之間的因果關聯。又如《素問・生氣通天論》「陽氣者，煩勞則張，精絕，辟積於夏，使人煎厥。」王注「煎厥」云：「以煎迫而氣逆，因以煎厥為名。厥謂氣逆也，煎厥之狀當如下說。」「當如下說」即下文「目盲不可以視，耳閉不可以聽，潰潰乎若壞都，汩汩乎不可止」這樣的症狀。注文起到了前後關聯的作用。

4、限定作用，使經文意義單一化

《太素》卷二：「逆春氣則少陽不生，而肝氣內變。逆夏氣則太陽不長，心氣內洞。逆秋氣則太陰不收，肺氣焦漏。逆冬氣則少陰不藏，腎氣濁沉。」其中「少陽、太陽、太陰、少陰」四脈各分為手足二類，楊上善之注分別予以說明：「少陽，足少陽膽府脈，為外也」；「太陽，手太陽小腸府脈，在外也」；「太陰，手太陰肺之脈也」；「少陰，足少陰腎之脈也」。這就把經文中的上四脈與手少陽三焦經、足太陽膀胱經、足太陰脾經、手少陰心經區別開來了。

除了一詞多義容易造成誤解需要注釋外，句法歧義也需要注釋來限定，方得確詁。如《素問・大奇論》：「（脈）浮合如數，一息十至以上，是經氣予不足也，微見九十日死。」其中「九十日死」有歧義，古人行文沒有標點，是隔九十天後死，還是隔九天或十天後死呢？這需要注釋者據理明示。吳昆注：「微見，始見也。言始見此脈，便期九十日死。若見此脈已久，則不必九十也。所以必九十日者，時更季易，天道變於上，人道亦從而變也。」據下文皆從季節而論，吳注為九十天是正確的。

5、揭示科學原理

《太素・九氣》「恐則精卻，卻上焦閉，閉則氣還，還則下焦脹，故氣不行」楊上善注：「雖命門藏精，通名為腎。脈起腎，上貫肝膈，入肺中；支者，從肺絡心，注胸中，故人驚恐，其精卻縮。上焦起胃口上，上焦既閉

不通，則氣不得上，還於下焦，下焦脹滿，氣不得行也。」楊氏之注以經絡走向爲解，說明「驚恐」導致「精卻」、「氣不行」的原理。又《素問‧陰陽應象大論》「寒勝熱」張志聰《集注》：「有亢害則有承制，陰陽五行之自然也。」其中「亢害承制」是運氣學理論，即自然氣候某方面太過，就會受到接下來相反氣候的制約，以求最終達到自然變化總趨勢的穩態，而不至於逾越春夏秋冬，寒去暑來的軌跡。

6、揭示相關資料

注釋除了使經文曉暢易懂外，還能使某一內容系統化，保存相關資料。如楊上善注《太素‧經脈連環》關於足陽明胃經的走向時云「足陽明脈起於鼻，下行屬胃，通行胃之血氣，故曰胃足陽明脈也。手陽明經從手上俠鼻孔，到此而起，下行至於足指，名足陽明經。十二經脈行處及穴名，備在《明堂經》，具釋之也。」又如《素問‧通評虛實論》「帝曰：形度、骨度、脈度、筋度何以知其度也」王冰注云：「形度具《三備經》，筋度、脈度、骨度並具在《靈樞經》中。」就是講明有關「形度、骨度、脈度、筋度」的內容在哪裏可見。

7、精煉經文，便於記憶

注釋不僅使原典通俗易懂，還應便於記憶，於是有些注者將原文編成歌訣的形式。如張志聰《靈樞‧經脈》就附有十二經絡的「諸穴歌」和「分寸歌」。如手太陰肺經：

《肺經諸穴歌》：「手太陰，十一穴，中府雲門天府列。俠白下尺澤，孔最見列缺。經渠太淵下魚際，抵指少商如韭葉。」

《分寸歌》：「太陰肺兮出中府，雲門之下一寸許。雲門璇璣旁六寸，巨骨之下二骨數。天府腋下三寸求，俠白肘上五寸主。尺澤肘中約橫紋，孔最腕上七寸取。列缺腕側一寸半，經渠寸口陷中主。太淵掌後橫紋頭，魚際節後散脈舉。少商大指端內側，相去爪甲韭葉許。」

8、使經文內容形象化

科技文獻注重理據，而不以形象取勝，很多道理都是抽象的，如《素問‧五運行大論》中的「西方生燥」。王冰之注則在此基礎上生發開來，描繪了

一幅「西方生燥」的場景，如：「陽氣已降，陰氣復升，氣爽風勁，故生燥也。夫岩谷青埃，川源蒼翠，煙浮草木，遠望氤氳，此金氣所生，燥之化也。夜起白朦，輕如微霧，逈邐一色，星月皎如，此萬物陰成，亦金氣所生，白露之氣也。太虛埃昏，氣鬱黃黑，視不見遠，無風自行，從陰之陽，如雲如霧，此殺氣也，亦金氣所生，霜之氣也。山谷川澤，濁昏如霧，氣鬱蓬勃，慘然戚然，咫尺不分，此殺氣將用，亦金氣所生，運之氣也。天雨大霖，和氣而起，雲光陽曜，太虛廓清，燥生西方，義可徵也。若西風大起，木偃雲騰，是爲燥與濕爭，氣不勝也，故當復雨。然西風雨晴，天之常氣，故有東風雨止，必有西風復雨，因雨而乃自晴。觀是之爲，則氣有往復，動有燥濕，變化之象，不同其用矣。由此則天地之氣，以和爲勝，暴發奔驟，氣所不勝，則多爲復也。」這完全可以看成是一篇文學作品，比之歐陽永叔《醉翁亭記》亦不遜色。從各種形象之中反映出氣候的本質——燥。

　　爲了使經文轉換成可感性強的形象，或採用了圖表注釋法。相對於文字來說，圖表更爲直觀。圖表又有兩種情況，即圖與表。《內經》諸注中，明代醫者，馬玄臺圖表注經成就最高。如《素問·六微旨大論》「帝曰：願聞天道六六之節盛衰何也？岐伯曰：上下有位，左右有紀。故少陽之右，陽明治之；陽明之右，太陽治之；太陽之右，厥陰治之；厥陰之右，少陰治之；少陰之右，太陰治之；太陰之右，少陽治之。此所謂氣之標，蓋南面而待也。」馬氏爲了形象地說明這一自然氣候變化，將內容轉換如下〔註12〕：

天道六六之節盛衰圖
少陽治寅申歲六節盛衰

〔註12〕馬蒔《黃帝內經素問注證發微》人民衛生出版社。1998年1月版。第453頁。

第五章 《內經》注釋與《漢語大字典》

第一節 總 論

　　字典編纂，離不開文獻用例；字典義項分立，亦多源於傳統傳注訓詁。因此全面清理典籍用字，尤其是經典著作的用字，能進一步豐富完善字典辭書。清人在這方面做過諸多探索，其「以經考字，以字證經」之法，為今人研究提供了方法上的借鑒。

　　整部《內經》使用單字 2286 個，它們基本是常用字。常用字構詞能力很強，一般會多方引申。又因其出現頻率高，要想完全歸納用例得出結論很困難，而專書經注研究積累，為弄清語言詞彙的實際情況準備了材料。

　　現結合《內經》經注語料，將全部用字與《漢語大字典》（以下簡稱《大字典》）〔註1〕義項進行互參，同者不復論及，僅將有異義的地方分列如下，並略加分析。字頭下標明該字在《大字典》中的頁碼，字典未列義項用「○」引出。一條中所引同一部書中的語例，初次出現出具書名和篇名，再次出現同一部書時徑出篇名。

第二節 以《內經》經注材料增補《大字典》義項

　　下：（第7頁）

　　○為運氣學術語，指與司天之氣相對應的在泉之氣。《素問・五運行大

〔註1〕《漢語大字典》三卷本，四川辭書出版社、湖北辭書出版社，1995 年。

論》：「厥陰在上則少陽在下。」郭靄春《校注語譯》：「厥陰在司天的位置，那麼少陽就處在泉的位置。」又《六元正紀大論》：「數之始起於上而終於下。歲半之前，天氣主之；歲半之後，地氣主之。」與之相對應的「上」為司天之氣，司天象徵在上，主上半年的運氣情況。在泉象徵在下，主下半年的運氣情況。

世：（第 14 頁）

○俗世、時俗。《素問·上古天眞論》：「行不欲離於世，舉不欲觀於俗。」吳昆注：「世人舉事同於時俗。」《莊子·達生》：「夫欲免為形者，莫如棄世。棄世則無累，無累則正平，正平則與彼更生，更生則幾矣。」成玄英疏：「夫欲有為養形者，無過棄卻世間分外之事。」唐皇甫曾《秋夕寄懷契上人》詩：「眞僧出世心無事，靜夜名香手自焚。」唐元稹《度門寺》詩：「心源雖了了，塵世苦憧憧。」明陳汝元《金蓮記·詬奸》：「丞相是當朝黃閣，小尼是出世緇衣，實是未同，難以相見。」

中：（第 28 頁）

○觸、碰。《素問·玉機眞藏論》：「眞肺脈至，大而虛，如以毛羽中人膚。」又指為外物所傷，受到侵害。〔註2〕《瘧論》篇：「溫瘧者，得之冬中於風寒。」《風論》篇：「飲酒中風，則為漏風。」

乘：（第 40 頁）

○逢、遇。《素問·三部九候論》：「其脈乍疏乍數，乍遲乍疾者，日乘四季死。」「日乘四季死」即遇到辰戌丑未四個時辰可能死去。張志聰注：「土位中央，王於四季，其脈乍疏乍數，乍疾乍遲，乃土氣敗而不能灌溉四藏，故死於辰戌丑未之時也。」又《咳論》篇：「乘春則肝先受之，乘夏則心先受之，乘至陰則脾先受之，乘冬則腎先受之。」《靈樞·歲露論》：「乘年之衰，逢月之空，失時之和，因為賊風所傷，是謂三虛。」乘、逢同義交替使用。

丹：（第 44 頁）

○指六氣中的火氣。《素問·至眞要大論》：「少陽司天為火化，在泉為苦化，司氣為丹化。」王冰注：「火運之戊癸歲也。」又《五常政大論》：「太陽司天，寒氣下臨，心氣上從，而火且明，丹起金乃眚。」高士宗注：「火明丹起，則金乃眚，火刑金也。」

〔註2〕可與本章第三節「傷」字釋義互參。

主：（第 44 頁）

○指主治病證的藥物。《素問・至眞要大論》：「司歲備物，則無遺主矣。」張景岳：「因司氣以備藥物，則主病者無遺矣。」因爲自然氣候的異常變化會導致某些流行疾病的發生，所以要根據氣候變化的規律早期預防，有針對性地準備藥物。這一意義與「主」的動詞義「主治」密切相關。

乙：（第 47 頁）

○與甲相配，主東方，五行屬木。《素問・陰陽類論》篇：「春甲乙青，中主肝，治七十二日。」王冰注：「東方甲乙，春氣主之，自然青色，內通肝也。」又《靈樞・陰陽繫日月》：「五行以東方爲甲乙木王春。」

予：（第 52 頁）

○預測，推斷。《素問・玉機眞藏論》：「眞藏脈見，乃予之期日。」王冰注：「候見眞臟之脈，乃與死日之期爾。」「眞臟脈」即沒有水穀之氣，缺乏柔和之象的死脈；「與死日之期」即根據眞藏脈的出現，可以推測出死期。又《唐文粹》卷九十六蘇源明《小洞庭五太守燕籍》：「悵而還適予手兮，非予期將解袂兮。」中的後一「予」字。《名臣碑傳琬琰之集》上卷二十三：「摘奸抉蠹，人莫予測。」皆表預測義。

侮：（第 163 頁）

○由於運氣不足，五行生剋中所勝的一方反而處於弱勢地位，這種情況下就被稱之爲「侮」，即被正常情況下所能剋的對象所侮。《素問・五運行大論》：「岐伯曰：氣有餘則制已所勝……侮反受邪，而受邪寡於畏也。」張志聰注：「此言乘侮而反受其復也。如歲木不及，則所不勝之金氣侮而乘之，而金反自虛其位矣，至秋令之時，金氣虛而反受木子氣來復，則火熱爍金，所謂侮反受邪也。」在「金剋木」這個鏈環中，金是能剋所勝的一方，但在金氣不足之年，被稱之爲「侮」。因爲木得不到相應的抑制而旺盛，木旺導致火旺，火旺剋金，故金（侮）反受邪。

噦：（第 689 頁）

○口中發出沉濁而長的聲響。《素問・寶命全形論》：「弦絕者其音嘶敗，木敷者其葉發（廢），病深者其聲噦 yuē。」王冰注：「噦，謂聲濁惡也。」又元王履《醫經溯洄集》卷下：「噦逆則言其似欲嘔物以出而無所出，但聲之濁惡長而有力，直至氣盡而後止。非如乾嘔之輕而不甚，故曰噦逆。」又云「然

病至於噦，則其治也終不易矣。」《神農本草經疏》卷二十三：「病深者聲噦，病者見此，是爲危證。」這一意義可能是由噦的嘔吐義引申出來的。《正字通·口部》：「方書：有物而無聲曰吐，有聲無物曰噦，有物有聲曰嘔。」可作爲辨析的依據。

樞：（第 1276 頁）

○中醫經絡穴位名，即環跳穴。《素問·繆刺論》：「邪客於足少陽之絡，令人留樞中痛。」張介賓注：「髀樞中，足少陽環跳穴也。」

○指人身之關節。《素問·痿論篇》：「心氣熱則下脈厥而上，上則脈虛，虛則生脈痿，樞折挈，脛縱而不任地也。」王冰注：「腎氣主足，故膝腕樞紐如折而不能提挈，脛經縱緩而不能運用於地也。」

○比喻少陽、少陰在三陰、三陽經所居位置和轉輸陰陽之氣的作用。太陽、太陰爲開，陽明厥陰爲合，少陽少陰爲樞，因此少陽少陰的轉輸人體陰陽之氣的作用，猶如戶樞一樣能靈活地開合啓閉。《素問·陰陽離合論》：「是故三陽之離合也，太陽爲開，陽明爲闔，少陽爲樞。三經者，不得相失也，搏而勿浮，命曰一陽……是故三陰之離合也，太陰爲開，厥陰爲闔，少陰爲樞。三經者，不得相失也，搏而勿沉，名曰一陰。」王冰注：「開、合、樞者，言三陽之氣，多少不等，動用殊也。夫開者，所以司動靜之基，合者所以執禁錮之權，樞者所以主動轉之微。」

痞：（第 2674 頁）

○隔絕不通。《釋名·釋疾病》：「痞，否也。氣否結也。」《素問·六元正紀大論》：「其變震驚飄驟，其病體重胕腫痞飲。」郭靄春注：「痞飲：水飲停聚，發爲痞脹。」又《難經本義》卷下：「痞氣，痞塞而不通也。」《金匱要略·胸痹心痛短氣病脈症並治》：「胸痹，心中痞氣，氣結於胸，胸滿，脅下逆搶心，枳實薤白桂枝湯主之，人參湯亦主之。」《金匱要略論注·腹滿寒疝宿食》：「夫瘦人繞臍痛，必有風冷穀氣不行而反下之，其氣必衝，不衝者心下則痞。」又曰「若繞臍痛，風冷稽留之也。瘦弱則更無痰之可疑。設或便難，乃是胃寒乘氣不行而反下之，則下焦以本虛而邪襲，又誤下以動腎氣，則必氣衝，設或不衝，是腎中之陽尚足以御之，故臍中風冷並滯於心下而爲痞。」經文或曰塞，或曰結，或曰滯，皆爲阻隔不通義。

第三節 糾正《大字典》的釋義錯誤

1、據引舊注釋義

1.1、曲解注義者

樞：（第 1276 頁）

⑤中醫經絡穴位名，即髀樞。《素問・繆刺論》：「邪客於足少陽之絡，令人留樞中痛。」王冰注：「樞，髀樞也。」

按：檢足少陽膽經經穴，未見有名「髀樞」者。王注是隨文釋義，只注「樞」在該句中所指的範圍。張介賓注：「髀樞中，足少陽環跳穴也。」可見「樞中」所指的穴位名稱當是「環跳」，而非「髀樞」為穴名。

正：（第 1436 頁）

㉔古代指「斗建」，即北斗星斗柄所指的時辰。《素問・六節藏象論》：「立端於始，表正於中，推餘於終。」王冰注：「正，斗建也。」

按：《大字典》誤解王注之意。「斗建」即農曆之月建。古時以北斗星的運轉計算月令，斗柄所指之辰謂之斗建。如正月指寅，為建寅之月，二月指卯，為建卯之月。又可以用「斗建」來指時令。王注「正斗建也」是解釋「表正」一語的，即用圭表測日影確定時令，使曆法與天體運行相符，而並非「正」有「斗建」之義。這裏的「正」字與同篇「夫六六之節，九九制會者，所以正天之度，氣之數也」之「正」，意思相同，皆為校正、確定的意思。《六節藏象論》就是論述天體運行規律和氣候、時歲的建立，以及氣候對人體的影響，故將表述天氣的六節，和表述人體的藏象連在一起論述。上述引文就是講述使曆法與天體運行相符的具體方法：「立端於始」，即確立一年的開端。《左傳・文公元年》：「先王之正時也，履端於始。」注：「步曆者以冬至之日為歲首。」吳昆注：「立端於始，謂造端曆元，所謂冬至日子（時）之半是也。」「表正於中」即用圭表測量日影的長短變形，計算日月的運行度數，來校正時令節氣。「推餘於終」太陽視運動一週三百六十五又四分之一天，而月亮繞地運動十二週僅三百五十四天多，故推其餘數於歲終，積成閏月。

手：（第 1824 頁）

⑨氣口，即中醫所稱寸口。《素問・陰陽別論》：「三陰在手。」王冰注：「手謂氣口。」

按：手之「氣口」義是語境賦予的，並非固定用法，離境即失。《陰陽別論》講述脈象時云：「脈有陰陽……所謂陰者，眞藏也，見則爲敗，敗者必死也。所謂陽者，胃脘之陽也，別於陽者，知病之處也；別於陰者，知死生之期。三陽在頭，三陰在手。」其中「三陰在手」即三陰脈的診察部位在手的寸口。手與「寸口」只是相關，而非手即有寸口義。王注揭示經義，而非簡單解釋詞語。「三陰在手」前而還有「三陽在頭」《大字典》4372 頁「頭」字條並沒有給它立有「人迎穴」一項，是對的。可見這裏給手立「寸口」一項有誤。

空：（第 2719 頁）

（二）②中醫術語，指血脈。《素問・五藏生成論》：「血行而不得反其空，故爲痹厥也。」王冰注：「空者，血流之道，大經隧也。」

按：「空」指血脈，是臨時借代義，並非中醫術語。術語應該是廣泛用於某一行業，其義應該能反復出現。王冰注只是隨文釋義，「空」在「血行而不得反其空」句中指空的經隧，離開這一語言環境，空就不再指血脈。經文有云：「臥出而風吹之，血凝於膚者爲痹，凝於脈者爲泣，凝於足者爲厥。此三者，血行而不得反其空，故爲痹厥也。」血液循環到外表時由於受寒而凝滯於表，故不得正常返回裏面空的經隧。

衂：（第 3054 頁）

①汗血。《說文・血部》：「衂，汗血也。」《素問・六元正紀大論》：「少陰所至，爲悲妄衄衂。」王冰注：「衂，汗血。亦脂也。」④鼻出血。《篇海類編・身體類・血部》：「傳爲衄衂瞑目，故得之氣厥也。」王冰注：「衂謂（鼻）汗血也。」

按：義項④「鼻出血」有誤，同是「衄衂」連文，二說解不一。且王注中的「鼻」爲《大字典》編者所加，並非王注原文。汗血爲「衂」，鼻出血爲「衄」。《類經》卷二十六張介賓注：「火病於心而並於肺，故爲悲妄。火逼血而妄行，故鼻血爲衄，汗血爲衂。」又《聖濟總錄纂要》卷八：「夫血得熱則湧溢，得寒則凝泣，若膽受胃熱循脈而上，乃移熱於腦。蓋陽絡溢則血妄行，在鼻爲衄，在汗空爲衂。」汗空即玄府，是遍佈人體的氣血運行通道，血於此溢出則爲衂。

素：（第 3368 頁）

④本質；本性。《廣雅・釋詁三》：「素，本也。」《馬王堆漢墓帛書・經

法‧道法》：「故能至素至精，悟（浩）彌無刑（形），然後可以爲天下正。」
《素問‧陽明脈解》：「踰垣上屋，所上之處，皆非其素所能也。」王冰注：「素，本也。」

　　按：上引《素問》例，誤解王注。王注「本」是個多義詞，既可以說成「本質」也可以說成「原本」。經文在說明陽明脈實熱症狀時云：「病甚則棄衣而走，登高而歌，或至不食數日，踰垣上屋，所上之處，皆非其素所能也，病反能者，何也？」這裏將平時與病發時相對而問，素即平素、平時。《太素》「素」下有「時」字，更能幫助理解其義。楊上善注：「素，先也。其人非是先有此能，因陽明病故也。」王注：「素，本也。」當理解爲「原本」，《大字典》誤以爲「本質、本性」。該書證宜列入義項⑩平素；舊時。

　　適：（第3877頁）
　　⑬調理；調節。……《素問‧五藏別論》：「凡治病必察其下，適其脈，觀其志意，與其病也。」王冰注：「調適其脈之盈虛。」張隱庵集注：「調適，測。」

　　按：對王、張二注的理解，不能就字論字，還當結合原典經文。經曰：「胃者，水穀之海，六腑之大源也。五味入口，藏於胃，以養五臟氣，氣口亦太陰也，是以五臟六腑之氣味，皆出於胃，變見於氣口。故五氣入鼻，藏於心肺。心肺有病，而鼻爲之不利也。凡治病必察其下，適其脈，觀其志意，與其病也。」胃之水穀爲人身化源所在，正常的消化吸收是健康的保證。那麼疾病的診察也可從這個源頭觀看。「察其下」即觀察消化吸收後的排泄狀況是否正常。張志聰注：「凡病必察其下，二便也。」吳昆亦云：「下，謂二便也。」「適其脈」我們認爲這裏是診斷階段，而不是治療階段，「適」與前之「察」後之「觀」並行。王注「調適其脈之盈虛」但接著又說「適其脈候」，「候」是症候，即病的外在表象，顯然是檢測的對象，而非調理的對象。「適其脈」即測其脈、把其脈，王、張二注中的「調適」皆應理解爲「測」，而非「調理」「調節」。關於這段經文的理解，張介賓《類經》卷三有一精彩的注解：「此治病之四要也。下，言二陰。二陰者，腎之竅，胃之關也。《脈要精微論》曰：倉廩不藏者，是門戶不要也。得守者生，失守者死，故二便爲胃氣之關鎖而繫一身元氣之安危，此下之不可不察也。適。測也。脈爲氣血之先，故獨取寸口以決吉凶之兆，如《平人氣象論》曰：人無胃氣曰逆，逆者死。脈無胃氣亦死，此脈之不可不察也。志意者，如《本藏篇》曰：志意和則精神專直，

魂魄不散，悔怒不起，五藏不受邪矣。是志意關乎神氣而存亡繫之，此志意之不可不察也。病有標本，不知求本則失其要矣。病有眞假，不知逆從則及於禍矣，此病因之不可不察也。合是四者而會觀之，則治病之妙無遺法矣。」由此可見，「適」當釋爲測。

陽：（第 4144 頁）

⑯我國中醫學上指人體內部某些器官。《素問・經脈別論》：「太陽藏獨至，厥喘虛氣逆，是陰不足，陽有餘也。」王冰注：「陽，謂膀胱也。」又《藏氣法時論》：「肝主春，足厥陰少陽主治。……心主夏，手少陰太陽主治。」王冰注：「少陽，膽脈。……太陽，小腸脈。」

按：上引兩例中的「陽」皆指經絡，即人體陽經，而非器官。《經脈別論》是討論經脈病變的篇章。「太陽藏獨至」，即太陽脈經氣獨至。手太陽小腸經，足太陽膀胱經。王注陽爲膀胱指的就是足太陽膀胱經。《大字典》誤以爲指器官膀胱，而「藏」（臟）才是器官的意思。故張志聰注云：「太陽之經氣獨至，而無陰氣之和也。」「獨至」即脈獨見臟之經氣，而無胃氣柔和之象。吳昆注：「獨至，謂失其沖和之脈，獨見太陽脈象。」《藏氣法時論》中的足少陽主治，手太陽主治中的陽，也不指器官，而是指肝病、心病分別治足少陽膽經，手太陽小腸經，而非治膽、小腸這些器官。王注：「少陽，膽脈。……太陽，小腸脈」就是明證。

隧：（第 4159 頁）

④人體血氣津液運行分泌的通道。《素問・調經論》：「五藏之道皆出於經隧，以行血氣。」王冰注：「隧，潛道也。隋巢元方《諸病源候論》卷三：「曰五穀入於胃也，其糟粕津液宗氣，分爲三隧。」

按：人體氣血津液運行分泌的通道，中醫將其分爲兩類：一類是經脈，特點是大而深，以行榮氣，故王注用了個「潛」字。另一類是玄府、腠理，以行衛氣。特點是小而淺。上述釋義外延過寬。上引《調經論》「隧」即指經脈。引《諸病源候論》例「曰」字後宜用冒號點斷，是回答上文「夫邪氣之客於人也，或令人目不得眠，何也？」的答語。再從經文「榮氣者，泌其津液注之於脈也」看「隧」指的是行榮氣之經脈。而「衛氣者，出其悍氣之剽疾而先行於四末分肉皮膚之間而不休者」同樣是人體氣血津液運行分泌的通道，則謂之玄府、腠理。

1.2、模糊注義者

1.2.1、用多義詞為釋語意義含混

喝：（第653頁）

（二）④嘘氣作聲。《素問‧生氣通天論》：「煩則喘喝，靜則多言。」王冰注：「喝，謂大呵出聲也。」

按：《大字典》和王注均採用了以多義詞為釋語的注釋方法。嘘，可指「慢慢地呼氣」、「吐」、「歎息」、「象聲詞嘘」等義項；呵，《大字典》列有「呼喊」、「吆喝」、「笑聲」、「嘆詞」、「呼氣；哈氣」等義項。「喝」在文中的具體所指還不夠明確。《生氣通天論》「煩則喘喝，靜則多言」中，「喝」應指喘急貌。同樣的用法，比如《靈樞‧經脈》：「腎足少陰之脈，……咳唾則有血，喝喝而喘。」《靈樞‧雜病》：「喘息喝喝然，取足少陰。」張介賓注：「喝喝，喘急貌。」

度：（第880頁）

㉕日。《素問‧六元正紀大論》：「正化度也。」王冰注：「度，謂日也。」又《至真要大論》：「又凡三十度也。」王冰注：「度者，日也。」

按：王冰釋「度」為「日」，是根據經文前後互參得出的結論，即所謂「內部求證法」。《素問‧六元正紀大論》有云：「甲子、甲午歲：上少陰火，中太宮土運，下陽明金。熱化二，雨化五，燥化四，所謂正化日也。」與「正化日」相對的是「邪氣化日」。如同篇：「己巳、己亥：上厥陰木，中少宮土運，下少陽相火。風化清化勝復同，所謂邪氣化日也。災五宮。」「正化日」、「邪氣化日」有時又表述為「正化度」、「邪氣化度」。如同篇：「戊寅、戊申：上少陽相火，中太徵火運，下厥陰木。火化七，風化三，正化度也。」又「己卯、己酉歲：上陽明金，中少宮土運，下少陰火。風化清化勝復同，邪氣化度也。災五宮。」度本指天體運行位置的分野，但相對地面而言，則指年份（如甲子、甲午歲之類）。王冰釋度為日也不錯，但「日」是個多義詞，到底哪個義項與度對應呢？《大字典》這樣釋義就不清楚了。「正化日」之日實指年份，即甲子、甲午這樣的年份不會出現勝氣復氣之類災變氣候，運氣正常，故謂之正化度或正化日。而己巳、己亥這樣的年份，出現勝氣復氣這樣的災變氣候，故稱邪化日或邪化度。而上引《至真要大論》中的日，則指「天」，「凡三十度」即共三十天，意義與之不同。

1.2.2、照搬意義不顯的舊注

宮：（第 926 頁）

⑬中醫術語，指五藏神所在之部位。《素問‧生氣通天論》：「陰之五宮，傷在五味。」王冰注：「所謂陰者，五神藏也；宮者，五神之舍也。」張隱庵集注：「五宮，五藏神之所舍也。」

按：引文講飲食五味，既能滋養五臟，又能影響五臟而致病。即所謂「陰之所生，本在五味；陰之五宮，傷在五味。」如何而傷，同篇也有論述「味過於酸，肝氣以津，肝氣乃絕」等等。人體五臟屬陰，六腑屬陽。「陰之所生」和「陰之五宮」是爲對文，皆指人體五臟。宮即臟器。伊澤裳軒注：「五宮者，五藏也。」五臟爲五味所養，又能爲五味偏勝所傷。舊注是那個時代的產物，以爲五臟有所主之「神」，「五藏神所在之部位」於義不顯，實際就是「五臟」。

強：（第 999 頁）

⑪中醫學術語。指中氣旺盛。《素問‧脈要精微論》：「得強則生，失強則死。」王冰注：「強，謂中氣強固以鎮守也。」

按：《脈要精微論》論述脈象與健康狀況的聯繫。從脈象以及形體的外在形象可以推知人體內臟精氣是強盛還是衰弱。引文背景爲：「夫五藏者，身之強也。頭者精明之府，頭傾視深，精神將奪矣。背者胸中之府，背曲肩隨，府將壞矣。腰者腎之府，轉搖不能，腎將憊矣。膝者筋之府，屈伸不能，行則僂附，筋將憊矣。骨者髓之府，不能久立，行則振掉，骨將憊矣。得強則生，失強則死。」吳昆之注云：「上文五者，得強則爲生道，失強則爲死道。」從經文描述看，外在形象已經不容樂觀，那麼下一步會怎麼發展呢？吳氏認爲如果脈象反應內臟情況還可以的話，即爲生道，否則必死無疑。從原文「五藏者，身之強也」可見，「強」係指五臟（的精氣）強盛。即王注所謂「中氣強固」。《大字典》直接使用「中氣」一詞，而不用「五臟之精氣」，艱澀難懂。「強」的意思是「強盛」、「旺盛」，亦非專門中醫術語。

1.2.3、釋義不夠全面

府：（第 877 頁）

⑫腑臟。後作「腑」。清徐灝《說文解字注箋‧廣部》：「府，人身亦有出納藏聚，故謂五府六藏，俗別作腑臟。」《呂氏春秋‧達鬱》：「凡人三百六十節，九竅五藏六府。」《素問‧寶命全形論》：「弦絕者音嘶敗，木敷者其音發，

病深者其音嘶。人有此三者，是謂壞府。」王冰注：「府，謂胸也，以肺處胸中故也。壞，謂損壞其府而取病也。」

按：以上三條書證，其意義有二：前兩例是指六腑臟，即膽、胃、小腸、大腸、膀胱、三焦。因為前兩例中的府均與藏（臟）相對成文。後一例是指胸中之肺，其根據為王冰之注。對於此例，歷代注家的解釋頗多分歧。馬蒔曰：「按王注以鹽味津泄者，為喻陰囊濕，弦絕者，為喻肺傷。木敷者，為喻肝病。皆自人身言之。非也。此三者猶《詩經》之所謂興也。上三句興下一句也。唯楊上善之注，獨合經義，余深取之。」楊注云：「葉落，知陳木已蠹，舉此三物，衰壞之徵以比聲嘶，識病深之候也。」又云：「人有聲嘶同三譬者，謂是府壞之候也。府者，中府，謂五藏也。壞者則聲嘶也。中府壞者，病之深也。」楊氏認為弦絕、木敷等數條比喻，都是以外之敗徵，察內之病情。深得《內經》要領。其釋府為「中府」較王注勝，只是中府不僅僅限於五臟，而應指整個內臟器官。《大字典》釋為腑臟，釋義過狹，可將府釋為臟腑。

弦：（第 993 頁）

⑥中醫學謂脈象急勁。《史記·扁鵲倉公列傳》：「脈長而弦。」《素問·平人氣象論》：「弦多胃少曰肝病。」王冰注：「弦，謂急而益勁，如新張弓弦也。」《紅樓夢》第八十三回：「六脈皆弦，因平日鬱結所致。」

按：弦脈除急勁特點外還有細長的特點。端直而長，指下挺然，如按琴弦。兼柔和之象的為春季及肝的平脈；少柔和之象為肝的病脈；無柔和之象的為肝的真臟脈，即肝的死脈。王注「急而益勁，如新張弓弦也」是為「弦多」作注，而不僅僅是「弦」字，《大字典》將弦之意義核心「如張弓弦」這一細而緊的特點去掉了。

1.3、錯取誤注者

1.3.1、舊注正誤皆有，編者從誤而棄正

毚：（第 361 頁）

②狡獪；狡詐。《素問·解精微論》：「請問有毚愚僕漏之問，不在經者，欲聞其狀。」王冰注：「毚，狡也。」

按：《解精微論》該句是雷公向黃帝的發問。其所謂「毚愚僕漏（陋）之問」下文具體指「哭泣而淚不出者，若出而少涕，其故何也？」這一問題，說它淺陋可以，但若說狡詐，則與經意不合。「毚愚僕漏（陋）之問」即愚昧

淺陋的問題，張介賓認爲這是（雷公）自謙之詞。吳昆注：「謂龘弱愚昧，僕野鄙陋也。」這裏「龘」宜當「輕微」講。王充《論衡・定賢》：「譬猶醫之治病也。有方，篤劇猶治；無方，龘微不愈。」劉盼遂集解：「『龘』爲『纔』之聲母，得叚借爲『纔』。《三蒼》云：纔，劣也，僅也。《漢書》注：纔，淺也。故《論衡》以『龘微』連文。」所以該「龘」當釋爲「淺薄」。

孫：（第 1016 頁）

③物體旁出的。《素問・氣穴論》：「余已知氣穴之處，游針之居，願聞孫絡溪谷，亦有所應乎？」張隱庵集注：「絡之別爲孫。」

按：經是氣血通行的主要通道，是直行的幹線；絡脈是由經脈分出的網路全身的分支；孫絡是絡脈的分支。由經而絡而孫絡，則由粗而細到更細。張氏之注，是隨文釋義，其所謂「絡之別者爲孫」是解釋原典「孫絡」一詞，而不僅僅是釋一個「孫」字。旁出分支，並非孫絡之孫的本質，相對於經而言，絡亦爲旁出分支。這裏「孫」宜取「細小」義。高世栻《黃帝素問直解・調經論》注：「小絡，孫絡也。」

害：（第 929 頁）

⑨殺氣。《素問・皮部論篇》：「陽明之陽，名曰害蜚。」王冰注：「害，殺氣也。」

按：《內經》文辭多用比喻。《太素》卷五：「是故三陽之離合也，太陽爲關，陽明爲闔，少陽爲樞。」楊上善注：「三陽離合爲關、闔、樞，以營於身也。夫爲門者其有三義：一者門關，主禁者也。膀胱足太陽脈主禁津液及於毛孔，故爲關也；二者門闔，謂爲門扉，主關閉也。胃足陽明脈令眞氣止息，復無留滯，故爲闔也；三爲門樞，主轉動者也。膽足少陽脈主筋，綱維諸骨，令其轉動，故爲樞也。」關、闔、樞不僅僅是調節體內營運，還有外衛作用。《皮部論篇》講三陰三陽絡脈不同部位的名稱，以及外邪侵犯人體，由表及裏的過程。皮部有抵禦外邪內侵的功能。「陽明之陽，名曰害蜚。」即陽明經的外表絡脈及皮部，名叫「闔扉」（取關門之義）。這與下文「少陽之陽，名曰樞持」「太陽之陽，名曰關樞」「少陰之陰，名曰樞儒（檽）」中的「樞持」「關樞」「樞檽」同義，都指外邪內侵的門戶。吳昆注：「害，與闔同，所謂陽明爲闔是也。」高世栻注：「陽明之陽，行身之前而主闔，闔則不開。」《素問識》：云「蓋害、盍、闔古通用。《爾雅・釋宮》闔，謂之扉。疏：闔，扇也。《說文》曰：闔，門扇也，一曰閉也，蜚音扉。害蜚，

即闔扉，門扇之謂。」當從楊氏之注。

理：（第 1116 頁）

㉖通「裏」。裏面。清朱駿聲《說文通訓定聲‧頤部》：「理，叚借爲裏。」《素問‧陰陽類論》：「多三月之病，在理已盡。」王冰注：「理，裏也。」

按：從理論上講，理、裏同屬於來紐、支部，例得通假。但所用《素問》書證及王冰之注值得進一步討論。該句是黃帝回答岐伯關於病發死期的預測情況。前文爲「多三月之病，病合於陽者，至春正月，脈有死徵，皆歸出春。」然後接「多三月之病，在理已盡，草與柳葉皆殺。」人與自然相通，多季萬物收藏，平人之脈亦應之而呈收斂之象，故曰「多脈石」，石即沉緊義。「病合於陽」即多見陽脈，當石而不石。張介賓注：「多三月者，陰盛時也，病合於陽者，陽證陽脈也。以水王（旺）之時，而病合於陽者，時氣不足，病氣有餘也。及至孟春正月，陽氣發生，則陽邪愈盛，陰氣愈竭。若脈有死徵，則出春交夏，而陽盛陰衰，俱已至極，無所逃矣。」經文「在理已盡」張注：「謂察其脈證之理，已無生意也。以多月之病而得此，則凡草色之青，柳葉之見，陰陽氣易，皆其死期，故云皆殺也。」這種多見陽盛之病，原本就陽邪太過，加之春夏天地助陽，所以會出現危症。可見「在理已盡」之「理」，是道理的理，而不是通「裏」。

易：（第 1494 頁）

⑰副詞。表示同樣，相當於「亦」。《素問‧骨空論》：「扁骨有滲理湊，無髓孔，易髓無空。」王冰注：「易，亦也。骨有孔，則髓有孔；骨若無孔，髓亦無孔也。」

按：王注「骨有孔，則髓有孔；骨若無孔，髓亦無孔也」游離於經文「扁骨有滲理湊，無髓孔」之外。骨有圓骨，有扁骨，皆能內外通連，氣血營運。但不同的是，圓骨中空而以髓充填之；扁骨裏面沒有骨髓，故無髓孔，但有血脈滲灌之腠理內外連通。所以相對於圓骨而言以「滲理腠」取代了「骨髓」，所以無孔也能營運氣血。「易」代也。吳昆注：「（扁骨）但有滲灌之腠，無復髓孔也。故變易無髓，則無孔也。」高世栻注：「易，交易也。扁骨有澹滲之紋理，湊會於胸脊，其內則無髓孔。申明滲理湊者，髓之交易也。」高注正確，當以此爲說。上述書證應歸入義項⑧「替代」義下。

曛：（第 1539 頁）

④赤黃色。《素問‧六元正紀大論》：「少陰所至爲高明燄爲曛。」王冰

注：「曛，赤黃色也。」

按：上例論述有關六氣的變化。少陰君火之氣所至，氣候炎熱。《六元正紀大論》中相關表述屢見不鮮。如「少陰所至為暄」、「少陰所至為火府，為舒營」、「少陰所至為熱生」。這種氣候產生的疾病也與陽亢熱病有關。如「少陰所至為瘍胗身熱」、「少陰所至為語笑」等。張介賓注云：「高明焰，陽光也。曛，熱氣也。」是為確詁，當從。《大字典》誤用王注。

涇：（第1620頁）

④通「經」。……又特指婦女的月經。《素問‧調經論》：「形有餘則腹脹涇溲不利，不足則四支不用。」高保衡等新校正引楊上善云：「涇（有本）作經，婦人月經也。」

按：《素問》該例出現在論述神、氣、血、形、志有餘不足的臨床表現及治法。而神、氣、血、形、志與心、肺、肝、脾、腎相關聯，即經所云「心藏神，肺藏氣，肝藏血，脾藏肉，腎藏志」。上引「形有餘」之形，即肉，為脾臟所主。五有餘不足導致病變皆是通論而沒有男女之別。外邪客於皮肉，即形有餘，向內會影響脾胃的消化吸收功能。脾主營運吸收水穀精微，上輸心肺，化生氣血，以營全身。脾之受邪，有失健運，清氣不升，清濁混同而生腹脹、腹泄之病。即所謂「涇溲不利」也。王注曰：「脾之藏也。《針經》曰：脾氣虛則四支不用，五藏不安，實則腹脹涇溲不利。涇，大便也。溲，小便也。」這一注釋符合《內經》意義體系，當從。

湧：（第1636頁）

④嘔吐。《素問‧五常政大論》：「卑監之紀，是謂減化，……其動瘍湧分潰癰腫，其發濡滯。」王冰注：「瘍，瘡也。湧，嘔吐也。」

按：「卑監之紀」是土運不及之年。土運不及，人體脾的運化作用相對不足，因而水濕滯留於皮膚肌肉，導致瘡瘍膿腫等症狀。分潰，即破裂。湧，瘡破裂膿多如泉湧。高世栻注：「土主肌肉，肌肉不和，則瘡爛膿流而癰腫。」王注湧為嘔吐，與具體「瘍湧分潰」語境難合。脾土受病，外為肌肉癰滯而潰，內為消化不良飧泄，即「其病飧泄，邪傷脾也。」當從高注。

歌：（第2147頁）

⑦中醫學名詞。歎聲。《素問‧陰陽應象大論》：「在音為宮，在聲為歌。」王冰注：「歌，歎聲也。」

按：《陰陽應象大論》中「在聲為×」凡五見，皆與五行屬性相匹配。「東

方生風，風生木……在音爲角，在聲爲呼……在志爲怒。」「南方生熱，熱生火……在音爲徵，在聲爲笑……在志爲喜。」「中央生濕，濕生土……在音爲宮，在聲爲歌……在志爲思。」「西方生燥，燥生金……在音爲商，在聲爲哭……在志爲憂。」「北方生寒，寒生水……在音爲羽，在聲爲呻……在志爲恐。」從五季來講，東方與春天相應，風木主之，其聲音爲呼；南方夏天相應，君火主之，其聲音爲笑；中央與長夏相應，相火主之，其聲音當與夏之笑近，爲歌之聲；西方與秋相應，燥金主之，其聲音當爲肅殺之哀哭；北方與冬相應，寒水主之，有藏匿之徵，其聲音也由夏之高亢放縱，變得低沉微弱，故爲呻吟。張志聰注：「脾志思，思而得之，則發聲爲歌。」「歌」與「笑」相近，皆與夏之陽盛相匹，若從王注，則參類不伍，當從張注。

惋：（第 2319 頁）

②中醫學術語。內熱。《素問・解精微論》：「夫志悲者惋，惋則衝陰。」王冰注：「惋，謂內爍也。」又《陽明脈解》篇：「陽明厥則喘而惋，惋則惡人。」王冰注：「惋熱內鬱，故惡人耳。」

按：上引兩例中的「惋」，意義不同。《解精微論》講述哭泣與涕淚的關係。悲哀淚下，淚水源於身之積水，積水屬陰，平時有陽氣統攝則不出。經文所謂「宗精之水所以不出者，是精持之也，輔之裹之，故水不行也。」攝持陰水的陽和之氣又稱之爲「精」，精、氣一也。或謂之志，或謂之神。渾言之，神、志、精、氣，異名而同實，皆屬於陽。陰陽平衡，故保持了水的靜態。故經云：「夫泣不出者，哭不悲也。不泣者，神不慈也。神不慈則志不悲，陰陽相持，泣安能獨來？」但這種陽氣陰水之間的平衡打破之後，另一方也不能獨立存在。如「夫志悲者惋，惋則衝陰，衝陰則志去目，志去則神不守精，精神去目，涕泣出也」就是這種情況。喜則氣緩，悲則氣消，志悲就會氣消，失去了精氣就會凄惋無神。故吳昆注云：「惋，凄慘意氣也；衝陰，逆衝於腦也。去目，陰不守目也，腦目失守，故涕淚出。」張介賓注：「惋，慘鬱也。」皆殊於王注。今本《素問注釋匯粹》亦云：「『惋』的解釋不一，當從張吳之注。」《大字典》誤從王注。《陽明脈解篇》主要解釋足陽明經的病症。王氏兩注皆以惋爲熱，大約是根據經文「陽明主肉，其血氣盛，邪客之則熱」。王氏誤將原因看成了結果。邪客內熱是原因，喘而惋是結果。這裏「惋」字《太素》作「悗」，《甲乙經》作「悶」，「悗」、「悶」義同，煩悶所以惡人。悗字同樣的用法《內經》常見，如《素問・調經論》：「血並於

上，氣並於下，心煩悗善怒；血並於下，氣並於上，亂而善忘。」

懸：（第 2368 頁）

⑦杜絕。《素問・病能論》：「故人不能懸其病也。」

按：《大字典》釋義可能採用馬蒔之注。馬曰：「懸者，絕也。」但據前後語境，這一解釋突兀不伍。經云：「人有臥而有所不安者，何也？岐伯曰：藏有所傷，及精有所之寄則（不）安，故人不能懸其病也。」據《太素》「安」上有「不」字，又上文問的是「不安」，回答也只能是「不安」。「精有所之寄」即精神不能安逸休歇，爲傷痛所牽引，而不能安定下來。「懸其病」即精神不受傷痛影響。要想臟器受傷後依舊精神安逸，這是辦不到的。王冰之注基本表達了這一意思。其注云：「以傷及於藏，故人不能懸其病於空中也。」吳昆亦云：「不能懸其病於空，使不我疾也。」這都能較好解釋臟有所傷，精有所之寄，導致臥而不安的原因。懸，由懸空無所依傍引申爲置之不理的意思。

肅：（第 3169 頁）

⑧清靜；安靜。《素問・五常政大論》：「其化成，其氣削，其政肅，其令銳切。」王冰注：「肅，清也，靜也。」又《診要終經論》：「刺針必肅，刺腫搖針，經刺勿搖，此刺之道也。」王冰注：「肅，謂靜肅。」

按：《大字典》將《素問》篇名《診要經終論》誤作《診要終經論》。《五常政大論》是講五運之平氣、太過、不及對自然萬物生、長、化、收、藏的不同影響。上例出現在金運太過的「堅成之紀」。其特點可與其它幾運太過相類比。如木運太過的發生之紀，「其政散，其令條舒」；火運太過的赫曦之紀，「其政動，其令明顯」；土運太過的敦阜之紀，「其政靜，其令周備」；水運太過的流衍之紀，「其政謐，其令流注」。其政令皆與太過之運氣相關聯，同理可證，金運太過之政令也當體現金秋〔註 3〕之特點。故張隱庵注：「肅，金之政。銳切，金之令。」金秋之政令當是肅殺、蕭瑟。這樣才與「其氣削，其令銳切」一以貫之。釋之爲「清靜、安靜」則失去內部一致性。《診要經終論》中「刺針必肅」宜上屬爲句，即承「凡刺胸腹者，必避五藏。中心者，環死。中脾者，五日死。中腎者，七日死。中肺者，五日死。中鬲者，皆爲傷中，其病雖愈，不過一歲必死……刺之不愈，復刺」之後。說明針刺之誤，危害嚴重，必須謹愼從事。故張介賓注「肅」爲「敬謹毋忽也」，宜從張說。

〔註 3〕秋五行屬金。

解：（第 3925 頁）

（三）①物體相連接的地方。……又指關節、骨骼相連接的地方。《素問‧氣穴論》：「內解者瀉於中者十脈。」王冰注：「解，謂骨解之中經絡也。」《靈樞經‧經脈》：「小腸平太陽之脈，……出肩解，繞肩胛，交肩上，入缺盆。」馬蒔注：「臂上兩角為肩解。」

按：《氣穴論》講述孫絡之別經者，其血盛而當瀉者，亦三百六十五脈，並注於絡，傳注十二絡脈，非獨十四絡脈也，內解瀉於中者十脈。王冰以為「內解」為骨節之中經絡。骨節中的經絡是不便於針刺治療的。當從張介賓之注。張氏云：「解，解散也。即《刺節真邪》篇解結之謂。」邪侵孫絡內傳，刺法不僅僅是針對十四絡脈，還可從內解瀉，取五臟之經，左右十脈瀉之。張志聰注：「十二脈絡，十四大絡，設有邪客於其間者，當從五藏之經脈瀉解之。」《大字典》引《靈樞經‧經脈》「小腸平太陽之脈」當作「小腸手太陽之脈」，「平」乃「手」之誤。手太陽經正是屬小腸，而沒有「平太陽脈」的說法。馬注「臂上兩角為肩解」實指肩後骨縫，與釋義相符。

1.3.2、舊注錯誤，編者承襲

傷（第 211 頁）

⑩觸冒，衝犯。《素問‧刺志論》：「氣盛身寒，得之傷寒；氣虛身熱，得之傷暑。」王冰注：「傷，謂觸冒也。」

按：我們可以在王注的基礎上進一步思考，傷不僅僅指觸冒衝犯，還應該有受到傷害的意思。《靈樞‧五變》：「黃帝曰：一時遇風，同時得病，其病各異，願聞其故。少俞曰：善乎哉問。請論以比匠人，匠人磨斧斤，礪刀削，斲材木，木之陰陽尚有堅脆，堅者不入，脆者皮弛，至其交節，而缺斤斧焉。夫一木之中堅脆不同，堅者則剛，脆者易傷，況其材木之不同。皮之厚薄，汁之多少而各異耶。……況於人乎。黃帝曰：以人應木奈何？少俞答曰：木之所傷也，皆傷其枝，枝之剛脆而堅未成傷也；人之有常病也，亦因其骨節皮膚腠理之不堅固者，邪之所舍也。」這個比喻用來揭示病因非常形象：觸冒不良氣候只是致病的外因，能否發病還與內因有關。上引《刺志論》話題顯然指已經致病，故不僅僅是觸冒寒暑，而且被其所害。「傷」字的意義核心不是過程，而是受到損害的結果。

支：（第 1327 頁）

⑬人體脈絡的順節部分。《史記‧扁鵲倉公列傳》：「夫以陽入陰支蘭藏者

生，以陰入陽支蘭藏者死。」張守節正義引《素問》曰：「支者順節，蘭者橫節，陰支蘭膽藏也。」

按：《史記》用例，係指扁鵲治虢太子「屍蹷」之病。「屍蹷」又作「屍厥」。漢劉向《說苑·辨物》：「太子之疾，所謂屍厥者也。」漢張仲景《金匱要略·雜療方》：「屍厥脈動而無氣，氣閉不通，故靜而死也。」《大字典》釋義根據為張守節《史記正義》，而張氏又據《素問》，檢今本《素問》並無「支者順節，蘭者橫節，陰支蘭膽藏也」一語。「節」當理解為「節制、隔絕」。「厥」是為氣血受阻隔產生的逆證。《扁鵲傳》有云「(屍蹷)以陽入陰中……以陽脈下遂(墜)，陰脈上爭，會氣閉而不通，陰上而陽內行，下內鼓而不起，上外絕而不為使，上有絕陽之絡，下有破陰之紐，破陰絕陽，色廢脈亂，故形靜如死狀。太子未死也。夫以陽入陰支蘭藏者生，以陰入陽支蘭藏者死。凡此數事，皆五藏蹷中之時暴作也。」〔註4〕即是氣閉不通，陰陽反行。張氏「陰支蘭」為句，釋為「膽藏」，而《史記》原文則是「五藏蹷中之時暴作」並非具體指病發在某一臟器。筆者以為，這裏支、蘭同義，皆為阻隔。支的阻隔、撐住義，中醫典籍常用。如《素問·六元正紀大論》：「厥陰所至為支痛。」《刺瘧論》：「胃瘧原者……食而支滿腹大。」《經脈》：「手少陰之別……其實而支膈。」「蘭」通「闌」，今作「攔」，阻隔義。《戰國策·魏策三》：「晉國之去梁也，千里有餘，河山以蘭之，有周韓而間之。」鮑彪注：「『蘭』作『闌』。」《說文·門部》：「闌，門遮也。」詞義擴大指阻攔。

胕：(第2061頁)

②同「腐」。朽爛；腐爛之物。《素問·異法方宜論》：「其民嗜酸而食胕。」王冰注：「其所食不芬香。」又《風論》：「癘者，有榮氣熱胕，其氣不清，故使其鼻柱壞而色敗，皮膚瘍潰。」王冰注：「合熱而血胕壞也。」

按：《異法方宜論》講東南西北中不同方位的地理環境、生活習性與發病治療。其中的「食胕」不應指腐爛之物，也並非王注之其所食不芬香。變質的東西不能吃，這是眾人皆知的，南方人也不例外。胕當指酵化食物，如豉、鮓、曲、醬之類。而《風論》中的「鼻柱壞」當為「鼻柱壞」之誤。引文句末標點脫落，宜補。

〔註4〕司馬遷《史記》上海古籍出版社，1997年，第2119頁。

窘：（第 2732 頁）

⑤要；切要。《素問・靈蘭秘典論》：「窘乎哉，消者瞿瞿，孰知其要！」王冰注：「窘，要也。」

按：經文云：「至道在微，變化無窮，孰知其原！窘乎哉！消者瞿瞿，孰知其要！」是感慨自然變化規律微妙難知。「消者」即消長變化的意思。「瞿瞿」難知的樣子。張介賓注：「瞿瞿，不審貌。」馬蒔注：「瞿，音屨。《禮・檀弓》『瞿瞿如有求而弗得。』」先講述變化規律一般人難以知道，下文再講所謂「精光之道」變化由量的積累至質的變化，以顯示這一規律的珍貴，宜藏於靈蘭秘室。「窘」當是感歎變化規律之不顯，而人們沒有把握規律時的心態。可釋為「困窘，不明的樣子。」張志聰注：「窘乎哉者，歎其至道之難明而窘極也。」得其義。此例應歸入義項①困迫。將窘理解為「切要」就完全背離了經義。

耗：（第 2771 頁）

④消費。《韓非子・外儲說左下》：「今車席如此，太美，吾將何屨以履之？夫美下而耗上，妨義之本也。」舊注：「言席美則履又當美，履美衣又當美，累美不已，則居上彌有所費也。」《素問・五常政大論》：「火見燔焫，革金且耗。」王冰注：「耗，費用也。」

按：上兩例中的「耗」字意義不同。前例耗為「妨義之本」，即不義之舉，是貶義，有奢侈浪費的意思，將其概括成「消費」基本可通。但引《素問》例採用王冰之注「耗，費用也」在「革金且耗」句中費解。王注幾處值得商榷，如「革，謂皮革，亦謂革易也。金，謂器屬也。」然後說「耗，謂費用也」。從釋義形式看，語境釋義是不允許歧訓出現的，「革」字在具體語境中怎麼可能同時具有「皮革」和「革易」兩層意思呢？再把這種釋義放進原文中，「皮革與金屬器物費用」與「變易金屬器物費用」都不通。這裏「革金」一詞就是指「金」，「金曰從革」，金屬具有延展性，故可稱之「革金」。如《全生指迷方》卷一：「（芤脈）主吐血、嘔血、衄血，男子失精，婦人胞漏，半產血崩，又曰其（脈）狀弦大，弦則為減，大則為芤，弦芤相搏，此名為革金刑木，而傷肝也。」「革金刑木」意即「金刑木」。在「革金且耗」句中，革金指代肺，肺屬金。「耗」是受損害的意思。原典云：「少陽司天，火氣下臨，肺氣上從，白起金用，草木眚，火見燔焫，革金且耗，大暑以行，咳嚏鼽衄鼻窒……」指少陽司天之寅申年份，火氣下臨，火剋金，所以肺金

受損，出現與肺關聯的「咳嚏魷衄鼻窒」病變。故所引《五常政大論》之「耗」當釋爲「受損」。

紐：（第 3377 頁）

⑧中醫術語。赤脈。《史記·扁鵲倉公列傳》：「上有絕陽之路，下有破陰之紐。」張守節正義：「《素問》云：『紐，赤脈也。』」

按：檢今本《素問》並無「紐，赤脈也」。《史記》原文講扁鵲治虢太子屍厥之症時云：「夫以陽入陰中，動胃繢緣（脈纏繞胃也），中經維（結）絡，別下於三焦、膀胱，是以陽脈下遂，陰脈上爭，會氣閉而不通，陰上而陽內行，下內鼓而不起，上外絕而不爲使，上有絕陽之路，下有破陰之紐，破陰絕陽，色廢脈亂，故形靜如死狀。太子未死也。夫以陽入陰支蘭藏者生，以陰入陽支蘭藏者死。」〔註5〕《大字典》誤將原文「絡」引作「路」，「絕陽之絡」與「破陰之紐」相對爲文，絡、紐同義，皆指受阻的經脈。此病由於陽邪入于陰分，阻攔五藏精氣正常運行而產生的厥逆之症。

過：（第 3849 頁）

⑱量詞。遍，次。《素問·玉版論要》：「八風四時之勝，終而復始，逆行一過，不復可復數。」王冰注：「過，謂遍也。」

按：「不復可復數」原文作「不復可數」，後一「復」字爲《大字典》誤衍。上引《玉版論要》例是講從脈象方面診察異常變化，判斷疾病的逆從。經文云：「搏脈痺躄，寒熱之交，脈孤爲消氣，虛泄爲奪血。孤爲逆，虛爲從。行《奇恒》之法，以太陰始。行所不勝曰逆，逆則死；行所勝曰從，從則活。八風四時之勝，終而復始，逆行一過，不復可數。」脈搏反映一身氣血運行的情況，正常氣血運行就像正常自然氣候一樣，八風四時周而復始，搏動節律分明。氣血運行反常，又分陽氣消之「逆」證，和陰血虧損之「從」證，前者致害爲尤。經文「逆行一過」就是指氣消的情況。「過」，至、到達。具體表象可從脈搏感知，即缺少沖和胃氣之孤脈。「不復可數」即不能再按正常運行規律推知其運行節律了。張介賓注：「設或氣令失常，逆行一過，是回則不轉，而至數紊亂，無復可以數計矣。過，失也。〔註6〕比喻人之色脈，一有失調，則奇恒反作，變態百出，亦不可常數計也。此則天人至數之要，在逆從之間，察其神通而畢矣。」高世栻注：「一歲之中，木火土金水，

〔註5〕司馬遷《史記》上海古籍出版社，1997 年，第 2119 頁。
〔註6〕按：該說不妥，逆行就是過失，無須疊床架屋。

以次相生，若逆行一過，則相生不次，故不復可數，而生氣或幾乎息矣。」張、高二氏，雖沒將「過」字具體講明，但能據《內經》系統精神反觀具體語句，難能可貴。上引《玉版論要》例可併入義項⑪至，到達。與《金匱要略‧肺痿肺癰咳嗽上氣病脈證治》「熱之所過，血爲之凝滯」中的「過」類伍。

鞕：（第 4335 頁）

②通「鯁（gěng）」。哽塞。《黃帝內經‧靈樞‧寒熱病》：「暴瘖氣鞕，取扶突與舌本出血。」按：《內經‧太素‧寒熱雜說》：作「暴瘖氣鯁」。楊上善注：「氣在咽中，如魚鯁之狀，故曰氣鯁。」

按：「取抉突」當作「取扶突」，「抉」爲「扶」之誤。扶突穴爲喉節旁開三寸，當胸鎖乳突肌前、後緣之間，主治咳喘、咽喉腫痛、暴瘖等病。上「鞕」字異議很多，《太素》作「鯁」，《甲乙經》作「硬」，《外臺秘要》作「哽」，張志聰集注爲「梗」。義當指咽喉部與舌肌強硬。張介賓《類經》注：「氣鞕，喉舌強鞕也。」楊上善注恐非。咽中之氣怎麼會如魚鯁之狀呢？

2、編者意會誤釋者

雍：（第 291 頁）

⑧通「癰」。一種惡瘡。《素問‧大奇論》：「肺之雍，喘而兩胠滿。」林億等新校正：「詳肺雍、肝雍、腎雍，甲乙經俱作癰。」

按：林億校正並未說明這裏當取「癰」之瘡瘍義。若「雍」、「癰」通假，也可以反過來說《甲乙經》上三個「癰」字當爲「雍」〔註7〕。即雍，堵塞不通義。《大字典》據林校釋「雍」爲一種惡瘡值得討論。《大奇論》云：「肝滿、腎滿、肺滿皆實，即爲腫。肺之雍，喘而兩胠滿。肝雍，兩胠滿，臥則驚，不得小便；腎雍，腳下至少腹滿，脛有大小，髀胻大跛，易偏枯。」其中「肝滿、腎滿、肺滿」指肝脈、腎脈、肺脈脹滿，與下文「心脈滿大」、「脾脈外鼓沉」、「胃脈沉鼓澀」等相對爲文。血脈脹滿是由於堵塞不通，故後文有「肺之雍」、「肝雍」、「腎雍」出現。且肝脈阻隔之「肝雍」有「不得小便」之症狀。《傷寒論‧平脈法》中「關則不得小便，格則吐逆」之關與格，又恰好是邪氣堵塞於內臟，脈氣不和之病。《靈樞‧脈度》：「故邪在府則陽脈

〔註7〕 參考下節「癰」字條。

不和，陽脈不和則氣留之，氣留之則陽氣盛矣。陽氣太盛則陰不利，陰脈不利則血留之，血留之則陰氣盛矣。陰氣太盛則陽氣不能榮也，故曰關。陽氣太盛則陰氣弗能榮也，故曰格。」「弗能榮」即不能正常營運。關格本質即為壅。其次，「雍」能讀爲「壅」也不乏文獻用例。漢班固《白虎通・辟雍》：「雍之言壅也。」宋賈昌朝《群經音辨》卷二：「雍，塞也。」也當爲壅。清郝懿行《爾雅義疏》：「雍，壅也。」《漢書・武帝紀》：「是化不下究，而積行之君子雍於上聞也。」以及《元帝紀》：「是故壬人在位，而吉雍蔽。」和《蓋諸葛劉鄭孫母將何傳》：「正直之路雍塞」三例顏師古皆注云：「雍讀曰壅。」堵塞義壅借用「癰」也是可能的。漢王充《論衡・惑虛》：「夫山崩壅河，猶人之癰腫，血脈不流也。」就將二字類比關聯。《素問・病能論》：「夫癰氣之息者，宜以針開除去之。」從治療方法是用針刺破開除看，「癰氣」即「壅氣」。又《金匱要略・肺痿肺癰咳嗽上氣病脈證治》：「肺癰，喘不得臥，葶藶大棗瀉肺湯主之。」就是用「瀉肺湯」來治「肺癰」之病，也說明「癰」通「壅」，壅者瀉之，怡然理順。

康：（第891頁）
⑥健康。《素問・六元正紀大論》：「暑反至，陽乃化，萬物乃生乃長榮，民乃康，其病溫。」《古詩爲焦仲卿妻作》：「命如南山石，四體康且直。」陳毅《楊家岭集團祝壽》：「我們後來者，華酒祝康強。」

按：上述《素問》中的「康」與另兩例不同，並非指健康，而是（陽氣）過勝之義。過與不及皆非健康狀態。「民乃康」一語《內經》中凡四見，均表述在異常氣候出現時人的狀況。按照《內經》精神，異常氣候都是致病的環境。如《氣交變大論》：「歲土不及，風乃大行，化氣不令，草木茂榮。飄揚而甚，秀而不實……上臨厥陰，流水不冰，蟄蟲來見，藏氣不用，白乃不復，上應歲星，民乃康。」「歲土不及，風乃大行」之年，如果再碰上厥陰風木司天，則風氣必然特盛，這樣必然更加乘土而且反侮燥金，使秋冬應涼不涼，應寒不寒。是致病的環境。又《素問・六元正紀大論》：「凡此少陽司天之政，氣化運行先天，天氣正，地氣擾，風乃暴舉，木偃沙飛，炎火乃流……二之氣，火反鬱，白埃四起，雲趨雨府，風不勝濕，雨乃零，民乃康，其病熱鬱於上，咳逆嘔吐，瘡發於中，胸嗌不利，頭痛身熱，昏憒膿瘡。」其它兩例，與此同類，均在「民乃康」後馬上接「其病溫」或者「其病熱」病溫、病熱皆屬陽氣偏勝，即所謂「陰不勝陽，則脈流薄疾，病乃狂」「熱爭則狂言」之

類。《素問‧氣交變大論》:「歲火太過,炎暑流行……火燔焫,水泉涸,物焦槁,病反讝妄狂越。」中的「讝妄狂越」也是陽氣偏勝而致病。「康」即一種陽氣過勝引發的輕度的狂症。從康得聲之字皆有「空」、「不穩重」這樣的意思,如《說文》:「康,穅,或省。」《群經音辨》卷三:「康,虛也。」故可以用來指溫熱所致輕度狂症。

　　幽:(第1094頁)

　　⑫中醫學名詞,兩陰交盡曰幽。《素問‧至眞要大論》:「兩陰交盡故曰幽。」

　　按:釋義和書證相同,皆艱澀難懂。其實原文並不如此艱深,造成費解的原因是斷章取義。原文有云:「帝曰:幽明如何?岐伯曰:兩陰交盡故曰幽,兩陽合明故曰明,幽明之配,寒暑之異也。」經文是用陰陽概念說明一年中季節氣候的變化。「兩陰」指太陰和少陰。「兩陰交盡」指厥陰。從陰氣的多少來看,太陰爲三陰,陰氣最多;少陰爲二陰,陰氣次之;厥陰爲一陰,陰氣最少。所以厥陰應在太陰、少陰之後。同篇前文有云「厥陰何也?……兩陰交盡也。」「幽」,指陰暗,其在陰陽屬性上屬於陰。從季節變化看,秋冬陰氣盛,晝短夜長,屬陰,因而「幽」應與秋冬季節相合。但從一年之中陰陽之氣消長進退來看,陰氣總是由衰到盛,盛極而衰,陰盡陽生。厥陰爲兩陰交盡,陰氣最少,則寒盡溫生,冬去春來。因此,厥陰從陰陽屬性來看屬陰,在「幽明」交接時之「幽」,從陰陽消長來看,主陰盡陽生。故此「幽」係指厥陰,即一陰,爲冬去春初之氣,主溫,主生。

　　橫:(第1273頁)

　　(二)④中醫術語。1、指腠理不順。《靈樞經‧論勇》:「三焦理橫。」2、脈象名。《傷寒論‧平脈法》:「火行乘水,木行乘金,名曰橫。」3、病名。《傷寒論‧辨太陽病脈證並治》:「傷寒發熱,嗇嗇惡寒,大渴欲飲水,其腹必滿,自汗出小便利,其病欲解,此肝乘肺也,名曰橫。」

　　按:腠理是皮下肌肉之間的空隙和皮膚、肌肉的紋理,爲滲泄及氣血流通灌注之處。「不順」是什麼意思?釋義不明。「三焦理橫」之「橫」說成是中醫術語,也有可商之處,可以看成中醫術語的當是「三焦」。原文是說明五臟生理功能的強弱不同是決定勇怯的關鍵。「黃帝曰:願聞勇怯之所由然。少俞曰:勇士者,目深以固,長衡直揚,三焦理橫,其心端直,其肝大以堅,其膽滿以傍,怒則氣盛而胸張,肝舉而膽橫,眥裂而目揚,毛起而面蒼,此勇士之由然者也。」其中「橫」,《黃帝內經詞典》釋爲「滿實脹溢」,可參。

其餘「深以固」、「直揚」、「端直」、「堅以大」皆表述器官的生理特點，且與逆順病變無關，故此「橫」當同類。

第 3 例之「橫」與「乘」音近義通，指五行中的反剋，而不是病名，病名應該就是前面提到的「傷寒」。五行本是肺金剋肝木，今木反剋金，故爲乘爲橫。其注云：「傷寒發熱，嗇嗇惡寒，肺病也。大渴欲飲水，肝氣勝也。《玉函》曰：作大渴欲飲酢漿是知肝氣勝也。傷寒欲飲水者，愈若不愈而腹滿者，此肝行乘肺水不得行也。《經》曰：水行乘金名橫。刺期門以瀉肝之盛氣，肝肺氣平，水散而津液得通，外作自汗出，內爲小便利而解也。」故這裏「橫」指五行順序相反的逆剋，是「不順」的意思。

懊：（第 2361 頁）

②煩亂。《素問遺篇・本病論》：「熱生於內，氣痹於外，足脛痠疼，反生心悸懊熱，暴煩而復厥。」

按：「懊熱」即內熱也。《說文・火部》：「燠，熱在中也。」王筠《說文句讀》：「《釋言》：『懊，燠也。是通語也。』云在中者，蓋主《詩》『不如子之衣，安且燠兮』爲說，衣之燠所以燠其身也。」《本病論》原文就有「熱生於內」的語境提示，故下文「反生心悸懊熱」也當是「生燠熱」。歷代注釋者限於形體，皆以「懊憹煩熱」解之，誤。

第四節　歸項及義例不配錯誤

條：（第 176 頁）

⑤條理。如井井有條。《書・盤庚上》：「若網在綱，有條而不紊。」孔傳：「有條理而不亂也。」《素問・五常政大論》：「其政散，其令條舒。」王冰注：「條，直也，理也。」

按：《素問》之「其令條舒」是講木運太過的「發生之紀」的氣候特點。這一特點在《氣交變大論》中有所描述「歲木太過，風氣流行……化氣不政，生氣獨治。」體現到植物上，就是一種發散型的瘋長。「條舒」即描寫這種情況。張志聰注：「條舒，陽和之令也。」張介賓注：「條舒，順氣化而修長暢達也。」「條」即長 cháng。《書・禹貢》：「厥草惟繇，厥木惟條。」孔傳：「條，長也。」孔穎達疏：「繇是茂之貌，條是長之體，言草茂而木長也。」《詩・王風・中谷有蓷》：「有女仳離，條其嘯矣。」朱熹《詩集傳》：「條，

條然，嘯貌。」「嘯」也是形容聲之長貌。「其政散，其令條舒。」意即有了發散的氣候，萬物舒展變長。

切：（第 320 頁）

（二）qiè⑫急迫；緊迫也。《素問・調經論》：「必切而出，大氣乃屈。」王冰注：「切，謂急也。」

按：關於《調經論》「必切而出」之切的解釋，主要有兩種觀點，除上引王注外，另一是高世栻的。高云：「切，按也，必切而出，謂右手持針，左手必切其穴，而使之外出。」原文有云：「瀉實者氣盛乃內（納）針，針與氣俱內，以開其門，如利其戶；針與氣俱出，精氣不傷，邪氣乃下，外門不閉，以出其疾，搖大其道，如利其路，是謂大瀉，必切而出，大氣乃屈。」這種刺法，目的是使病邪從針孔排出，切的目的是爲了排出邪氣。在刺的過程中還有「搖大其道」這樣的細節在內，顯然不是急迫出針。故王注有誤，當從高解。今本《素問注釋匯粹》、《黃帝內經素問校釋》皆從高注作解。《大字典》使用誤注，故使釋義書證相悖。

募：（第 376 頁）

②通「膜（mó）」。中醫指臟腑之氣聚於胸腹部的特定穴位。清朱駿聲《說文通訓定聲・豫部》：「募，叚借爲膜。」《素問・奇病論》：「治之以膽募俞。」王冰注：「胸腹曰募，背脊曰俞。膽募在乳下二肋之外，期門下，同身寸之五分。」清高士宗《黃帝素問直解・通評虛實論》：「腹暴滿，按之不下，取手太陽經絡者，謂之募也。」

按：這同樣是將兩個意思合在一個義項裏，致使釋義混亂，義例不配。募穴或稱腹募，指臟腑之氣聚於胸腹部的特定穴位。五臟、六腑、心胞絡各有募穴一個，具體如下。

募穴表

臟腑	募穴	臟腑	募穴
肺	中府	胃	中脘
心胞	膻中	膽	日月
心	巨厥	膀胱	中極
肝	期門	大腸	天樞
脾	章門	三焦	石門
腎	京門	小腸	關元

用於穴名時，「募」並不通「膜」。引《奇病論》「膽募俞」中，募、俞是兩類穴名，故中間宜點開，無「膜俞」之類的說法。朱氏所謂募通「膜（mó）」，實指募字的另一用法：即指「募原」、「募筋」時才通。《大字典》列有通「膜」，但沒有通假用例，所列語例與通「膜」不配，指的是「募穴」。可補以《靈樞·歲露論》：「衛氣之行風府，日下一節，二十一日下至尾底，二十二日入脊內，注於伏衝之脈，其行九日，出於缺盆之中，其氣上行，故其病稍益。至其內搏於五臟，橫連募原，其道遠，其氣深，其行遲，不能日作，故次日乃稽積而作焉。」《靈樞·邪客》：「地有山石，人有高骨，地有林木，人有募筋，地有聚邑，人有膕肉。」這兩例中的「募」才通「膜」。

寸：（第 503 頁）

③中醫稱寸脈，又叫「寸口」。《素問·經脈別論》：「氣口成寸，以決死生。」宋趙彥衛《雲麓漫鈔》卷十：「醫書論人脈有寸、關、尺三部，手掌後高骨下為寸，寸下為關，關下為尺。」《紅樓夢》第十回：「看得尊夫人脈息：左寸沉數，右關沉伏；右寸細而無力，右關虛而無神。」

按：所用《素問》之「寸」義與它例不同。《經脈別論》原文有云：「食氣入胃，散精於肝，淫氣於筋。……輸精於皮毛。毛脈合精，行氣於府。府精神明，留於四臟，氣歸於權衡，權衡以平，氣口成寸，以決死生。」這裏「寸」應該是「權衡」、「測度」的意思。寸之本義為長度單位，因為它是用來度量長度的標準，也就引申出「測度」的意思。「氣口成寸」即氣口脈成了測度內臟健康與否的部位，所以能「以決死生」。寸表測度義，其它典籍也經常使用，如《資治通鑑》卷二十九，胡三省注引蘇林曰：「寸，度也。」又《漢書·律曆志上》：「寸者，忖也。」《詩經·小雅·巧言》：「他人有心，予忖度之。」陸德明《釋文》：「忖，本又作寸，同。」寸口、氣口、脈口，三者異名同實。倘若這裏寸又叫「寸口」，那麼原文即「氣口成寸口」，語義不倫。

奉：（第 531 頁）

⑯保全，保持。《左傳·僖公二十八年》：「蒍呂臣實為令尹，奉己而已，不在民矣。」杜預注：「言其自守無大志。」《管子·四稱》：「君若有過，各奉其身。」郭沫若等匯校：「奉者，保也。」《素問·四氣調神大論》：「生而勿殺，予而勿奪，賞而勿罰，此春氣之應，養生之道也。逆之則傷肝，夏為寒變，奉長者少。」

按：上引《素問》中「奉」字，與釋義不同，應該歸併到義項⑫「養，供給」《靈樞・營衛生會》：「以奉生身，莫貴於此。」馬蒔：「凡心中所生之血，賴此營氣而化，以奉養生身。」此外，引文斷句一般在「養生之道也」前點開。「此春氣之應養生之道也」即這是順應春氣來養生的方法。

御：（第 832 頁）

⑭到；登臨。《素問・天元紀大論》：「天有五行，御五位，以生寒暑燥濕風。」王冰注：「御謂臨御。」《遼史・禮志二》：「皇帝御南殿，服喪服。」《徐霞客遊記・滇遊日記十二》：「道由望臺可上，至是已越中支之頂而御東支矣。」

按：三條書證中的「御」字意義不同。《天元紀大論》是關於五運六氣學說概括性的文章。五行又稱「五運」、「五運行」，即金木水火土，這五類現象的運動相承襲，互相生剋循環不已。經文所謂「五運相襲而皆治之，終期之日，周而復始」。「天有五行，御五位」之「御」宜當「治理」講。《國語・周語》：「瞽告有協風至，王即齊宮，百官御事。」韋昭注：「御，治也。」與此同。經文前言「五行御五位」後言「五運相襲而皆治之」是「御」與「治」同義。在五行的作用下，五位生寒暑燥濕風等不同氣候。《大字典》之「到、登臨」講到了五行出現、來到，但沒有表達出它使萬物「生化」的功能，故義例不配，宜歸入義項五。

湊：（第 1666 頁）

⑧通「腠」。皮下肌肉之間的空隙。《靈樞經・本藏》：「脾小則藏安難傷於邪也，脾大則苦湊眇而痛，不能疾行。」《文心雕龍・養氣》：「使刃發如新，湊理無滯。」按「湊理」即「腠理」。

按：「湊」可以通「腠」，《內經》中也不乏其例。如《素問・骨空論》：「扁骨有滲理湊，無髓孔，易髓無孔。」張志聰注：「然於骨外之筋膜理腠間，而津液亦互相灌滲。」但所引《靈樞經・本藏》一例之「湊」則不與「腠」通，出現了義例不配的錯誤。《本藏》講述臟腑大小堅脆等不同狀況，對人體適應環境能力的影響。每一臟器過大都會造成身體不良反應。脾臟過大會充塞脅下空軟處而使之疼痛。「眇」即脅下空軟處。「湊」即充塞的意思。張介賓注：「湊，塞也。」

怫：（第 2288 頁）

②鬱結、滯留。《素問・六元正紀大論》：「其病氣怫於上。」又《至眞

要大論》：「少陰司天，熱淫所勝，怫熱至，火行其政。」張隱庵集注：「怫，鬱也。」清全祖望《重浚鄞三喉水道議》：「久在湖中，則水性怫而不暢，故出滯宜幽，皆於喉是賴。」③隆起貌。《靈樞經‧海論》：「血海有餘，則常想其身大，怫然不知其所病。」《素問‧六元正紀大論》：「聾瞑嘔吐，上怫腫色變。」

按：義項③《海論》一條，義例不配。「怫然不知其所病」並非「隆起貌不知其所病」，而是指感覺鬱悶，不知其所病。宜歸入上一義項。《針灸甲乙經》卷一：「血海有餘則常想其身大怫然不知其所病」注云：「（怫）鬱也。」張介賓《類經》卷九同條注云：「形以血充，故血有餘則常想其身大。怫。怫鬱也，重滯不舒之貌。」《大字典》涉上文「常想其身大」而誤釋爲「隆起貌」。

息：（第 2291 頁）

⑫通「瘜」。贅肉。《素問‧病能論》：「夫癰氣之息者，宜以針開去之。」王冰注：「息，瘜也。死肉也。」《說文‧肉部》：「腥，星見食豕，令肉中生小息肉也。」段玉裁注：「息，當作瘜。《疒部》曰：『瘜，寄肉也。』」

按：釋義採用王冰之注可從以下幾方面分析。首先是王注中「死肉」與「贅肉」是兩個不同的概念。贅肉即贅疣，亦作「贅肬」，指附生於肌體的肉瘤，其循環系統和神經系統都和其它組織一樣正常運行，死肉則不具有這樣的功能。其次，王注釋息爲「瘜」也有可商之處。原文是講頸癰的診治。「有病頸癰者，或石治之，或針灸治之，而皆已，其眞〔註8〕安在？岐伯曰：此同名異等者也。夫癰氣之息者，宜以針開除去之。夫氣盛血聚者，宜以石而瀉之。此所謂同病異治也。」「癰氣之息」與「氣盛血聚」相對成文，「息」與「聚」同義也，即止息、留聚之義。所以這樣的病可用針開除去之。若是贅肉，用針刺開除也不合情理。張介賓注：「息，止也。癰有氣結而留止不散者，治宜用針，以開除其氣，氣行則癰愈矣。」高世栻注：「頸癰而氣之止息者，其病在氣，宜以針開通其氣而除去之，此氣息成癰而有針刺之眞法也。」張、高二氏之注後出轉精。《素問》此例應列義項四下。

悸：（第 2316 頁）

①心驚跳。《說文‧心部》：「悸，心動也。」《素問‧氣交變大論》：「民

〔註8〕《甲乙經》作「治」，眞與直形似，治與直同音，「眞」爲「治」之誤。

病身熱煩心躁悸，陰厥上下中寒。」王冰注：「悸，心跳動也。」《後漢書·梁節王暢傳》：「肌慄心悸，自悔無所復及。」《南史·任昉傳》：「其一鈴落入懷中，心悸因而有娠。」

　　按：《氣交變大論》是講述天氣與地氣相互作用時若出現太過不及，從而有了氣候的異常變化，出現災變導致人體發病。如「歲水太過，寒氣流行，邪害心火。民病身熱煩心躁悸，陰厥上下中寒，譫妄心痛，寒氣早至，上應辰星」就是。由此可見，發病原因是氣候過於寒冷。《熱論》中所謂「人之傷於寒也，則爲病熱。」「今夫熱病者，皆傷寒之類也。」由於發熱病變引起的心臟跳動加速、加強和節律不齊的症狀，故該義應歸入義項⑤「心悸病」。而後兩例一是指畏罪恐懼，宜歸入義項②「驚恐、懼怕」；另一是指因夢見異常而心跳，才與本項義例相符。

　　慍：（第 2327 頁）

　　（二）鬱結。《集韻·迄韻》：「慍，心所鬱積也。」又《隱韻》：「慍，心有所蘊積也。」《素問·玉機眞藏論》：「太過則令人逆氣而背病，慍慍然。」張隱庵集注：「慍慍，憂鬱不舒之貌。」《孔子家語·辯樂解》：「南風之薰兮，可以解吾民之慍兮。」

　　按：先是誤引《素問》原文。經云：「帝曰：秋脈太過與不及，其病皆何如？岐伯曰：太過則令人逆氣，而背痛慍慍然。」《大字典》誤將「痛」引作「病」。「背痛慍慍然」說明「慍慍然」是用來形容背痛的。張氏隱庵之注曾受到日本學者丹波元簡的批評。丹波氏文曰：「按（背痛慍慍然）蓋此方書所謂背膊倦悶之謂。吳曰：悲傷不樂之貌，張曰：悲鬱貌，非。」〔註9〕《脈經》卷三第四，《太素》卷十四「四時脈形」皆作「溫溫」。可見該詞實記音而非關其形。筆者以爲「慍慍」即「隱隱」，隱隱作痛，是背痛給人的感覺，有痛感但不十分劇烈。如《金匱要略論注》卷七《肺痿肺癰咳嗽上氣》：「咳即胸中隱隱痛。」《神農本草經疏》卷三十：「鱢魚膽：此魚最能發濕，惟膽能治魚骨鯁，及竹木刺誤吞入喉不出，或吞入腹，腹中作痛隱隱，皆效。狀如鱸魚者是。」「慍慍」成詞表痛也不乏其例，如《備急千金要方》卷七十九：「多食辛令人慍心何也？答曰：辛入胃也，其氣走於上膲，上膲者受使諸氣而榮諸陽者也，薑韭之氣熏至榮衛，榮衛不時受之，卻溜於心下，故

_____

〔註9〕　〔日〕伊澤裳軒《素問釋義》學苑出版社，2005 年，第 528 頁。

慍慍痛也。」又《證治準繩》卷八：「秋肺太過，爲病在外，則令人逆氣，背痛慍慍然。」從古音上看「隱」與「慍」上古皆屬於影紐、文部，例得通用。

石：（第2416頁）

⑤石針，古代的醫療用具。……《素問・病能論》：「夫氣盛血聚者，宜石而瀉之。」林億注：「石，砭石也，可以破大癰出膿，今以鈹針代之。」⑥針砭，以石針治病。《素問・腹中論》：「灸之則瘖，石之則狂。」林億注：「石，謂以石針開破之。」《靈樞經・癰疽篇》：「勿石，石之則死。」唐韓愈《鄆州谿堂詩》：「吹之煦之，摩手拊之，箴之石之，膊而磔之。」

按：義項⑤引《素問》語例，當歸入義項⑥。「石而瀉之」中的「石」是動詞，意即以石針開破之，然後瀉出膿血。「而」字是連詞，連接兩個順承的動作。而上兩處「林億注」皆應改爲「王冰注」，凡林億諸人手筆皆冠有「新校正」字樣。

目：（第2467頁）

⑨孔眼。《韓非子・外儲說右下》：「善張網者，引其綱，不一一攝其萬目而後得。」《素問・解精微論》：「目者，其竅也。」

按：引《素問》例與釋義不配。《解精微論》原文云：「夫心者，五臟之專精也，目其竅也。」目是心的孔眼沒錯，但「孔眼」義源於「竅」而非「目」。倘若將目釋爲孔眼，則原文即「孔眼是心的孔眼」，語義不倫。《大字典》目字條義項①人的眼睛。例引《素問・陰陽應象大論》：「在竅爲目。」王冰注：「目所以司見形色」，「在竅爲目」與「目者，其竅也」中的「目」字同義，故皆應歸入義項①人的眼睛。

瞤：（第2515頁）

眼皮跳動。《說文・目部》：「瞤，目動也。」桂馥義證：「今謂眼瞼掣動爲瞤也。馥案：北俗謂之眼跳。」《素問・六元正紀大論》：「少陽所至爲暴注，瞤瘈暴死。」《西京雜記》卷三：「夫目瞤得酒食，燈火華得錢財。」《聊齋志異・綠衣女》：「心動眼瞤，蓋是常也，何遽此云？」

按：上引《素問》書例之瞤，意義與余例不伍。「瞤」本義是眼皮跳動。但《素問》中用的是引申義，應歸入義項②掣動；顫抖。與《素問・氣交變大論》「民病殀泄霍亂，體重腹痛，筋骨繇復，肌肉瞤酸，善怒」之「瞤」

同義。張介賓注：「相火乘金，大腸受之，則爲暴注而下，乘脾則肌肉瞤動，乘肝則肢體筋脈抽瘛，相火急暴，故爲暴死。」又《黃帝內經運氣七篇講解》：「『瞤』，指肌肉抽動。」〔註10〕「瞤瘛」連文指肌肉的《內經》原文亦有用例。如《素問‧氣交變大論》「肉瞤瘛，目視䀮䀮」就是。

癰：（第2704頁）

①腫瘍。由皮膚或皮下組織化膿性炎症引起。《釋名‧釋疾病》：「癰，壅也。氣壅否結而潰也。」《說文‧疒部》：「癰，腫也。」《靈樞經‧脈度》：「六府不和，則留爲癰。」《本草綱目‧百病主治藥‧癰疽》：「癰疽：深爲疽，淺爲癰；大爲癰，小爲癤。」

按：癰有壅塞不通的意思，由於壅塞不通而導致腫脹、潰瘍也是癰的意思。邪氣入侵，脈道壅塞，其程度有輕重，時間有長短，部位有表裏，故病變之程度不同。輕則不適、腫脹，重則化膿潰瘍。根據上引《靈樞經》例語境看來，釋其爲「腫瘍。由皮膚或皮下組織化膿性炎症引起」不夠準確。經文云：「五藏常內閱於上七竅也，故肺氣通於鼻，肺和則鼻能知臭香矣；心氣通於舌，心和則舌能知五味矣；肝氣通於目，肝和則目能辨五色矣；脾氣通於口，脾和則口能知五穀矣；腎氣通於耳，腎和則耳能知五音矣。五藏不和則七竅不通，府不和則留爲癰。」由此看來，內臟氣和則各感官功能正常，不和則功能受阻。「五藏」和「六府」相對爲文，「七竅不通」和「則留爲癰」相對爲文。這裏「癰」當取「不通」之義，即壅也。耳鳴、鼻塞、口不辨滋味是感覺器官的疾病，不見得這些五臟不和的症狀就會關聯內臟化膿潰瘍。「六府不和」中的「不和」二字，也表明並非經脈完全堵塞，而只是與平人相比不夠調和。「癰」當有二義，一指堵塞，一指腫瘍。其發病過程如《太素》卷二十六《寒熱》所云：「營衛稽留於經脈之中，則血泣而不行，不行則衛氣從之，從之則不通，壅遏而不行，故日大熱不止，熱勝則肉腐，肉腐則爲膿，然不能限於骨髓，骨髓不爲焦枯，五藏不爲傷，故命曰癰。」就說明是外部肌肉潰瘍而非五藏。同理，「六府不和，則留爲癰」之癰當理解爲壅塞而非腫瘍。引《靈樞》例與釋義不符。

〔註10〕方藥中、許家松《黃帝內經素問運氣七篇講解》人民衛生出版社，1984年，第390頁。

第五節　書證有失原文校考而誤

僵：（第224頁）

②僵硬，不活動。清段玉裁《說文解字注・人部》：「僵，今人語言乃謂不動不死爲僵。」《靈樞經・癲狂》：「癲疾始作，先反僵。」

按：原文講癲疾發作後的兩種不同情況：「癲疾始作而引口啼呼喘悸者，候之手陽明、太陽，左強者攻其右，右強者攻其左。癲疾始作而反僵，因而脊痛，候之足太陽、陽明、太陰，手太陽，血變而止。」據《太素》卷三十《癲疾》和《千金方》卷十四第五，引文中的「先」爲「而」之誤。前後兩個「而」字相對爲文。《大字典》書證有失校考。

儒：（第230頁）

⑤柔順。《素問・皮部論篇》：「少陰之陰，名曰樞儒。」王冰注：「儒，柔也。」張志聰集注：「少陰爲三陰開闔之樞，而陰氣柔順，故名樞儒。」

按：王、張二注大約本之《說文》「柔，順也。」《皮部論》講述十二經脈在皮部上的分屬，指出外邪侵犯人體，是由表及裏：先皮毛，後絡脈，再經脈，最後到達臟腑。因而皮部是外邪進入的第一道關口。十二經脈分爲手足各三陰三陽，由於「上下同法」即上手下足診治方法相同，則十二經脈可歸併爲六：陽明、少陽、太陽、厥陰、少陰、太陰。六經在皮部外邪進入的關口用不同名稱表述：「陽明之陽名曰害蜚」、「少陽之陽名曰樞持」、「太陽之陽名曰關樞」、「少陰之陰名曰樞儒」、「心主之陰（厥陰）名曰害肩」、「太陰之陰名曰關蟄」。十二經脈在皮部的關口分別用了「害蜚（闔扉）」、「樞持」、「關樞」、「樞儒」、「害肩（闔肩）」、「關蟄」來表述。其它五例均沒提及這一關口有什麼樣的性質，單獨把少陰之「樞儒」釋爲柔順，參類不伍。宜從《甲乙經》、《太素》校改。「樞儒」即「樞檽（檽）」形似之誤，指門窗，取其比喻義。

唾：（第641頁）

①口液；唾液。《素問・宣明五氣篇》：「脾爲涎，腎爲唾。」

按：字典由於篇幅限制，書證不宜長篇引用，但也應注意引文意思的完整性。字有數義，義隨境遷，離境索義難收其效。書證宜典型明朗，否則見例而不知其義，徒添艱澀。上引《素問》例意思也與釋義相符，只是僅僅見到上列六字，難以捉摸。《宣明五氣篇》利用五行學說，將以五臟爲中心的發病因素、臟腑功能、脈搏形象、藥物性味等進行分類。上例全句爲「五臟

化液：心爲汗，肺爲涕，肝爲淚，脾爲涎，腎爲唾。」加上「五臟化液」四字，便於對引文的理解。

喎：（第 641 頁）

①嘴歪，即由於顏面神經麻痺，口角向另一側歪斜的病症。也作「咼」。……《靈樞經‧經脈》：「病者狂瘧溫淫，汗出鼽衄，口喎唇胗。」

按：引文係指足陽明經脈發病時的症狀。意即陽明胃經發生病變，則出現血分異常，發生狂證，瘧疾，溫邪內迫而出汗，鼻塞，鼻衄，口角歪斜，口唇生疹等症狀。引文句讀支離破碎，宜標點如下：是主血所生病者，狂瘧，溫淫汗出，鼽衄，口喎，唇胗。

李：（第 1162 頁）

②果名。《說文‧木部》：「李，果也。」《詩‧大雅‧抑》：「投我以桃，報之以李。」《素問‧五常政大論》：「其果棗李。」王冰注：「李，木實也。」三國魏曹丕《與朝歌令吳質書》：「浮甘瓜於清泉，沉朱李於寒水。」

按：引《素問》例失校。《五常政大論》講五運六氣主時，及其引起的氣象、物候變化及發病情況。具體出現語境爲木運不及的委和之紀。林億新校正云：「詳李，木實也，按火土金水不及之果，『李』當作『桃』。」張介賓注：「棗，土果也。李當作桃，金果也。蓋木不及，則土金二果盛。下不及五運皆同。」金剋木，木剋土，若木運不及，則金、土盛。金果桃，土果棗。今本《黃帝內經素問校釋》已據林校改正原文。

揄：（第 1253 頁）

④通「搖（yáo）」搖動。清朱駿聲《說文通訓定聲‧需部》：「揄，叚借爲搖。」《素問‧骨空論》：「折，使揄臂齊時，正炙脊中。」高士宗直解：「揄，作搖；齊，平也。」

按：這條釋義大致不誤，但引用《素問‧骨空論》十字三錯，其誤蔑以加矣！「使揄臂齊時」當爲「使揄臂齊肘」，「正炙脊中」當爲「正灸脊中」。「時」、「肘」，「炙」、「灸」形似而誤，「揄」當作「揄」，同時也是版本之誤。《太素》作「揄」。丹波元簡云：「揄，宋本作揄，諸本誤作揄者，本於熊本〔註11〕。」今本《素問》多據此而將原文改回爲「揄」。《說文‧手部》：「揄，引也。從手，俞聲。」「揄臂齊肘」即手在背後向上抬，當臂與肘齊平時，

────────────

〔註11〕明代熊宗立種德書堂仿元刻本。

手臂正對脊柱的位置，就是當灸之處，即陽關穴。把「褕」看成是「揄」之借字似乎更爲準確，二者同音，古皆爲余紐侯部。褕與搖雙聲，搖之韻爲宵部，褕搖旁轉，語音關係較之「褕」、「揄」疏遠。

瀆：（第1776頁）

⑦通「殰」。壞；敗壞。清朱駿聲《說文通訓定聲·需部》：「瀆，叚借爲殰」《韓非子·八經》：「廢置無度則權瀆，賞罰下共則威分。」梁啓雄淺解：「『瀆』借爲『殰』……君主如果無原則地亂廢除和設置法令，那末，權柄就將敗壞了。」《靈樞經·根結》：「開折則內節瀆而暴病起矣……瀆者，皮肉宛膲而弱也。」《太玄·難》：「次二，凍冰瀆，狂馬椯木。」范望注：「瀆，敗也。」

按：《根結》篇講三陰三陽經的根結部位與穴位名稱，及六經的作用和所主病症。所引該篇書例，失校原文。其中「開折」當爲「關折」。今本《靈樞》的多種版本，均誤「關」爲「開」，是沒有系統考察原文的結果。同篇上文有云：「奇邪離經，不可勝數。不知根結，五臟六腑，折關敗樞，開闔而走。陰陽大失，不可復取。」「關折」即承此「折關敗樞」之「折關」而言。三陰三陽經均用「關」、「闔」、「樞」來比喻其作用。如三陽經：太陽爲關，是三陽之表，是衛御外邪的第一道關口；陽明爲闔，是阻擋外邪的門扇；少陽爲樞，猶如樞紐轉輸陰陽之氣。由關而樞，三陽到一陽，外衛能力漸弱，而轉運功能漸強。「折關敗樞」之「折」、「敗」、「關」均指行針者不知三陰三陽之根結，而誤刺損害其功能的作法。其次，「內節」當爲「肉節」之誤，指六經被誤刺損壞的根結。後文「瀆者，皮肉宛膲而弱也」即爲自注「肉節瀆」之瀆。《太素·經脈》即爲「太陽爲關，陽明爲闔，少陽爲樞。關折則肉節瀆而暴疾起矣，故暴病者取之太陽，視有餘不足。瀆者，肉宛膲而弱。」

胝：（第2062頁）

（三）dǐ②通「骶」。臀部。《靈樞經·五色》：「其隨而下至胝爲淫。」

按：《五色》篇是通過觀察面部的色澤而推知疾病的情況。故不應該觀察至「臀部」，疑「胝」爲「脈」之形誤，「脈」爲「脣」之異體。接下來經文爲「有潤如膏狀」也正是對脣的描述。「脣」作「脈」醫籍中也不乏其例。如《備急千金要方》卷五：「甘草湯治產乳餘血不盡，逆搶心胸，手足逆冷，脈乾腹脹。」其中「脈乾」即「脣乾」。此外，「胝」與「骶」也是異體關係，而不是《大字典》所說的通假關係，從「月」與從「骨」的異體字還很多，

如髓與膸，骼與胳，髀與脾，髓與膾之類就是。

熟：（第 2231 頁）

⑫熱。《素問·疏五過論》：「不知俞理，五藏菀熟，癰發六府。」王冰注：「熟，熱也。五藏積熱，六府受之，陽熱相薄，熱之所過，則為癰矣。」

按：王注可當校勘看待，「熟」當為「熱」之誤。「菀熱」即鬱熱，「菀」讀 yù，字形也多寫成「鬱」、「宛」、「蘊」等。「菀熱」一詞，中醫常用。如《傷寒論注釋·小柴胡湯方》：「栝樓實味苦寒。除熱必以寒，泄熱必以苦，加栝樓實以通胸中鬱熱。」《聖濟總錄纂要》卷八「吐血門」：「論曰：吐血病有三種，一則緣心肺蘊熱，血得熱則妄行，下流入胃，胃受之則滿悶，氣道賁衝，故令吐血。」《普濟方》卷四十三：「茵陳蒿丸：治下焦受病，大腸菀熱，伏瘕深固。」「菀熱」成詞，是不用懷疑的。《素問》中「熟」當為「熱」，早已形成共識。很多版本直接將「熟」改為「熱」字了。如今本《黃帝內經素問校釋》下 1258 頁即為「熱」字。注云：「『熱』原作『熟』，形近而誤。據《吳注素問》、《素問注證發微》改。」《吳注素問》即明人吳昆所注之《素問》，《素問注證發微》是馬蒔所作，馬氏為明朝人，可見前人早有定論。「熱」寫成「熟」是版本問題，據誤本釋義，所釋詞義不具有社會性。

怚：（第 2285 頁）

（四）zū②阻塞。《靈樞經·熱病》：「男子如蠱，女子如怚，身體腰脊如解，不欲飲食。」按《甲乙經》作「阻」。

按：今本《靈樞經校釋》〔註 12〕已經將原文改為「阻」字。依據除了上文提及的《甲乙經》外，還有《千金方》卷三十《針灸下·雜病七》，及張志聰「『怚』當作『阻』，女子如阻者，如月經之阻隔也」之說。這就說明《靈樞經》作「怚」是版本錯誤。因為這種錯誤不會隨處發生，給「怚」立「阻隔」義項是沒有依據的。

疵：（第 2671 頁）

①病。《爾雅·釋詁下》：「疵，病也。」《老子》第十章：「滌除玄覽，能無疵乎！」《素問·本病論》：「民病溫疫，疵發風生。」

按：《素問·本病論》中是「疵廢風生」而非「疵發風生」，「發」為「廢」之誤也。今本《黃帝內經素問校釋》下 1358 頁，《素問注釋匯粹》下 528 頁

〔註 12〕人民衛生出版社 1982 年版。

皆作「廢」。「疷廢」即「病廢」。如下文「皆肢節痛」就是四肢功能受阻，是「疷廢」有具體症狀。

睘：（第2920頁）

同「瞏」《正字通・目部》：「睘，同瞏，俗省。」《墨子・節葬》：「以此求治，譬猶使三人睘，而毋負己也。」《素問・診要經絡論》：「少陽終者，耳聾百節皆縱，目睘絕系。」

按：首先是《墨子・節葬》並無「睘」字，將「衆（眾）」誤作「睘」。原文爲「眾盜賊而寡治者，以此求治，譬猶使人之眾，而毋負己也，治之說無可得焉。」其次將《素問》篇名「診要經終論」誤作「診要經絡論」，「絡」與「終」形似而誤。這條用例在《大字典》2923頁「瞏」字條又出現了：①目驚視。《說文・目部》：「瞏，目驚視也。」《素問・診要經終論》：「少陽終者，耳聾，百節皆縱，目瞏絕系。」王冰注：「瞏，謂直視如驚貌。」同一內容，由於失校原文，或引作「睘」，或引作「瞏」，兩處標點也不同，失去了內部一致性。

紊：（第3376頁）

②繁盛。《素問・六元正紀大論》：「其運風，其化鳴，紊啓坼。」張隱庵集注：「紊，繁盛也。」

按：清人張隱庵大約借用明代張介賓之誤注。「鳴紊啓坼」是個短語，不宜點開。紊，作「亂」講，宜歸入義項①。經文句讀爲：「太陽、太角、太陰、壬辰、壬戌：其運風，其化鳴紊啓坼，其變振拉摧拔……」新校正云：「按《五常政大論》云：『其德鳴靡啓坼』。」是「紊」、「靡」同義。吳昆注：「紊，亂也。」〔註13〕

辛：（第4036頁）

⑥酸痛。《素問・氣厥論》：「膽移熱於腦，則辛頞鼻淵。鼻淵者，濁涕下不止也。」王冰注：「辛，謂酸痛。」

按：《素問》諸本，「辛額」皆作「辛頞」，「額」爲「頞」之誤。頞（è）鼻樑凹陷處。

辟：（第4037頁）

（二）⑤周圍。《靈樞經・腸胃》：「廣陽傳脊以受回腸，左環葉脊上下，

<hr>

〔註13〕 可參筆者《運氣學術語「鳴靡啓坼」解》一文。見《北京中醫藥大學學報》2006年增刊。

辟大八寸，徑二寸。」

按：「廣陽」當作「廣腸」，陽、腸形似而誤。「傳脊」當作「傅脊」，傳、傅形似而訛。《太素》卷三十《腸度》作「傅」。「傅」通「附」。《素問·奇病論》王冰注引《靈樞》該文作「附」。引文意義不完整，「徑二寸」當作「徑二寸寸之大半」。「辟」通「壁」，指腸內壁周長。周長大約是直徑的 3.14 倍，故辟大八寸，徑二寸寸之大半。

阜：（第 4114 頁）

③高。《素問·五常政大論》：「帝曰：『（平氣）太過何謂？』岐伯曰：『木曰發生，火曰赫曦，土曰敦阜。』」王冰注：「阜，高也。土餘故高而厚。」

按：「平氣」二字《大字典》編者所補。運氣分為「平氣」、「太過」、「不及」三種類型。其中「平氣」是指運氣正常的年份，這樣的年份一般不會出現災變危害。而「太過」、「不及」之年則與平氣之年相反。引文中的「太過」就是運氣太過的年份。木運太過的年份就叫發生之紀，火運太過的年份就叫赫曦之紀，土運太過的年份就叫敦阜之紀。若將主語補上也只能添上「運氣」二字，而不能是「平氣」。「平氣」年份，木曰敷和，火曰升明，土曰備化，金曰審平，水曰靜順。這與岐伯之答不伍。

髇：（第 4415 頁）

方言。皮肉厚處。清吳文英《吳下方言考·佳韻》：「髇，音騰。《素問》：『刺皮髇以下，至少腹而止。』髇，皮肉堅厚處，謂臍下也。吳中謂皮厚曰厚髇髇，譏顏厚者曰髇皮。」按：《素問·長刺節論》：「刺皮髇下至少腹而止。」林億新等校正：「按釋音『皮髇』作『皮骺』，古末反。是髇誤作骺也。及遍尋《篇韻》中無髇字，只有骺，骨端也。皮骺者，蓋謂齊下橫骨之端也。」與《吳下方言》不同。

按：釋義據《素問》書例，但所據為誤字，則不足為憑。「林億新等校正」當作「林億等新校正」，新、等二字誤倒。「釋音」為《素問》每卷後的注音部分。正文出現的是「髇」字而後面的《釋音》則是「骺」字，再據字書、韻書皆無「髇」字推知是正文有誤。「《篇韻》」當是兩類書，宜標為「《篇》、《韻》」。

第六節 《大字典》義項分合問題

不同的意義，分項解說，是字典的體例。由於標序排列，非常醒目。檢

一字而知其數義。然，亦有誤合二義於一項者或同一義而誤分作數項者。

痹：（第 2680 頁）

①中醫指由風、寒、濕等侵蝕肢體引起的疼痛或麻木的症狀。《說文・疒部》：「痹，濕病也。」《素問・痹論》：「風、寒、濕三氣雜至，合而爲痹也。」《荀子・解蔽》：「故傷於濕而痹，痹而擊鼓烹豚。」《晉書・皇甫謐傳》：「（皇甫謐）後得風痹疾，猶手不輟卷。」清譚嗣同《仁學》：「惟病麻木痿痹，則不知之。」

②氣鬱悶。《字彙・疒部》：「痹，氣不生也。」《素問・脈要精微論》：「其耎而散者，當病食痹。」王冰注：「故食則痛悶而氣不散也。」又《診要經終論》：「冬刺夏分，病不愈，氣上，發爲諸痹。」張志聰注：「痹者，閉也。」《金匱要略・胸痹心痛短氣病脈症並治》：「胸痹，心中痞氣，氣結於胸，胸滿，脅下逆搶心，枳實薤白桂枝湯主之，人參湯亦主之。」唐劉禹錫《說驥》：「廏櫪也，上痹而下蒸；羈絡也，綴索而續韋，其易之如此。」

③麻木。《玉函山房輯佚書》引《蒼頡篇》：「痹，手足不仁也。」清徐灝《說文解字注箋・疒部》：「痹，肌肉麻木曰痹，今粵人常語。」《素問・五藏生成論》：「臥出而風吹之，血凝於膚者爲痹。」三國魏嵇康《與山巨源絕交書》：「危坐一時，痹不得搖。」唐柳宗元《斷刑論》：「癢不得搔，痹不得搖，痛不得摩。」

按：辭書釋義要求具有概括性。上面列的三個義項，實質上是一種疾病，命名爲「痹」即「閉」的意思，是由外邪侵入阻隔氣血正常運行所致。外邪指風、寒、濕、熱等，麻木、酸痛、拘急等都是痹病的症狀。《中藏經・論痹》：「痹者閉也。五臟六腑，感於邪氣，亂於眞氣，閉而不仁，故曰痹。」痹症名稱很多，如：風痹、寒痹、濕痹、熱痹、周痹、眾痹、頑痹、血痹、氣痹、皮痹、肌痹、脈痹、筋痹、骨痹、心痹、肝痹、脾痹、肺痹、腎痹、胞痹、腸痹等，多以病因或病位來命名，其實質相同。故《大字典》不必分項立說。

癉：（第 2697 頁）

③熱。《素問・奇病論》：「此五氣之溢也，名曰脾癉。」王冰注：「癉，謂熱也。」《論衡・順鼓》：「其有旱也，何以知不如人之有癉疾也。」⑤中醫指濕熱。《素問・脈要精微論》：「風成爲寒熱，癉成爲消中。」王冰注：「謂濕熱也。」

按：義項⑤中《大字典》誤採王注，以致將一義而分二項。丹波元簡云：「癉，熱也。此冠濕，非是。」熱盛傷津，消爍肌肉。《靈樞·寒熱病》：「暴癉內逆，肝肺相搏，搏，血溢鼻口，取天府。」張介賓注：「癉，熱病也。」今本《中醫大辭典》〔註14〕「癉」字條也只有「熱」義。皆說明癉病與濕無關。其它注家，看法基本一致。馬蒔曰：「癉者，熱也。」吳昆曰：「癉，熱邪也。積熱之久，善食而饑，名曰消中。」高世栻曰：「癉，火熱病也。癉成則津液內竭，故爲消中之變。」綜上，可將③⑤兩個義項合併，癉即熱病。

眩：（第2482頁）

①眼睛昏花，視物搖晃不定。……《靈樞經·衛氣》：「上虛則眩。」③暈，暈旋。《素問·五常政大論》：「其動掉眩巔疾。」又《玉機眞藏論》：「岐伯曰：『太過則令人善忘，忽忽眩冒而巔疾。』」

按：上引《內經》三條書例中的「眩」當是同一意思，可歸併爲一個義項。《靈樞經·衛氣》：「上虛則眩」，《靈樞經校釋》下117頁譯爲「上虛則清陽不升而爲眩暈。」「上虛」、「巔疾」皆爲頭頂之病。《玉機眞藏論》中的「眩冒」也是眼前發黑欲暈倒的意思。

衰：（第3076頁）

（二）①事物發展由強盛轉向微弱，衰落。②病有所減退，病情好轉。《素問·刺瘧論》：「先其發時，如食頃而刺之。一刺則衰；二刺則知；三刺則已。」高世栻注：「一刺則衰；衰，邪氣少去也；二刺則知，知，小便利，腹中和也。三刺則已，病邪皆去。」《論衡·死僞》：「偶晉侯之疾，適當爲衰。」

按：義項②中衰的用例，意義皆可歸併入①。高世栻注中的「知」也應當病情好轉講。

冒：（第1499頁）

⑪通「懣（mèn）」。氣鬱；中醫指暈眩，昏厥。清朱駿聲《說文通訓定聲·孚部》「冒，假（從它例看，朱氏一般作「叚」）借爲懣。」《素問·玉機眞藏論》：「忽忽眩冒而巔疾。」《金匱要略·婦人》：「血虛而厥，厥而必冒。」

按：從標點來看，這條釋義是兩層意思：一是通懣；一是暈眩昏厥。這

〔註14〕李經緯等《中醫大辭典（第二版）》人民衛生出版社，2005年，1858頁。

兩個意義並沒有內在的一致性。懣是心情煩懣，暈眩昏厥是頭部沉重不適。所引《玉機眞藏論》中的「顚疾」，張志聰《黃帝內經集注》、伊澤裳軒《素問釋義》皆作「巓疾」，即頭頂之疾。因此，冒當釋爲頭部暈眩昏厥。《大字典》將兩個意思不同的意思放到一個義項裏，大約是受到王冰注釋的影響。王曰：「冒，謂之悶也。」《大字典》沒有看到冒與悶之間的引申線索，故以「通」解之。實質上，頭頂戴物則有不適感覺，引申爲頭暈昏沉線索分明，故冒本身就有暈眩昏沉義，不必認爲是通假。中醫典籍中對冒的這一意義有專門的解釋。如，《金匱要略論注》卷十二：「冒者，如有物蒙之也；眩者，目見黑也。」眩冒或作冒眩，同篇有「心下有支飲，其人苦冒眩，澤瀉湯主之。」但典籍不見「眩懣」「懣眩」連文的用例。故不必給冒字立「通懣」一說。

苛：（第3187頁）

⑦沉重；麻痺。《素問・至眞要大論》：「筋肉拘苛，血脈凝泣。」王冰注：「拘，急也。苛，重也。」又《逆調論》：「人之肉苛者，雖近衣絮，猶尙苛也。」王冰注：「苛謂𤻮重，身用志不應，志爲身不親，兩者似不相有也。」⑧通「疴」。病患。清朱駿聲《說文通訓定聲・隨部》：「苛叚借爲疴。」《呂氏春秋・審時》：「邠氣不入，身無苛殃。」高誘注：「苛，病。」《禮記・內則》：「疾痛苛癢。」鄭玄注：「苛，疥也。」《素問・四氣調神大論》：「故陰陽四時者，萬物之終始也，死生之本也。逆之則災害生，從之則苛疾不起。」

按：義項⑦中的兩例皆應釋「苛」爲麻痺，王注「苛，重也」解爲沉重有誤。⑧中引《素問》例，「苛」當釋爲「小」。（具體參考該文第一章第一節）

第六章 《內經》注釋與《漢語大詞典》

第一節 總 論

　　古文獻研究，都遵循一條共同原則，即古爲今用的原則。《內經》作爲一部經典，不僅蘊涵著精深的醫學原理，也是極其豐富的語言材料。發掘這一語料的現實價值，意義深遠。

　　《漢語大詞典》（以下簡稱《大詞典》）〔註1〕是一部大型的、歷史性的漢語語文辭典。其前言部分有云：「所收條目力求義項完備，釋義確切，層次清楚，文字簡練，符合辭書科學性、知識性、穩定性的要求。」最初設想「古今兼收，源流並重」，但後來明確「只收漢語一般詞語」，這也是基於實際操作過程中，發現很多個案研究還不到位，無法將原有計劃執行下去的緣故。中國確是需要一部集漢語詞彙大成的更加完備和準確的大型辭書。故專書及其傳注研究，應該有意識地在這方面積累材料，爲完善並編纂出更加完備的大型辭書做準備。

　　比較完備的大型辭書，首先要求義項完備，對入選的詞語，儘量做到釋義能涵蓋語言用例。而經典著作由於它傳播之廣，影響之大，就更應該不遺漏其語詞義項。再就是專書經注詞彙及其釋義的積累，爲大型辭書編纂奠定堅實的基礎。而至爲關鍵的一點就是釋義的準確性，這是辭書的生命。下面就這三方面，將《內經》經注語料分別總結。對於《大詞典》已收詞條，先簡要列出已有義項，再用「○」起頭，引出增補義項。

〔註1〕羅竹風《漢語大詞典》，漢語大詞典出版社，1988年3月。

第二節　失收義項的增補

七宮：（第 1 卷 159 頁）古代燕樂中的宮聲七調。《新唐書・禮樂志十二》：「正宮、高宮、中呂宮、道調宮、南呂宮、仙呂宮、黃鐘宮等爲七宮。」按：○《內經》中「七宮」還指西方，爲金之位。《素問・六元正紀大論》：「乙丑、乙未歲，上太陰土，中少商金運，下太陽水，熱化寒化勝復同，所謂邪氣化日也，災七宮。」高士宗注：「七宮，西方兌金位也。」張介賓《類經》「災七宮」注：「七兌宮也，金運不及故災及之。」又如《唐文粹・西嶽太華山碑銘》：「（華山）踞中土西偏，當七宮正位，是稱西嶽。」《玉海》卷一百一《唐九宮壇》：「天心卦，乾行金方白七宮，其神咸池星。」在五行理論中，西方屬金，其色爲白，故有此說。

三毛：（第 1 卷 183 頁）三絡髭鬚，指髮、眉、鬚，兒童藝術形象。按：○特指生於手足大指第一節背面皮膚上的毛，亦稱叢毛。《素問・繆刺論》：「刺三毛上各一痏。」《靈樞・經脈》：「（足少陽膽經）還貫爪甲，出三毛。」張志聰注：「大指爪甲後爲三毛。」○指清代三位毛姓的人。《四庫全書總目》：「《安序堂文鈔二十卷》國朝毛際可撰。際可字會侯，號鶴舫，遂安人，順治戊戌進士，官彰德府推官際可與毛先舒、毛奇齡有三毛之稱。」

三藏：（第 1 卷 250 頁）梵文意譯。佛教經典的總稱。分經、律、論三部分。經，總說根本教義；律，記述戒規威儀；論，闡明經義。通曉三藏的僧人，稱三藏法師，如唐玄奘稱唐三藏。按：○特指肝、脾、腎。《素問・示從容論》：「若夫三藏，土木水三居此，童子之所知，問之何也？」王冰注：「脾合土，肝合木，腎合水，三藏皆在耳下，居止相近也。」根據五行配合，脾屬土，肝屬木，腎屬水，故有此說。又《靈樞・九針論》：「膈下三藏應中州。」張介賓注：「三藏，肝、脾、腎也。」

下管：（第 1 卷 328 頁）古代舉行大祭等儀式，奏管樂者在堂下，故稱管樂爲「下管」。按：○即「下脘」，指胃腔下口幽門部。《靈樞・本藏》：「肉䐃不稱身者胃下，胃下者，下管約不利。」《靈樞・上膈》：「蟲寒則積，聚守於下管，則腸胃充郭，衛氣不營，邪氣居之。人食則蟲上食，蟲上食則下管虛，下管虛則邪氣勝之。」

中水：（第 1 卷 583 頁）一指水中；一指中官，古官名。按：○指身體內部積水。《素問・脈要精微論》：「肝與腎脈並至，其色蒼赤，當病毀傷不見血，已見血，濕若中水也。」《毛詩注疏》卷二十五：「箋云：泉者，中水生則益

深。」《神農本草經疏》卷九：「王瓜味苦寒，無毒……散癰腫、留血，婦人帶下不通，下乳汁，止小便數不禁，逐四肢骨節中水。」

五火：（第 1 卷 347 頁）五種火攻戰術。按：○五臟偏盛的陽氣。《素問·解精微論》：「夫一水不勝五火，故目眥盲。」王注：「一水，目也；五火，五藏之厥陽也。」又《九靈山房集》卷十：「謂之動者，即《內經》五火也。相火易動，五性厥陽之火又從而扇之，則妄動矣。火既妄動，則煎熬眞陰，陰虛則病，陰絕則死。」火性炎上，得水制則陰陽交泰，否則就會上逆而成偏盛之「厥陽」。

五使：（第 1 卷 363 頁）唐宋行大典時所置五官，均命大臣任之。按：○指五臟之氣。《靈樞·五閱五使》：「五氣者，五藏之使也，五時之副也，願聞其五使當安出？」《黃帝內經詞典》：「五使指五臟所使令發生的臟氣變化。」〔註2〕實即五臟之氣。

州都：（第 1 卷 718 頁）州大中正的別稱。三國魏曹丕時行九品中正制，郡置中正，州置大中正，掌管地方選拔官吏事宜。隋時避諱，改大中正爲州都，常以重臣兼任，如煬帝爲晉王時，即曾任州都。開皇后罷九品中正制，改行科舉，州都遂廢。按：○指水液聚集處。《素問·靈蘭秘典論》：「膀胱者，州都之官，水道出焉。」張介賓注：「膀胱位居最下，三焦水液所歸，是同都會之地，故曰州都之官。」《本草綱目》卷一下：「膀胱主津液，爲胞之府，氣化乃能出，號州都之官，諸病皆干之。」

人氣：（第 1 卷 1046 頁）指人的意氣、氣質、情感等；人體的氣味或人的氣息；人的心氣、情緒。按：○指人體的陽氣。《素問·生氣通天論》：「故陽氣者，一日而主外，平旦人氣生，日中而陽氣隆，日西而陽氣已虛，氣門乃閉。」王冰注：「陽氣平曉生，日中盛，日西而已減虛也。」《靈樞·順氣一日分爲四時》：「朝則人氣始生，病氣衰，故旦慧；日中人氣長，長則勝邪，故安；夕則人氣始衰，邪氣始生，故加；夜半人氣入臟，邪氣獨居於身，故甚也。」今本《靈樞經校釋》譯：「早晨陽氣生發……」○指人體經脈之氣。《靈樞·五十營》：「天周二十八宿，宿三十六分，人氣行一周，千八分。」《靈樞·陰陽繫日月》：「正月、二月、三月，人氣在左，無刺左足之陽；四月、五月、六月，人氣在右，無刺右足之陽。」○今亦指對人心的凝聚力。如提到歌星的人氣値很旺等。

〔註2〕郭靄春《黃帝內經詞典》天津科學技術出版社，1991 年版，第 133 頁。

位地：（第 1 卷 1279 頁）官位門第。按：○指水土物候等地理方面的變化情況。《素問・氣交變大論》：「位天者，天文也；位地者，地理也；通於人氣之變化者，人事也。」吳昆注：「位地，謂水泉之變及草木蟄蟲五穀之異也。」張介賓注：「位地者，爲地理，如方宜水土草木昆蟲之類是也。」

候氣：（第 1 卷 1505 頁）占驗節氣的變化。按：○觀察經脈行氣出現反應的時機。《靈樞・衛氣行》：「黃帝曰：衛氣之在於身也，上下往來不以期，候氣而刺之奈何？」《素問・離合眞邪論》：「候氣奈何？岐伯曰：夫邪去絡入於經也，舍於血脈之中……方其來也，必按而止之，止而取之，無逢其衝而瀉之。」王注：「謂候可取之氣也。」

六六：（第 2 卷 27 頁）六的六倍，三十六；謂巫山三十六峰；鯉魚的別稱。按：○即六六之節，指一年的六個甲子周日。古人以十天干配十二地支紀日，一個甲子周日六十天爲一節。六個甲子周日，即六節成一歲共三百六十日，大約一年，由風、熱、濕、火、燥、寒六氣分別主之。《素問・六節藏象論》：「余聞天以六六之節，以成一歲，人以九九制會，計人亦有三百六十五節，以爲天地久矣，不知其所謂也？」王冰注：「六六之節謂六竟於六甲之日，以成一歲之節限。」《類經圖翼》卷二：「天道六六之節，盛衰何也？」

六經：（第 2 卷 48 頁）六部儒家經典。按：○指手足三陰三陽經的統稱。《素問・陰陽類論》：「三陰者六經之所主也。」王注：「三陰者，太陰也。言所以諸脈皆至手太陰者何耶？以是六經之主故也。六經謂三陰三陽之經脈也。」又《氣交變大論》：「陰陽往復，寒暑迎隨，眞邪相薄，內外分離，六經波蕩，五氣傾移。」《類經》卷十三：「留而不去，傳舍於輸（腧），在輸之時，六經不通四肢，則肢節痛，腰脊乃強。」

公孫：（第 2 卷 70 頁）諸侯之孫；對貴族官僚子孫的尊稱；複姓。按：○穴名，屬足太陰脾經絡穴。位於足內側大趾本節後一寸，第一蹠骨基底部前下方處。《靈樞・經脈》：「足太陰之別，名曰公孫，去本節之後一寸，別走陽明；其別者，入絡腸胃。」《針灸甲乙經》卷三：「公孫在足大指本節後一寸，別走陽明太陰絡也。刺入四分，留二十呼，灸三壯。」

眞臟：（第 2 卷 153 頁）謂盜竊的原物。按：○五臟之眞氣，或作「眞藏」。《素問・陰陽別論》：「所謂陰者，眞臟也。見則爲敗，敗必死也。」《素問・示從容論》：「夫傷肺者，脾氣不守，胃氣不清，經氣不爲使，眞藏壞決。」《聖濟總錄纂要》卷五《中暍統論》：「此乃外邪所擊，眞臟未壞，若遇藥救，

氣通則蘇。」

分氣：（第 2 卷 278 頁）謂分得父母血氣。按：○肉分間的邪氣。《靈樞・九針》：「員針者，針如卵形，揩摩分間，不得傷肌肉，以瀉分氣。」○分別從口鼻出入的呼吸之氣。《靈樞・憂恚無言》「頏顙者，分氣之所泄也」張志聰注：「分氣之所泄，謂氣之從此而分出口鼻者也。」《針灸甲乙經》卷十二：「橫骨者，神氣之所使，主發舌者也。故人之鼻洞涕出不收者，頏顙不閉，分氣失也。」

交變：（第 2 卷 346 頁）謂相對的卦象相互替變。按：○（五氣）交會而發生的突然變化。《素問・氣交變大論》：「卒然而動者，氣之交變也。」吳崑注：「氣之交會爲變也。」《三因極一病證方論》卷一：「太陽之至，大而長，本脈、至脈雖識體狀，又須推尋六氣交變，南政北政，司天在泉。」

悽愴：（第 2 卷 425 頁）悲傷淒慘。按：○同「淒滄」，寒涼貌。《靈樞・師傳》：「黃帝曰：便其相逆者奈何？岐伯曰：便此者，食飲衣服亦欲適寒溫，寒無悽愴，暑無出汗。」今本《黃帝內經靈樞譯釋》注：「悽愴：形容寒冷很甚。」《玉機微義》卷七：「本暑盛陽極，人伏陰在內，脾困體倦，腠理開發，或因納涼於水閣、木陰，及泉水澡浴，而微寒客於肌肉之間，經所謂遇夏氣悽愴之水寒迫之是也。」《文選注》卷四十七，王子淵《聖主得賢臣頌》：「襲狐貉之暖者，不憂至寒之悽愴。」《絳雪園古方選注》卷七：「《金匱》云：瘧脈多弦、弦數者，風發。正以悽愴之水寒。久伏於腠理皮膚之間。營氣先傷。而後風傷衛。」

列缺：（第 2 卷 613 頁）指高空中閃電所現的空隙；閃電；中醫穴位名。按：○手太陰經絡別名。《靈樞・經脈》：「手太陰之別，名曰列缺，起於腕上分間，並太陰之經，直入掌中，散入於魚際。」《針灸甲乙經》卷十二：「小兒驚癇，如有見者，列缺主之，並取陽明絡。」

地經：（第 2 卷 1032 頁）猶地圖。按：○地表的水道。《靈樞・癰疽》：「經脈留行不止，與天同度，與地合紀。故天宿失度，日月薄蝕，地經失紀，水道流溢。」今本《靈樞經校釋》「地經失紀」注：「經，指經水，就是大的河流。失紀，這裏形容河流不能沿正常的水道，而潰決四溢，氾濫成災。」

專精：（第 2 卷 1277 頁）專心一志；專一求精；謂聚精凝神。按：○總主、總管。《素問・解精微論》：「心者，五藏之專精也。」王注：「專，任也，言五藏精氣，任心之所使，以爲神明之府，是故能焉。」又楊上善注：「心

爲五藏身之總主，故爲專精。」○純正精粹。《素問・至眞要大論》：「先歲物何也？岐伯曰：天地之專精也。」王注：「專精之氣，藥物肥濃。」張介賓注：「先歲物者，得天地專精之化，氣全力厚，故備所當先也。」

大肉：（第 2 卷 1337 頁）指豬肉。按：○較肥厚的肌肉，如兩臂兩腿之肉。《素問・玉機眞藏論》：「大骨枯槁，大肉陷下，胸中氣滿，喘息不便，其氣動形，期六月死，眞藏脈見，乃予之期日。」張志聰注：「大肉，即兩臂兩腿之肉。」《靈樞・壽夭剛柔》：「形充而大，肉䐃堅而有分者，肉堅，肉堅則壽矣；形充而大肉無分理不堅者，肉脆，肉脆則夭矣。」

大約：（第 2 卷 1360 頁）大致，大體；表示估計的數目不十分精確；表示有很大的可能性。按：○主要法則。《靈樞・逆順》：「氣有逆順，脈有盛衰，刺有大約，可得聞乎？……刺之大約者，必明知病之可刺與其未可刺，與其已不可刺也。」楊上善注：「約，法也。」

大惑：（第 2 卷 1375 頁）十分迷惑；極糊塗。《韓非子・揚權》：「凡治之極，下不能得。周合刑名，民乃守職，去此更求，是謂大惑。」《晉書・羊祜傳》：「人臣樹私則背公，是大惑也。」明李贄《復鄧石陽書》：「此之不責，而反責彼出家兒，是爲大惑，足稱顛倒見矣。」按：○大錯誤。《素問・離合眞邪論》：「誅罰無過，命曰大惑，反亂大經，眞不可復。」上引《晉書》例有誤，其中「大惑」當指「大錯誤」，而非「糊塗」。

天期：（第 2 卷 1437 頁）上天規定的時間；指時序中適於作某事的時機和氣候條件；指皇帝規定的期限。按：○指一年 365.25 日。《素問・氣交變大論》：「黃帝問曰：五運更治，上應天期，陰陽往復，寒暑迎隨，眞邪相薄，內外分離，六經波蕩，五氣傾移。」王注：「期三百六十五日四分日之一也。」張志聰注：「上應天期者，每歲主期年之三百六十五日，上應周天之三百六十五度也。」○指最後的時限或時間。《易齋集》卷下：「凡病之危篤而天期未盡者，皆可以藥石延之，使逮當盡之期，是全之以致於此時也。」又《天馬山房遺稿》卷七《挽後齋詩》：「遊子竟不歸，浮雲日南馳，誰意曩日別，遽作終天期。」

央央：（第 2 卷 1476 頁）和諧的聲音；廣大貌。按：○同「怏怏」，困苦不樂的樣子。《靈樞・脹論》：「腎脹者腹滿，引背央央然，腰髀痛。」張介賓注：「央央然，困苦貌。」

右遷：（第 3 卷 44 頁）升職。按：○指五運之氣，按木火土金水五行相生

規律輪轉主歲，一年退一步，由一運司歲，這種五運的運行規律稱爲右遷。《素問·五運行大論》：「應天之氣，動而不息，故五歲而右遷，應地之氣，靜而守位，故六期而環會。」張介賓注：「週五歲而右遷，天干之應也。即下文甲己之歲土運統之之類是也。蓋甲乙丙丁戊竟五運之一周，己庚辛壬癸又五運之一周。甲右遷而己來，己右遷而甲來，故五歲而右遷也。應地之氣，六氣之應地支也。靜而守位，以地承天，而地支不動也。六期而環會，地支之周也。」《脾胃論》卷下：「風寒暑濕燥火，乃溫熱寒涼之別稱也，行陽二十五度，右遷而升浮降沉之化也。」

　　喘喘：（第 3 卷 427 頁）呼吸急促，氣息微弱。按：○指急促的病態脈。《素問·平人氣象論篇》：「病心脈來，喘喘連屬。」吳昆注：「急促之狀也。」○比喻常態脈盛實圓轉。《素問·平人氣象論篇》：「平腎脈來，喘喘累累如鉤。」《通雅》：「喘喘累累言其實也。」○苟且偷生。《舊唐書·蕭邁列傳》：「吾等報國之心極矣，戰賊之力殫矣，安能垂頭迭翼，喘喘於閹寺之手哉。」

　　嗇嗇：（第 3 卷 460 頁）中醫術語。肌體畏寒收縮貌。按：○受阻不通的樣子。《靈樞·雜病》：「心痛引腰脊欲嘔，取足少陰；心痛腹脹嗇嗇然大便不利，取足太陰。」張介賓注：「嗇嗇，澀滯貌。」又《夢澤集》卷十四《請年》：「耳嗇之又嗇，亦無嗇嗇；閉之又閉，亦無閉閉。」嗇閉連文，亦是不通之意。

　　四維：（第 3 卷 597 頁）舊時以禮、義、廉、恥爲治國之四綱，稱爲「四維」；指東南、西南、東北、西北四隅；指四方；古代一種棋戲。按：○指辰、未、戌、丑之月，即三月、六月、九月、十二月。《素問·至眞要大論》：「大氣之生與其化衰盛異也，寒暑溫涼盛衰之用，其在四維，故陽之動始於溫盛於暑，陰之動始於清盛於寒。春夏秋冬各差其分。」張介賓注：「寒暑溫涼，四季之正氣。四維，辰戌丑未之月也。春溫盛於辰，夏暑盛於未，秋涼盛於戌，冬寒盛於丑，此四季盛衰之用。」

　　從容：（第 3 卷 1010 頁）舉動；悠閒舒適，不慌不忙；盤桓逗留；斡旋、周旋；寬緩；經濟寬裕；指中藥肉蓯蓉。按：○所依從的標準。《素問·示從容論》：「雷公曰：於此有人，頭痛筋攣骨重，怯然少氣，噦噫腹滿時驚不嗜臥，此何藏之發也？脈浮而弦，切之石堅，不知其解，復問所以三藏者，以知其比類也。帝曰：夫從容之謂也。」王注：「言比類也。」又《素問·徵四失論》：「治數之道，從容之葆。」王注：「言診數當主之氣，皆以氣高下而爲

比類之原本也。」《屈宋古音義》卷二《抽思》:「何靈魂之信直兮,人之心不與吾心同。理弱而媒不通兮,尚不知余之從容。」以及後文「重仁襲義兮,謹厚以爲豐;重華不可遻兮,孰知余之從容。」歷來誤注從容爲「謂優悠於道義也」實不得三閭本旨,又云「眾不知余之異采」都是對屈原所取行世標準卓異的自釋。

守司:(第 3 卷 1298 頁)職責,職守;監守。按:○維持、保持。《靈樞・終始》:「六經之脈不結動也,本末之寒溫之相守司也,形肉血氣必相稱也,是謂平人。」張介賓注:「藏氣爲本,肌體爲末,表裏寒溫,司守不致相失也。」又楊上善:「春夏是陽用事,時溫,人迎爲本也;秋冬是陰用事,時寒,脈口爲本也。其二脈不來相乘,復其保守其位,故曰相守司也。」

密意:(第 3 卷 1539 頁)親密的情意;隱秘的含義;佛教語,謂深奧難知的宗旨。○專心致志。《靈樞・小針解》:「空中之機清淨以微者,針以得氣,密意守氣勿失也。」今本《黃帝內經靈樞譯釋》注:「密意:仔細注意。」

強直:(第 4 卷 138 頁)亦曰「彊直」、「強植」。強大而正直;剛強正直。按:○強 jiāng 直:僵硬而不柔和。《素問・至眞要大論》:「諸暴強直,皆屬於風。」張介賓注:「強直,筋病強勁不柔和也。」《金匱要略論注・痙濕暍》:「(徐彬)注曰:此二條即《傷寒論》辨寒傷榮風傷衛法也,取以爲痙病,……蓋痙即痙,強直之謂也。痙病必有背項強直等的證。」

王氣:(第 4 卷 463 頁)舊指象徵帝王運數的祥瑞之氣。按:○即「旺氣」,指亢盛之氣。《素問・至眞要大論》:「帝曰:善服寒而反熱,服熱而反寒,其故何也?岐伯曰:治其王氣,是以反也。」張介賓注:「治其旺氣者,謂病有陰陽,氣有衰旺,不明衰旺,則治之反盛。如陽盛陰衰者,陰虛火旺也,治之者不知補陰以配陽,而專用苦寒治火之旺,豈知苦寒皆沉降,沉降皆亡陰,陰愈亡則火愈盛,故服寒而反熱者,陰虛不宜降也。」《金匱要略論注》卷一:「假肝言之,則青爲肝之王氣值時,王而反色白,則因肝受肺剋,不能隨時之王也,於是色反時病也。」

狂生:(第 5 卷 14 頁)無知妄爲的人;狂放的人。按:○生病。《靈樞・根結》:「一日一夜五十營,以營五藏之精,不應數者,名曰狂生。」《後漢書・張衡傳》注:「狂,疾也。」《御纂醫宗金鑒》卷三十七:「太陰經,陽色鮮明,陰色暗,太陽血蓄並,狂生。」

正化:(第 5 卷 306 頁)正統的教化。按:○正常變化。《素問・六元正紀

大論》：「帝曰：願夫子推而次之，從其類序，分其部主，別其宗司，昭其氣數，明其正化，可得聞乎？」王注：「正化，謂歲直氣味所宜，酸苦甘辛鹹寒溫冷熱也。」《素問入式運氣論奧》卷下：「氣之平則同正化，無過與不及也。」又《全蜀藝文志》卷四十八：「假如太角之化爲啓折，而變爲推拉，太徵之化爲煊燠，而變爲炎烈，正化之爲變者然也。」

敦敦（第 5 卷 496 頁）孜孜不倦貌。獨處貌，獨處不移貌。聚集貌。按：○沉穩堅實的樣子。《靈樞・陰陽二十五人》：「土形之人，比於上宮，似於上古黃帝。其爲人黃色，圓面大頭，美肩背，大腹，美股脛，小手足，多肉，上下相稱，行安地，舉足浮，安心好利人，不喜權勢，善附人也，能秋冬不能春夏，春夏感而病生，足太陰敦敦然。」又「金形之人，比於上商，似於白帝。其爲人方面白色，小頭小肩背，小腹小手足，如骨發踵外，骨輕身清廉，急心靜悍，善爲吏。能秋冬不能春夏，春夏感而病生，手太陰敦敦然。」張介賓注：「敦敦，堅實貌，手足太陰皆曰敦敦，而義稍有不同，金堅土重也。」

敷和：（第 5 卷 504 頁）猶敦睦。按：○陳布生發的陽和之氣。《素問・氣交變大論》：「東方生風，風生木，其德敷和，其化生榮，其政舒啓，其令風，其變振發，其災散落。」王注：「敷，布也。和，和氣也。」又《素問・五常政大論》：「木曰敷和，火曰升明，土曰備化，金曰審平，水曰靜順。」孔穎達《尙書注疏・尙書正義序》：「或設教以馭下，或展禮以事上，或宣威以肅震曜，或敷和而散風雨，得之則百度惟貞。」

治化：（第 5 卷 1123 頁）謂治理國家、教化人民。按：○自然氣候有規律的變化。《素問・氣交變大論》：「位天者，天文也。位地者，地理也。通於人氣之變化者，人事也。故太過者先天，不及者後天，所謂治化而人應之也。」今本《素問注釋匯粹》注：「治化，運氣主治時所引起的變化。」運氣學認爲每年都由不同的氣候主宰，按六十年一循環週期而有規律的變化。《格物通》卷二十六：「修道教，致中和，成治化，而天地萬物位育矣。」

泄寫：（第 5 卷 1051 頁）宣洩，傾吐；寫，同「瀉」，同頁收有「泄瀉」，釋爲腹泄。按：○消散、排除。《靈樞・官針》：「病大針小，氣不泄瀉，亦復爲敗。」張介賓注：「針不及病，則病氣不瀉，故亦爲敗。」《靈樞・大惑論》：「熱勝則腐肉，肉腐則爲膿……不當骨空，不得泄瀉，血枯空虛，則筋骨肌肉不相榮，經脈敗漏，薰於五藏，藏傷故死矣。」

淋露：（第5卷1346頁）方言。謂露下而雨。按：○指大小便頻數，或月經淋瀝不斷。《靈樞・官能》：「審其所在，寒熱淋露，以輸異處。」繆希雍注：「淋露者，腎氣與帶脈俱虛所致也。……淋露雖屬下焦爲病，然多因胃家濕熱下流，此爲下血淋露不已也。」丹波元簡注：「蓋淋露與淋瀝同義，謂如淋下露滴，病經久不止。」《靈樞・九宮八風》：「兩實一虛，病則爲淋露寒熱。」《本草綱目》卷二十九：「木心：氣味甘濇溫，有小毒，主治中蠱、腹痛、面目青黃、淋露。」

淅淅：（第5卷1347頁）象聲詞，風、雨聲；象聲詞，物體擦動聲；畏風貌。按：○又作「泝泝」、「索索」，害怕寒冷的樣子。《靈樞・雜病》：「小腹滿大，上走胃，至心，淅淅身時寒熱，小便不利，取足厥陰。」張介賓注：「淅淅，寒肅貌。」《傷寒類方》卷上：「陰弱者汗自出，嗇嗇惡寒，淅淅惡風。」

漏風：（第6卷110頁）走漏消息；謂器物有空隙，風能出入；謂因牙齒脫落，說話時攏不住氣。按：○又名酒風。因飲酒後感受風邪所致的疾病。《素問・風論篇》：「飲酒中風，則爲漏風。」王注：「熱鬱腠疏，中風汗出，多如液漏，故曰漏風。經具名曰酒風。」張介賓注：「酒性溫散，善開玄府，酒後中風則汗漏不止，故曰漏風。」《普濟方》卷一百四十：「發汗多而漏不止者，曰漏風，亡陽，桂枝附子湯（主治）。」

推推：（第6卷676頁）盛貌。按：○勇於上進的樣子。《靈樞・陰陽二十五人》：「木形之人……少陽之上推推然。」張志聰注：「推推，上進之態，如枝葉上達也。」

民氣：（第6卷1426頁）指民眾精神、氣概。按：○人體的氣機。《素問・六元正紀大論》：「岐伯曰：先立其年，以明其氣，金木水火土運行之數，寒暑燥濕風火臨御之化，則天道可見，民氣可調。」今本《黃帝內經校注語譯》「民氣可調」譯：「人們的氣機就可以調和。」《呂氏春秋》卷五《古樂》：「陶唐氏之始，陰多滯伏而湛積，水道壅塞不行其原，民氣鬱閼而滯著，筋骨瑟縮不達，故作爲舞以宣導之。」

慆慆：（第7卷680頁）長久；紛亂不息貌。按：○喜悅的樣子。《靈樞・陰陽二十五人》：「少徵之人，比於左手太陽，太陽之下，慆慆然。」張志聰《集注》：「慆慆，喜悅之態。」《御定歷代賦彙》卷一百四十宋孔武仲《憎蠅賦》：「方盛夏之慆慆兮，氣蘊蘊以熏心。」○遠行。《天下同文集》卷四十

七，譚楚翁《感遇》：「雲南聽夜雨，酸風寒鐵鎧。惱惱饋飴人，羈留生凍餒。」

　　神明：（第 7 卷 866 頁）天地間一切神靈的總稱；明智如神；謂人的精神，心思；神聖高超；漢武帝所建臺名，在建章宮內，爲祀仙人處。按：○事物變化的根據。《素問・陰陽應象大論》：「陰陽者，天地之道也，萬物之綱紀，變化之父母，生殺之本始，神明之府也。治病必求於本。」王注：「言所以生殺變化之多端者，何哉？以神明居其中也。下文曰：天地之動靜，神明爲之綱紀。故《易・繫辭》曰：陰陽不測謂之神。亦居其中也。」

　　禁固：（第 7 卷 924 頁）禁錮，禁止做官或參與政事。按：○活動受阻不靈便。《素問・六元正紀大論》：「感於寒，則病人關節禁固，腰脽痛，寒濕推於氣交而爲疾也。」《傷寒論注釋・傷寒論方》：「蓋桂枝湯本專主太陽中風，其於腠理緻密，榮衛邪實，津液禁固，寒邪所勝者，則桂枝湯不能發散必也。」

　　白肉：（第 8 卷 172 頁）大腿內側的肉；宋代肉食品，指砧壓去油之肉，亦泛指熟豬肉；白淨的肌膚。按：○手魚際的肌肉。《靈樞・論疾診尺》：「掌中熱者腹中熱，掌中寒者腹中寒，魚上白肉有青血脈者，胃中有寒。」《針灸資生經》卷四：「心痛，灸臂腕橫文三七壯，又灸兩虎口白肉際七壯。」

　　篤重：（第 8 卷 1223 頁）十分嚴重；（感情）專一深重。按：○厚實。《靈樞・五禁》：「淫而奪形，身熱，色夭然白，及後下血衃，血衃篤重，是謂四逆也。」《釋名・釋言語》：「篤，竺也；竺，堅實稱也。」

　　自乘：（第 8 卷 1324 頁）同數相乘。按：○不同的干支，配人身不同的部位，每一天都有值日的干支，稱爲自乘。《靈樞・五禁》：「早乙日自乘，無刺頭，無發矇於耳內。丙丁日自乘，無振埃於肩喉廉泉。」張介賓注：「日自乘者，言其日之所值也。」

　　苛疾：（第 9 卷 326 頁）重病。《素問・至眞要大論》：「夫陰陽之氣，清靜則生化治，動則苛疾起。」王冰注：「苛，重也。」猶疾病。《管子・小問》：「除君苛疾，與若之多虛而少實。」按：○小病。《素問・四氣調神大論》：「逆之（天地四時陰陽變化的規律）則災害生，從之則苛疾不起。」張元素《病機宜氣保命集》：「雖有苛疾，弗能爲害。」

　　華英：（第 9 卷 400 頁）指花；huá 光耀；光采，文采；精華。按：○指人的容光、神采。《素問・至眞要大論》：「陽明之勝，清發於中，左胠脅痛、溏泄，內爲嗌塞，外發㿉疝。大涼肅殺，華英改容，毛蟲乃殃，胸中不便，

嗌塞而咳。」又《素問・四氣調神大論》：「夜臥早起，無厭於日，使志無怒，使華英成秀，使氣得泄，若所愛在外。」張景岳注：「華英，言神氣也。」

趨翔：（第 9 卷 1151 頁）猶趨蹌。按：○奔走飛翔。《靈樞・刺節眞邪》：「肢脛者，人之管以趨翔也。」張志聰注：「手足肢脛之骨節，人之管以趨翔。蓋津液淖澤於肢脛，則筋骨利而脛能步趨，肢能如翼之翔也。」

迎隨：（第 10 卷 750 頁）指首尾。按：○往來。《素問・氣交變大論》：「陰陽往復，寒暑迎隨。」《素問・六元正紀大論》：「厥陰所至爲撓動，爲迎隨。」張志聰注：「迎隨，往來也。」「迎」，指來，「隨」指往。即年初之風氣偏勝，草木來回隨風飄蕩，自然界出現一派擾動之象。○跟從，阿諛逢迎。《新唐書》卷九十九：「尙書右丞時楊素、蘇威用事，（李）綱據正，不詭迎隨素等。」

頤頤：（第 12 卷 295 頁）咀嚼食物貌。漢・揚雄《太玄・裝》：「鴻裝於淄，飲食頤頤。」按：○怡然自得的樣子。《靈樞・陰陽二十五人》：「太陽之下，支支頤頤然。」張介賓注：「頤頤，自得貌。」《蘇魏公文集》卷七《四望亭》：「高亭春望思無窮，千里人煙指顧中。比屋如雲濃被野，頤頤醇俗樂時豐。」

第三節　增列失收詞條

三水：○水爲陰，三水指脾、肝、腎三陰藏。《素問・示從容論》：「夫二火不勝三水，是以脈亂而無常也。」王注：「三水，謂三陰藏……三陰藏者，肝脾腎也，以在隔下故。」

三部九候：○脈診方法。三部爲上部、中部、下部，每部又各有上、中、下動脈，稱天、地、人三候，合成三部九候。《素問・三部九候論》：「何謂三部？岐伯曰：有下部，有中部，有上部。部各有三候，三候者，有天，有地，有人也。必指而導之，乃以爲眞。人上部天，兩額之動脈；上部地，而頰之動脈；上部人，耳前之動脈。中部天，手太陰也；中部地，手陽明也；中部人，手少陰也。下部天，足厥陰也；下部地，足少陰也；下部人，足太陰也。故下部之天以候肝，地以候腎，人以候脾胃之氣。帝曰：中部之候奈何？岐伯曰：亦有天，亦有地，亦有人。天以候肺，地以候胸中之氣，人以候心。帝曰：上部以何候之？岐伯曰：亦有天，亦有地，亦有人。天以候頭角之氣，地以候口齒之氣，人以候耳目之氣。三部者，各有天，各有地，各有人，三而成天，三而成地，三而成人，三而三之，合則爲九，九分爲九野，九野爲

九藏。」又《素問・離合眞邪論》:「審捫三部九候之盛虛而調之。」又《文獻通考・王叔和脈經十卷》:「敘陰陽表裏,辯三部九候,分人迎氣口。」

下極:○指兩目內眥的中間,是心在面部的色診部位。《靈樞・五色》:「首面上於闕庭,王宮在於下極……下極者,心也。」張介賓注:「下極,兩目之間。」○又指小腹橫骨(穴名,臍下 5 寸,距前正中半寸)部位。如《針灸甲乙經》卷二:「《難經》曰:督脈者起於下極之俞,並於脊裏,上至風府,入屬於腦,上巓循額至鼻柱,陽脈之海也。」又「橫骨一名下極,在大赫下一寸衝脈,足少陰之會。」

中朏:○指脊椎骨。《素問・氣穴論篇》:「中朏兩傍各五凡十穴。」張志聰注:「朏,膂同。」《說文・呂部》:「呂,脊骨也。膂,篆文呂。」《果堂集》卷二:「項大椎之下二十一節,通曰脊骨,曰脊椎,曰膂骨,曰中朏。」

主病:○指發病的主要部位。《靈樞・寒熱病》:「厥痺者,厥氣上及腹,取陰陽之絡,視主病也。」張志聰注:「視主病者,視厥痺之在經也。」○指主要病證。《素問・至眞要大論》:「從外之內而盛於內者,先治其外而後調其內。中外不相及,則治主病。」○組方中的主要藥物。《素問・至眞要大論》:「主病之謂君。」張介賓注:「主病者,對證之要藥也。」

九氣:○氣機九種病理變化,具體指氣上、氣緩、氣消、氣下、氣收、氣泄、氣亂、氣耗、氣結。如《素問・舉痛論篇》:「百病生於氣也。怒則氣上,喜則氣緩,悲則氣消,恐則氣下,寒則氣收,炅則氣泄,驚則氣亂,勞則氣耗,思則氣結。九氣不同,何病之生?」又,宋王衮《博濟方》卷二:「怒則氣上……寒則氣收,聚熱則腠理開而氣泄,憂則氣亂,勞則氣耗,思則氣結。經曰九氣七氣,及言諸氣者,皆不出於此也。」

二火:○指少陰君火與少陽相火。《素問・六微旨大論》:「臣位君則逆,逆則其病近,其害速,順則其病遠,其害微,所謂二火也。」王注:「相火居君火,是臣位居君位,故逆也。君火居相火,是君居臣位,君臨臣位,故順也。」○陽明的代稱。《素問・示從容論篇》:「夫二火不勝三水,是以脈亂無常也。」吳昆注:「二火,猶言二陽,謂胃也。」「胃」即陽明胃經。○指心、肝二臟。《素問・逆調論篇》:「所以不能凍栗者,肝一陽也。心二陽也,腎孤藏也,一水不能勝二火,故不能凍栗。」又《仁端錄》卷九《目疾門》:「因而搖動者,肝風與心火相搏也。痘疹發搐,此其常候,但泄心、肝二火。搐止者吉,不止者凶。」

　　魚腹：○指腿肚；手魚腹，手腕之前與掌指關節之間肌肉隆起似魚者。《素問·刺腰痛篇》：「刺厥陰之脈，在腨踵魚腹之外，循之累累然，乃刺之。」王注：「腨踵者，言脈在腨外側下當足跟也，腨形勢如缺魚之腹，故曰魚腹之外也。」○指手魚腹，手腕之前與掌指關節之間肌肉隆起似魚者。《素問·禁刺論篇》：「刺手魚腹，內陷爲腫。」

　　交節：○指節氣更替之時。《十一經問對》卷二：「問：立夏交節當言夏，今至矣；立多交節當言多，今至矣。何緣五月中氣而曰夏至，十一月中氣而曰多至者何？」○樹木枝條分杈處。《靈樞·五變》：「木之陰陽，尚有堅脆……至其交節，而缺斤斧焉。」今本《靈樞經校釋》譯：「砍到樹木枝杈交節的地方，就更加堅硬，連刀斧的刃都可能崩損而出現缺口。」

　　京骨：○指足外側小趾本節後突出的半圓骨。《靈樞·本輸》：「左右別下，貫胛挾脊，內過髀樞，循髀外從後廉下合膕中，以下貫踹內，出外踝之後，循京骨至小指外側。」張介賓注：「京骨，小趾本節後大骨曰京骨。」又《樂律全書》卷二十三：「外踝以下至京骨，長三寸；京骨以下至地，長一寸耳。」○穴名，屬足太陽膀胱經，原穴，位於足小趾本節大骨下赤白肉際凹陷處。《靈樞·本輸》：「足太陽根於至陰，溜於京骨，注於昆侖，入於天柱。」

　　伸宦：○追求名利地位的升遷。《素問·移精變氣論》：「內無眷慕之累，外無伸宦之形。」吳昆注：「求進於官也。」又《陶山集》卷七《潁州謝上表》：「伏念臣自奮單門，敢求伸宦，學古有信。」亦作「伸官」。如《全蜀藝文志》卷五十四《城南郭氏》「登宣和第……伸官至朝，請大夫職。」

　　使道：○指鼻孔及人中溝。《靈樞·天年》：「黃帝曰：人之壽百歲而死，何以致之？岐伯曰：使道隧以長，基牆高以方，通調營衛，三部三里起，骨高肉滿，百歲乃得終。」楊上善注：「使道謂鼻空使氣之道。」《景岳全書》卷三十七：「帝曰：其不能終壽而死者何如？岐伯曰：其五臟皆不堅，使道不長，空外以張，喘息暴疾，又卑基牆。」○指十二臟腑之氣相互聯繫的道路。《素問·靈蘭秘典論》：「主不明，則十二官危，使道閉塞而不通，形乃大傷。」王冰注：「使道謂神氣行使之道。」

　　便溲：○大小便。《素問·至眞要大論》：「太陰在泉，客勝則足痿下重，便溲不時，濕客下焦，發而濡瀉，及爲腫，隱曲之疾。」《靈樞·雜病》：「心痛引小腹滿，上下無常處，便溲難，刺足厥陰。」又《陝西通志》卷六十二：「（張養中）父嘗病痢，便溲轉側，必親掖扶，未嘗頃刻離。」《名醫類案》

卷九：「既而九日便溲俱不通，秘悶欲死。王即令用細灰於患人連臍帶丹田作一泥塘，徑如碗大，下令用一指厚灰四圍高起，以新汲水調樸硝一兩餘令化，漸傾入灰塘中，勿令漫溢，須臾大小便迸然而出。」

儲儲：○自我滿足的樣子。《靈樞‧通天》：「太陽之人，其狀軒軒儲儲，反身折膕。此太陽之人也。」張介賓注：「儲儲，畜積貌，盈盈自得也。」《篁墩文集》卷四十八《義官方君墓誌銘》：「駅俟儲儲，二子曰將軍。」

內格：○閉塞而不能通達。《素問‧四氣調神大論》：「從陰陽則生，逆之則死；從之則治，逆之則亂。反順為逆，是謂內格。」王注：「格，拒也。謂內性格拒於天道也。」《素問‧六元正紀大論》：「終之氣，燥令行，餘火內格，腫於上，咳喘，甚則血溢。」《史記‧龜策列傳》：「命曰內格外垂。行者不行。來者不來。病者死。繫者不出。求財物不得。見人不見。」

冥視：○視物不清。《素問‧評熱病論》：「其為病也，使人強上冥視。」楊上善注：「冥視，謂合眼視不明也。」《玉機微義》卷十六《論九氣動為諸證》：「為陰痿，為唾血，為冥視，為耳閉，男為少精，女為不月。」《普濟方》卷七十一《眼目門‧總論》：「黃帝問曰：余嘗上清冷之臺，中陛而顧，匍匐而前，余私異之，竊內怪之，或獨冥視，安心安氣，久而不解……何氣使然？」

分肉：○肌肉。《靈樞‧本臟》：「衛氣者，所以溫分肉，充皮膚，肥腠理，司開闔者也。」今本《靈樞經校釋》譯：「衛氣可以溫養肌肉………」即把「分肉」釋成「肌肉」。又《禮說》卷一：「風行脈俞，肌膚憒膜，散於分肉，肉有不仁，所謂癢疥疾也。」○指肌肉間的分理。《素問‧調經論》：「取分肉之間，無中其經。」王注：「故肉蠕動即取分肉間，但開肉分，以出其邪。」○指裏層近骨處的肌肉。《靈樞‧官針》：「絕皮致肌肉，未入分肉間也。」馬蒔注：「有肌肉、分肉之別，肌肉在皮內肉上，而分肉則近於骨者也。分肉有二：有部在外之肉曰分肉，其在內近骨之肉與骨根分，亦曰分肉。」張介賓注：「大肉深處，各有分理，是謂分肉間也。」○穴名。為足少陽經陽輔穴之別名。《素問‧氣穴論》：「分肉二穴。」張志聰注：「分肉一名陽輔穴。」

剛脆：○堅硬而少韌性。《靈樞‧五變》：「卒風暴起，則剛脆之木，枝折杌傷；秋霜疾風，則剛脆之木，根搖而葉落。」《山谷別集‧引連珠》：「一雨所濡，大小之生異類；一氣所殺，剛脆之質不同。所以聖人因物以盡性，神道設教而無功。」

　　勞宮：○穴名。爲手厥陰心包經的滎穴，位於手掌中指本節後凹陷處。《通雅・脈考》：「勞宮，包絡掌心。」《靈樞・本輸》：「心出於中衝，中衝手中指之端也，爲井木；溜於勞宮，勞宮掌中中指本節之內間也，爲滎。」《物理小識》卷三：「勞宮在掌心，手厥陰心包絡也。」

　　十二經水：○指清、渭、海、湖、汝、澠、淮、漯、江、河、濟、漳十二條河。《靈樞・經水》：「足太陽外合於清水，內屬於膀胱而通水道焉；足少陽外合於渭水，內屬於膽；足陽明外合於海水，內屬於胃；足太陰外合於湖水，內屬於脾；足少陰外合於汝水，內屬於腎；足厥陰外合於澠水，內屬於肝；手太陽外合於淮水，內屬於小腸而水道出焉；手少陽外合於漯水，內屬於三焦；手陽明外合於江水，內屬於大腸；手太陰外合於河水，內屬於肺；手少陰外合於濟水，內屬於心；手心主外合於漳水，內屬於心包。凡此五藏六府十二經水者，外有源泉而內有所稟。」

　　厭厭聶聶：○輕浮小動的樣子。《素問・平人氣象論》：「平肺脈來，厭厭聶聶，如落榆莢。」王注：「曰肺平浮薄而虛者也。」吳昆注：「厭厭聶聶，翩翩之狀，浮薄而流利也。」李時珍《頻湖脈學》：「浮脈舉之有餘，按之不足，如微風吹鳥背上毛，厭厭聶聶（輕泛貌）。」

　　口僻：○口歪邪。《靈樞・經筋》：「足之陽明筋，起於中三指，結於跗上，邪（斜）外上加於輔骨上，結於膝外廉，……卒口僻，急者目不合，熱則筋縱目不開，頰筋有寒，則急引頰移口。」張介賓注：「僻，歪斜也。」《本草綱目》卷三十六：「枳茹主治中風身直不得屈伸反復，及口僻眼斜。刮皮一升，酒三升，漬一宿，每溫服五合，酒盡再作。」

　　合夜：○晝夜相交時，即黃昏。相當於酉時。《素問・金匱眞言論》篇：「合夜至雞鳴，天之陰，陰中之陰也。雞鳴至平旦，天之陰，陰中之陽也。」丹波元簡注：「黃昏合夜爲一，其以相去不遠，均爲酉刻也。」又《姑溪居士後集》卷三《其韻聊寄目前》：「良宵明月爲誰好，記得初來正合夜。城頭火客喏不斷，花上鵲棲驚欲下。」

　　和利：○和順。《靈樞・口問》：「陽氣和利，滿於心，出於鼻，故爲嚏。」《靈樞・本臟》：「五藏皆端正者，和利得人心。」楊上善：「和謂神性和柔，和利謂薄於名利，並爲人所附也。」《國語・周語》：「陰陽序次，風雨時至，嘉生繁祉，人民和利，物備而樂成，上下不罷。」

　　周紀：○按週期性規律運行。《靈樞・玉版》：「經脈二十八會，盡有周

紀。」《素問・天元紀大論》：「上下周紀者，天干地支，五六相合，凡三十歲爲一紀，六十歲爲一週也。」這一自注即對自然氣候六十年一週期，按規律運行進行了闡釋。又《河東集》卷十四：「雄虎玄文，駓駓牝馬，其息且蕃，以和以雅，青猴及羊，歲行周紀，虎亡馬殂，相去遠矣。」

唇揭：○口唇皴裂。《素問・五藏生成篇》：「多食酸，則肉胝皴而唇揭。」馬蒔注：「多食酸，則脾爲肝傷，脾之合在肉，肉則胝皴而憔悴，脾之榮在唇，唇則揭舉而枯薄矣。」《遵生八箋・飲食當知所損論》：「酸多傷脾，肉皴而唇揭。」

唾癰：古代祝由治病方法，用語言唾罵，詛咒疾病。《靈樞・官能》：「緩節柔筋而心和調者，可使導引行氣，疾毒言語輕人者，可使唾癰。」張介賓注：「人之惡口毒舌者，亦由稟賦，諸無所利，而獨利於唾咒疾病。」又《普濟方》卷二百七十《禁唾癰法》：「背陰向陽，吾晨朝行；女媧相逢，教我唾癰；從甲至乙，癰疽速出；從乙至丁，癰疽不從生；丁至癸，癰疽不從生，丁至癸癰疽皆死。」

唾血：○吐血。《素問・腹中論》：「帝曰：有病胸脅支滿者妨於食，病至則先聞腥臊臭，出清液，先唾血，四支清，目眩，時時前後血，病名爲何，何以得之？」今本《黃帝內經素問校注語譯》「唾血，四支清」譯：「吐血，四肢寒冷。」《說郛・雞肋編》：「家家以篾爲門，人食檳榔唾地如血，北人嘲之曰：人人皆唾血，家家盡篾門。」

喝喝：○急喘時發出的聲響。《靈樞・病本》：「腹滿，大便不利，腹大，亦上走胸嗌，喘息喝喝然，取足少陰。」張介賓注：「喝喝，喘息貌。」《靈樞・經脈》：「足少陰之脈，起於小指之下，……支者從肺出，絡心注胸中，是動則病饑，不欲食，面如漆柴，咳唾則有血，喝喝而喘。」

喉吤：○喉中如有異物的不適感覺。《靈樞・邪氣臟腑病形篇》：「心脈急甚者爲瘛瘲，微急爲心痛引背，食不下。緩甚爲狂笑，微緩爲伏梁。在心下上下行，時唾血。大甚爲喉吤，微大爲心痹引背，善淚出。」丹波元簡注：「吤，芥古通，乃芥蒂之芥，喉間有物，有妨礙之謂。」

地蒼：○蒼爲草色，地蒼引申爲色青黑而無光澤。《素問・脈要精微論》：「黃欲如羅裹雄黃，不欲如黃土；黑欲如重漆色，不欲如地蒼。」張介賓注：「地之蒼黑，枯暗如塵。」《景岳全書》卷十七：「黃如枳實或如黃土，色黑如炲或如地蒼而加之沉晦，是皆五色之胃（氣）敗也。」

　　埃煙：同「煙埃」，指塵埃、灰燼。《靈樞・刺節眞邪》：「振埃者，陽氣大逆，上滿於胸中，憤瞋有息，大氣逆上，喘喝坐伏，病惡埃煙，嚏不得息。」《東軒筆錄》卷九：「二將知有變，遂整陣而前，至五龍川，去延州才五里，人心稍安。忽四山鼓角鳴，埃煙斗合，蕃兵牆進，倏忽之際已蹈重圍。」《水心集》卷七《周純臣子去病淑慧而短折賦以哀之》：「問汝今何之，幻影來無緣；不許爺執捉，壞滅同埃煙；此悲信無益，此愛倍難捐。」

　　外格：○於外格拒不通。《靈樞・禁服》：「人迎四倍者，且大且數，名曰溢陽，溢陽爲外格，死不治。」今本《靈樞經校釋》譯：「人迎脈比寸口大四倍，大而且數，陽脈甚盛，名曰溢陽，溢陽就是陰氣格陽於外的現象，陰陽將要離決，屬不治的死症。」此指陰陽二氣不相交通。《史記・龜策列傳》：「命曰外格。求財物不得。行者不行。來者不來。繫者不出。不吉。」此指無亨通之運。《柯山集》卷四十九《龐安常墓誌銘》：「陰乘之脈曰外關者，自關以上外脈也，陰拒陽而出，故曰外格。」關、格同義，皆爲不通。

　　大豆黃卷：○大豆芽。《靈樞・五味》：「心病者，宜食麥羊肉杏薤；腎病者，宜食大豆黃卷豬肉藿。」張介賓注：「大豆黃卷，大豆芽也。」《備急千金要方》卷一：「凡用麥蘗麴末大豆黃卷澤蘭蕪荑，皆微炒乾，漆炒令煙斷。」《本草綱目》卷三上：「大豆黃卷：除胃中熱，消水病脹滿，同大黃醋炒爲末服。」

　　失枕：卷9第484頁收有「落枕」，又名失枕。因睡覺時受寒或枕枕頭的姿勢不合適，以致脖子疼痛，轉動不便。《花城》1981年第6期：「那回司徒落枕，央求他治治，不是被他像開鏽瓶蓋似的，差點兒將脖子擰斷嗎？」按：《大詞典》用例較晚，且不是該詞用例而是與之同義的「落枕」。○失枕指頸項疼痛，俯仰轉動不靈的病。《素問・骨空論》：「失枕，在肩上橫骨間，折使揄臂齊肘正，灸脊中。」吳昆注：「失枕者，風在頸項，頸痛不利，不能就枕也。」病因很多，除了上述外，還有外傷、姿勢不正確等。明王肯堂《證治準繩》卷八：「戴云：頸痛非是風邪，即是氣挫，亦有落枕而成痛者。」

　　宛陳：○又作菀陳，指鬱積之物。《素問・湯液醪醴論》篇：「平治於權衡，去宛陳莝，微動四極，溫衣繆刺其處，以復其形。」馬蒔注：「宛，積也。陳莝，陳草也。」這一注釋將「宛陳」二字拆開來說，值得商榷。下兩例「宛陳」是詞，不宜拆開。具體可參《也說「去宛陳莝」》一文。〔註3〕《靈

〔註3〕彭達池《也說「去宛陳莝」》山東中醫雜誌，2005年第8期。

樞・九針》：「凡用針者，虛則實之，滿則泄之，宛陳則除之，邪勝則虛之。」《外科理例》卷七：「諸氣本於肺，肺氣治則出入順而菀陳除，故行其肺氣而病自已。」

容平：○萬物成熟豐碩的樣子。《素問・生氣通天論篇》：「秋三月，此謂容平。」馬蒔注：「陰氣已上，萬物之容，至此平定，故氣象謂之容平。」《太醫局諸科程文格》卷四：「由其邪搏於脾肺之經隧，有咽喉疼痛之候矣，目即九秋屆序，萬寶告成，氣應容平之令，脈有中衡之和。」

密默：○安靜，不欲言語。《素問・至眞要大論》：「頭頂痛重，而掉瘈尤甚，嘔而密默，唾吐清液，甚則入腎，竅瀉無度。」王注：「嘔而密默，欲靜定也。」《證治準繩》卷十一：「《黃帝針經・五亂》篇云：氣亂於心，則煩心密默，俛首靜伏云云。」

寢汗：○因虛而致睡中汗自出。《素問・六元正紀大論》：「太陽所至為寢汗。」王注：「寢汗，謂睡中汗發於胸，溢頸掖（腋）之間也，俗誤呼為盜汗。」《備急千金要方》卷五十九：「凡腎病之狀，必腹大脛腫痛，喘咳身重，寢汗出，憎風寒。」《傷寒兼證析義・多汗家兼傷寒論》：「血虛心痛，則加當歸，血虛寢汗熱不止，則合當歸補血湯，皆萬舉萬當，百不失一者。」

差夏：○立秋後一旬。《素問・六元正紀大論》：「天氣下降，地氣上騰，原野昏霿，白埃四起，雲奔南極，寒雨數至，物成於差夏。」王注：「差夏謂立秋之後一十日也。」《宋詩鈔》卷二十四《夏日平居奉寄崔伯易兼簡朱元弼》：「天風變春和，晝日差夏永。門闌閉無事，燕雀去益靜。」

形志：○形體和精神。《素問・血氣形志》篇：「形樂志樂，病生於肉，治之以針石；形苦志樂，病生於筋，治之以熨引；形苦志苦，病生於咽嗌，治之以百藥；形數驚恐經絡不通，病生於不仁，治之以按摩醪藥。是謂五形志也。」今本《素問注釋匯粹》注：「形，指形體。志，指精神。」又《靈樞・大惑論》：「盛者瀉之，虛者補之，必先明知其形志之苦樂，定乃取之。」《紫山大全集・語錄》：「家人輩千里思慕，以為遠久，以日為歲。余形志俱勞，得枕則惟恐天曉，晨興則不覺日夕。」

怫熱：○體內不散的積熱。《素問・至眞要大論》：「少陰司天，熱淫所勝，怫熱至，火行其政，民病胸中煩熱，嗌乾右胠滿，皮膚痛寒，熱咳喘。」張志聰注：「怫，鬱也。」今本《黃帝內經素問校釋》「怫熱至」譯：「鬱熱乃至」。《外科精義》卷下：「或夏熱皮膚癢而以冷水沃之，其癢不去，謂寒收

斂，腠理閉密，陽氣鬱結不能散，怫熱內作故也。」《推求師意》卷下：「病大風骨節重，鬚眉墮，刺肌肉汗出百日，泄衛氣之怫熱；刺骨髓汗出百日，以泄榮氣之怫熱。」

恍亂：○神不守舍的樣子。《靈樞・本神》：「至其淫泆離藏，則精失魂魄飛，志意恍亂，智慮去身者，何因而然乎？」張介賓注：「恍，恍惚也。」《儒門事親・九氣感疾更相為治衍二十六》：「脾憂愁而不解則傷意，意傷則恍亂，四肢不舉毛瘁色夭，死於春。」○同「慌亂」。《平定兩金川方略》卷一百二：「各處官兵合力奮攻，且又恐截其後，頗露恍亂。」

悗亂：○心煩意亂。《靈樞・本神》：「脾愁憂而不解則傷意，意傷則悗亂四肢不舉，毛悴色夭，死於春。」張介賓注：「憂則脾氣不舒，不舒則不能運行，故煩悶而亂。」《類經》卷三十一：「意傷則悗亂，四支不舉。」

支滿：○支撐脹滿。《素問・藏氣法時論》：「心病者，胸中痛，脅支滿，脅下痛，膺背肩甲間痛，兩臂內痛。」今本《黃帝內經素問校注語譯》「脅支滿」譯：「脅部脹滿。」《靈樞・經脈》：「動則病手心熱，臂肘攣急腋腫，甚則胸脅支滿，心中憺憺，大動面赤目黃，喜笑不休。」《本草綱目》卷十二下：「赤箭：氣味辛溫無毒，主治殺鬼精物蠱毒惡氣，久服益氣力，長陰肥健，輕身增年，消癰腫，下支滿寒疝，下血。」

手魚：○即魚際，指手腕之前與掌指之間，其肌肉隆起似魚者。《素問・禁刺論篇》：「刺缺盆中，內陷氣泄，令人喘咳逆；刺手魚腹，內陷為腫。」《靈樞・本輸》：「少商者，手大指端內側也，為井木，溜於魚際，魚際者手魚也。」

日醒：○像白天一樣清醒。《靈樞・病傳》：「岐伯曰：要乎哉問道！昭乎其如日醒，窘乎其如夜瞑。」又「黃帝曰：何謂日醒？岐伯曰：明於陰陽，如惑之解，如醉之醒。」黃帝問的是何謂「日醒」，可見是把「日醒」二字當一個整體來理解的。

槁腊：○乾枯。《靈樞・寒熱病》：「皮寒熱者，不可附席，毛髮焦，鼻槁腊，不得汗，取三陽之絡，以補手太陰。肌寒熱者，肌痛毛髮焦而唇槁腊，不得汗，取三陽於下。」今本《靈樞經語釋》：「槁腊，乾枯的意思。」《粵閩巡視紀略》卷三：「（吳）平乘小艇逸去，或見其死於海島，抱枯樹成槁腊焉。」

欠㰦：伸腰打呵欠。《一切經音義》引《埤蒼》：「欠㰦，張口頻伸也。」

《靈樞·經脈》:「手太陰之別,名曰列缺。……其病實則手銳掌熱,虛則欠㰦。」張介賓注:「欠㰦,張口伸腰也。」

正邪:○與季節相應,當時令的風,如春之東風,夏之南風。當人體免疫力下降時,也能致病,故稱之正邪。《素問·八正神明論》:「正邪者,身形若用力汗出,腠理開,逢虛風,其中人也微,故莫知其情,莫見其形。」張介賓注:「正邪,即八方之正風也。蓋正風之大者,爲實風,微者即正風,雖爲正風亦能傷人,故曰正邪。」《靈樞·淫邪發夢》:「黃帝曰:願聞淫邪泮衍奈何?岐伯曰:正邪從外襲內,而未有定舍,反淫於藏,不得定處,與營衛俱行而與魂魄飛揚,使人臥不得安而喜夢。」

正偃:○正偃臥,即仰臥。《素問·評熱病論》:「身重難以行,月事不來,煩而不能食,不能正偃,正偃則咳,病名曰風水。」張琦注:「仰臥則水氣上迫於肺而咳。」《博物志》卷七:「徐君宮人,娠而生卵,以爲不祥,棄之水濱,獨孤母有犬名鵠蒼,獵於水濱,得所棄卵,銜以東歸,獨孤母以爲異,覆暖之,遂沸成兒,生時正偃,故以爲名。」

泛泛:○充滿,遍佈。《素問·脈要精微論》:「夏日在膚,泛泛乎萬物有餘。」吳昆注:「泛泛然充滿於指下。」張志聰注:「泛泛,充滿之象。」又《莊子·秋水》:「泛泛乎,其若四方之無窮,其無所畛域。」成玄英疏:「泛泛,普遍之貌也。」

泮衍:○擴散、蔓延。《靈樞·病傳》:「瘖乎其無聲,漠乎其無形,折毛髮理,正氣橫傾,淫邪泮衍,血脈傳溜。」又《靈樞·淫邪發夢》:「黃帝曰:願聞淫邪泮衍奈何?岐伯曰:正邪從外襲內而未有定舍,反淫於藏,不得定處,與營衛俱行……」

淨府:○指膀胱。《素問·湯液醪醴論》:「平治於權衡,去宛陳莝,微動四極,溫衣繆刺其處,以復其形,開鬼門,潔淨府,精以時服,五陽已布,疏滌五藏,故精自生,形自盛,骨肉相保,巨氣乃平。」王冰注:「潔淨府,謂瀉膀胱水出也。」《絳雪園古方選注》卷八:「三棱、蓬術以潔淨府,蒺藜、荳蔻、木香、茴香、陳皮、青皮去鬱陳莝,理則然也。」

潔潔:○簡要、清靜。《靈樞·陰陽二十五人》:「眾之爲人,比於右足太陽,太陽之下潔潔然。」張介賓注:「潔潔,清靜貌。」《周易筮記》卷三:「乾健便易,坤順便簡,易簡只是行其所無事。朱子曰:易簡只是淨淨潔潔,無許多勞擾委曲。」《清容居士集》卷二十:「其靜居潔潔然,好遊之士少紆其

耳目，而卒不界何也？」

澹滲：○又作淡滲。即滲灌通利。《靈樞・五音五味》：「衝脈任脈皆起於胞中，上循背裏，爲經絡之海。其浮而外者，循腹右上行，會於咽喉，別而絡唇口，血氣盛則充膚熱肉，血獨盛則澹滲皮膚生毫毛。」今本《靈樞經校釋》譯：「若血獨盛則滲灌到皮膚中而生毫毛。」《景岳全書》卷四十四：「程氏曰：痘毒根於淫火，必因歲氣傳流而發，故多兼表證則內外交攻，此時若不用輕揚之劑祛風散邪，澹滲解毒之藥利便退熱，則外邪內火何由得解，邪既不解則痘何由得善？」

璺啓：○裂開，形容自然界因風動而生發。《素問・六元正紀大論》：「厥陰所至爲風府，爲璺啓。」王注：「璺，微裂也；啓，開坼也。」《松隱集》卷九《戲作》：「吹香濕玉失長養，發陳璺啓若徒設。願天勿令移指麾，卻收正令還春曦。」《儒門事親》卷三《九氣感疾更相爲治衍》：「風之氣和平而璺啓，熱之氣暄而舒榮。」

病機：○指疾病發生發展變化的原由。包括病因、病位、證候、臟腑氣血虛實的變化原由。《素問・至眞要大論》：「諸病水液，澄澈清冷，皆屬於寒。諸嘔吐酸，暴注下迫，皆屬於熱，故《大要》曰：謹守病機，各司其屬。」張介賓注：「機者，要也，變也。病變之所由也。」楊士奇《東里集續集》卷十四：「所輯醫經、小學，以傳其書。首本草，次脈訣，次經絡，次病機，次治法，次運氣，凡六卷，一本於《素問》、《靈樞》。」

皴揭：○皮膚粗糙，像麩皮一樣脫落。《素問・六元正紀大論》：「陽明所至皴揭，太陽所至爲寢汗。」王注：「身皮麩象。」《仁齋直指》卷一：「陽明爲標，燥金爲本，其燥邪傷於人也，氣滯而膹鬱，皮膚以皴揭，諸澀枯涸之病生矣。」《治證準繩・幼科・心臟門》：「血不足則經脈壅，過窠囊空虛，黑燥而不鮮明也，枯萎而不肥澤也，皮膚皴揭而啓裂也。」

目裏：○眼胞、眼瞼。《素問・平人氣象論》：「目裏微腫，如臥蠶起之狀，曰水。」張介賓注：「目裏者，目之上下胞也。」《醫宗金鑑》卷三十四：「目裏上下腫者，主有水氣之病也。從面腫起者，名曰風水，陽水也；從足脛腫起者，名曰石水，陰水也。」《醫宗金鑑》卷八十：「目胞者，一名目窠，一名目裏，即上下兩目外衛之胞也。」

目運：○眼目昏花眩暈。《靈樞・經脈》：「五陰氣俱絕則目系轉，轉則目運，目運者爲志先死，志先死則一日半死矣。」今本《黃帝內經靈樞譯釋》

譯：「五臟陰經的精氣都竭絕，就會出現目系轉動；目系轉動則目眩，視物不清；目眩爲神志先喪失；神志既喪，最遠不超過一天半就要死亡。」《傷寒總病論》卷二：「動氣在下，不可發汗，發汗則心中大煩，骨節苦痛，目運惡寒，食則反吐，穀不得前，先服大橘皮湯，得吐止後服建中湯。」

瞤瘈：○肌肉跳動抽搐。《素問・至眞要大論》：「少陽之復，大熱將至，枯燥燔熱，介蟲乃耗，驚瘈咳衄，心熱煩躁，便數憎風，厥氣上行，面如浮埃，目乃瞤瘈，火氣內發。」今本《黃帝內經素問校釋》「目乃瞤瘈」譯：「兩目抽動。」《病機氣宜保命集》卷上：「溫瘧腹中暴痛，血溢流注精液，目赤心熱，甚則瞀昧暴痛，瞀悶懊憹，嚏嘔瘡瘍，驚燥喉痹，耳鳴嘔湧暴注，瞤瘈暴死。」《玉機微義》卷十：「搐神志不寧，榮衛壅滯，頭目昏眩，肌肉瞤瘈，胸膈咽嗌不利，腸胃燥澀躁擾，狂越罵詈，驚駭火熱等證，當歸、草龍膽、大梔子、黃連……」

短期：○死期。《素問・陰陽類論》：「診決死生之期遂合歲首。雷公曰：請問短期。黃帝不應……雷公曰：請問短期。黃帝曰：冬三月之病，病合於陽者，春正月脈有死徵，皆歸出春。」姚止庵注：「短期，死期也。死因於病，不能終命而短也。」《靈樞・根結》：「所謂五十動而不一代者，以爲常也。以知五藏之期。予之短期者，乍數乍疏也。」《御定全唐詩》卷五百六十九《傷友》：「玉棺來九天，鳧舄掩窮泉。蕪沒池塘嶼，淒涼翰墨筵。短期存大夢，舊好委浮煙。我有幽蘭曲，因君遂絕弦。」

禁器：○國之重器，或比喻人之臟腑。《靈樞・脹論》：「藏腑之在胸腹裏之內也，若匣匱之藏禁器也。」楊上善注：「禁器，比臟腑也。」《宋書》卷七十九：「昔內難甫寧，珍瑋散佚，有御刀利刃，擅價諸夏，天府禁器，歷代所珍。」《事實類苑》卷十三：「詔獄事皆不實，而校遂首常納禁器於耿，事聞，太后大怒，下耿吏獄。」

窮詘：○氣機不暢，語言難出。《靈樞・刺節眞邪》：「黃帝曰：其咳上氣，窮詘胸痛者取之奈何？岐伯曰：取之廉泉。」今本《靈樞經校釋》注：「窮詘：形容氣機不得伸展，語言難出。」《針灸甲乙經》卷九：「胸滿呼吸喝，窮詘，窘不得息，刺入人迎，入四分。」

索澤：○皮膚乾枯，失去潤澤。《素問・陰陽別論》：「三陽爲病發寒熱，下爲癰腫及爲痿厥腨痛，其傳爲索澤，其傳爲㿉疝。」王冰注：「皮膚之氣皆散盡也。」澤指皮膚中的水分。《證治準繩》卷二十：「治煩熱皮膚索澤，食

後煎服，宜以此飲下地黃丸。」《徐氏筆精》卷六：「鮐背：鮐，河豚也，其背皮甚粗澀，老人皮膚索澤不寒而慄，故似之。」

紲急：○收縮緊拘。《素問‧舉痛論篇》：「寒氣客於脈外則脈寒，脈寒則縮蜷，縮蜷則脈紲急，則外引小絡，故卒然而痛。」今本《素問注釋匯粹》注：「紲，屈曲也。急，拘急也。」《續名醫類案》卷十六：「內弟顧元叔溺血，溺孔不時酸疼，溺則周身麻木，頭旋眼黑而手足心經脈紲急，酸麻尤甚。」《證治準繩》卷八：「因寒而痛者，紲急惡寒而痛，各與本藏所屬風寒濕熱之氣，兼爲之狀而痛。」

絕汗：○臨死時所出的大汗。《素問‧診要經終論》：「太陽之脈其終也，戴眼反折瘛瘲，其色白，絕汗乃出，出則死矣。」王注：「絕汗，謂汗暴出而不流，旋復乾也。」《靈樞‧經脈》：「六陽氣絕，則陰與陽相離，離則腠理發泄，絕汗乃出，故旦占夕死，夕占旦死。」《證治準繩》卷七十八：「若汗出如油，喘而不休，此爲命絕。柔汗發黃，此爲脾絕，汗出不流如貫珠者，爲絕汗。」

群下：○眾人。《素問‧解精微論》：「若先言悲哀喜怒，燥濕寒暑，陰陽婦女，請問其所以然者，卑賤富貴，人之形體所從，群下通使，臨事以適道術，謹聞命矣。」丹波元簡注：「故所從群下，所謂百官百姓也，即通言上文卑賤高貴之人也，言使群下能適道才以養正也。」《韓非子》卷四：「國有擅主之臣，則群下不得盡其智力以陳其忠，百官之吏不得奉法以致其功矣。」《楚辭章句》卷一：「（屈原）入則與王圖議政事，決定嫌疑；出則監察群下，應對諸侯，謀行職修，王甚珍之。」

聚邑：○人口密集的村鎮或城邑。《靈樞‧淫邪發夢》：「飲食客於大腸，則夢田野；客於小腸，則夢聚邑衝衢。」今本《靈樞經校釋》注：「聚邑，指聚集著很多人的地方。」《史記‧衛康叔世家》：「獻公奔齊，齊置衛獻公於聚邑。」《類經》卷三：「地有聚邑，人有䐃肉。」

聶辟：○摺迭衣服或衣服上的摺子。又通褶襞。比喻僻積不舒。《素問‧調經論》：「寒濕之中人也，皮膚不收，肌肉堅緊。榮血泣衛氣去，故曰虛。虛者聶辟氣不足，按之則氣足以溫之，故快然而不痛。」王注：「聶謂聶皺；辟謂辟迭也。」丹波元簡注：「聶辟，褶襞也。《儀禮》：衣有襞折曰褶。……褶，猶褶迭也，亦細褶。」

肉分：○肌肉之間的紋理，內通於臟腑，外連於肌膚，是元眞衛氣津液

運行的通道，也是外邪侵入人體的門戶。《素問・氣穴論篇》：「肉分之間，溪谷之會。以行榮衛，以會大氣。」張志聰注：「夫肉有大分小分，大分者，如股肱之肉，各有界畔；小分者，肌肉之內，皆有縱理。然理路雖分，而交相會合，是大分處即是大會處，小分處即是小會處也。」又《靈樞・九針論》：「二者地也，人之所以應土者肉也。故爲之治針必筩其身而員其末。令無得傷肉分，傷則氣得竭。」

　　肢脛：○手足四肢。《靈樞・刺節眞邪》：「肢脛者，人之管以趨翔也。」張志聰注：「手足肢脛之骨節，人之管以趨翔，蓋津液淖澤於肢脛，則筋骨利而脛能趨，肢能如翼之翔也。」《普濟方》卷一百七十：「臍下如臂，時起，至心下，又或身體肢脛皆腫，始由腎病，傳心。」

　　肺系：○喉、氣管。《靈樞・經脈》：「手太陰之脈，起於中焦，下絡大腸，還循胃口，上膈，屬肺，從肺系橫出腋下。」馬蒔注：「肺系者。喉嚨也。」又《針灸甲乙經》卷八：「肺系急，胸中痛，惡寒，胸滿悒悒然，善嘔膽，胸中熱喘逆氣，氣相追逐，多濁唾，不得息，肩背風汗出，面腹腫，鬲中食饐不下，食喉痹，肩息肺脹，皮膚骨痛，寒熱煩滿，中府主之。」

　　胝膗：○指皮肉因乾燥而緊縮。《素問・五臟生成篇》：「多食酸則肉胝膗而脣揭。」丹波元簡：「胝膗者，收斂之義。」吳昆注：「肉粗疏胝膗。」

　　腸辟：○即腸澼，指痢疾。《素問・陰陽別論篇》：「陰陽虛，腸辟死。」王注：「辟，陰也。然胃氣不留，腸開勿禁，陰中不廩，是眞氣竭絕，故死。」林億新校正云：「按全元起本辟作澼。」張介賓《類經》注：「腸辟，利膿血也。胃氣不留，魄門不禁，而陰陽虛者，藏氣竭也，故死。」

　　腨痟：○腿肚酸痛。《素問・陰陽別論篇》：「三陽爲病發寒熱，下爲癰腫，及爲痿厥腨痟。」張介賓：「足肚酸痛曰腨痟也。」

　　至劑：○藥力強悍的方劑。《靈樞・終始》：「陰陽俱不足，補陽則陰竭，瀉陰則陽脫，如是者，可將以甘藥，不可飲以至劑。」馬蒔云：「僅可理以甘和之藥，不可飲以至補至瀉之劑。」○功效奇妙的方劑。元虞集《道園遺稿・贈丹士》：「神仙有詠煉丹砂，服食三年鬢不華。自有錦囊收曉露，何妨玉椀泛春霞。倚松吟嘯風生袖，採藥歸來月滿沙。肘後方聞多至劑，青粘何日到山家。」

　　致齋：舉行正式的齋戒儀式。《素問・陰陽類論篇》：「雷公致齋七日，日復侍坐。」《五禮通考・吉禮・致齋》：「皇帝散齋七日於別殿，致齋三日於齋

殿，至行禮日，自齋殿詣太廟，餘如郊祀儀注。」

色夭：○晦暗的面部顏色。《素問·玉機眞藏論篇》：「色夭不澤謂之難已。」王注：「夭，謂不明而惡。」《靈樞·本神》：「肺喜樂無極則傷魄，魄傷則狂，狂者意不存人，皮革焦，毛悴色夭，死於夏。」

草茲：○青而泛白的枯草。《素問·五臟生成篇》：「五臟之氣，故色見青如草茲者死。」高士宗：「草茲，死草之色，青兼白也。」《病機氣宜保命集·察色論第五》：「論曰聲合五音，色合五行，聲色符同然後定立藏府之榮枯。若滋榮者，其氣生如翠羽、雞冠、蟹腹、豕膏、烏羽是也，枯夭者其氣敗如草茲、衃血、枳實、枯骨，如炲是也。」

莖垂：○指男子陰莖、睪丸。《靈樞·刺節眞邪》：「莖垂者，身中之機，陰精之候，津液之道也。」張介賓注：「莖者，宗經也。垂者，睪丸也。」又《類經·人生應天地》：「辰有十二，人有足十指莖垂以應之，女子不足二節以抱人形。」

蕩憚：○驚魂不定的樣子。《靈樞·本神》：「恐懼者，神蕩憚而不收，心怵惕。思慮則傷神，神傷則恐懼自失，破䐃脫肉，毛悴色夭，死於冬。」張介賓注：「恐懼則神志驚散，故蕩憚不收。」

薄疾：○急迫，迅速。《素問·生氣通天論》：「陰不勝其陽，則脈流薄疾。」張介賓注：「薄，氣相迫也。」又李時珍《瀕湖脈學》：「數脈一息六至，脈流薄疾。」

解利：○滑利暢通。《靈樞·天年》：「五藏堅固，血脈和暢，肌肉解利，皮膚緻密，營衛之行不失其常，呼吸微徐，氣以度衛，六府化穀，津液布揚，各如其常，故能長久。」又《針灸甲乙經》卷十二：「其腸胃小，皮膚滑以緩，分肉解利，衛氣之留於陽也久，故少臥焉。」

解㑊：○懈怠無力的症狀。《素問·平人氣象論》：「臂多青筋，曰脫血。尺脈緩澀，謂之解㑊，安臥。」楊上善注：「解㑊，怠惰運動難也。」高世栻注：「懈㑊，猶懈怠。」《靈樞·論疾診尺》：「人膚滑其淖澤者風也，尺肉弱者解㑊安臥，脫肉者寒熱不治。」明徐光啟《農政全書·水利》：「夫解㑊之爲病也，脈理縱緩，神氣不攝，無疾痛之急旦暮之虞，而甚害於身。」

通髯：連鬢絡腮鬍子。《靈樞·陰陽二十五人》：「足少陽之上，氣血盛則通髯美長，血多氣少則通髯美短，血少氣多則少髯，血氣皆少則無髯。」馬蒔注：「所謂通鬚者，乃連鬢而生者也。」又《五音五味》：「美眉者，太陽

多血，通髯極鬚者，少陽多血。」

銳髮：○兩髯上的鬚髮。《素問·氣府論》：「足少陽脈氣所發者六十二穴……銳髮下各一。」高世栻注：「銳髮，即髯髮。」

衝衝：○循環不息。《素問·陰陽離合論》：「陰陽衝衝，積傳爲一周，氣裏形表，而爲相成也。」王注：「衝，言氣之往來也。」高世栻注：「衝，衝同，衝衝，往來不絕也。」

鬱發：○積結偏盛致病。《素問·五常政大論》：「暴熱至，土乃暑，陽氣鬱發。小便變，寒熱如瘧，甚則心痛。」《素問·六元正紀大論》：「必抑其運氣，資其歲勝，折其鬱發，先取化源。」張志聰注：「鬱發者，鬱極乃發也。」

攣急：○拘急。《靈樞·經脈》：「是（心胞脈）動，則病手心熱，臂肘攣急、腋腫，甚則胸脅支滿，心中憺憺。」今本《黃帝內經靈樞譯釋》「臂肘攣急」譯：「臂肘部拘攣。」又《甲乙經·筋經》：「膕攣急，脊反折，項筋急，肩不舉，腋支缺盆中紐痛，不可左右搖。治在燔針劫刺，以知爲數。」《備急千金方》卷三有「治妊娠手腳皆腫攣急方」。

第四節　訂正錯誤

七損八益：（第1卷163頁）謂女子月事宜以時下，男子精氣宜於充盈。中醫述人生長發育過程，女子以七爲紀，男子以八爲紀，故七指女，八指男。《素問·陰陽應象大論》：「能知七損八益，則二者可調；不知用此，則早衰之節也。」

按：七損八益是一個有爭議的概念，《大詞典》誤用了王冰的說法。此外還有以下幾種解釋：（1）指陰陽消長之機。張介賓、李中梓等認爲七爲陽數，八爲陰數，損即消，益即長。陽不宜消，陰不宜長，反之則早衰之由。（2）指陰陽損益。惲鐵樵認爲七爲陽、八爲陰，陰陽能互爲損益，如陽過盛得陰則平，陰不足得陽則生，這便是七能損八，八能益七，互爲損益，陰陽可調。（3）指陽有餘陰不足。如張志聰注：「女子以七爲紀，男子以八爲紀，七損八益者，言陽常有餘而陰常不足也。」（4）指房中術。如《醫心方》引《玉房秘決》云：「素女曰：陰陽有七損八益。八益：一固精，二安氣，三利藏，四強骨，五調脈，六畜血，七益液，八道體。七損：一絕氣，二溢

精，三奪脈，四氣泄，五機關厥傷，六百閉，七血竭。」（5）指男女交媾之事。如姚止庵注：「男女交媾，必行於天癸即至之後。然女子天癸始於二七，若即縱情恣欲，終將耗竭眞精，是謂七損。男子天癸始於二八，若能保守眞元，自然精神強固，是謂八益。」（6）指陰陽更勝之證。《太素》承上文陰陽更勝之變，認爲八益係指陽盛的症狀有八；七損則指陰盛的症狀有七。陽盛八症爲實，故曰益；陰盛七症爲虛，故曰損。（7）指養生方法和道理的代名詞。（8）根據「河圖」學說，有人認爲「七損」爲七損一，「八益」爲七增一。（9）指人體生長壯老的發育過程。「八益」是人體從弱小到壯盛的八個階段；「七損」是人體由壯盛到衰老的七個階段。這幾種看法，各有短長，但有幾點明顯的不足。首先是脫離篇章的前後文來看它的意義。《陰陽應象大論》闡述陰陽平衡是自然和諧發展的根本規律，人應當取法這一通則來養生。故經文有云，陽勝會怎樣病變，陰勝又怎麼病變。然後說「此陰陽更勝之變，病之形能（態）也」，即認爲陰陽偏勝是至病之源始。接下來提出解決陰陽偏勝的方法：「帝曰：調此二者奈何？岐伯曰：能知七損八益，則二者可調，不知用此，則早衰之節也。」「調此二者」即調和陰陽，岐伯認爲知道通過損益究正偏勝，則陰陽可以調和。同篇經文還有對調和陰陽具體損益方法的論述：「形不足者，溫之以氣；精不足者，補之以味。其高者，因而越（吐法）之；其下者，因而竭（疏導）之；中滿者泄之於內……審其陰陽，以別柔剛，陽病治陰，陰病治陽，定其血氣，各守其鄉。」《大詞典》所用王注，以及第（4）（5）（7）（8）（9）種解說，基本上是剝離原典歧黃討論陰陽偏勝這一話題，而另謀其解，故不中綮肯。其次是拘泥於語素，望文生義。詞由語素組成，但決不是語素意義的簡單相加，而是一個組合的整體義。在「七╳八╳」形式的短語中，七和八的意義一般不再指實，而是務虛。如在七損八傷、七零八落、七推八阻、七上八下、七拼八湊、七顛八倒等詞中的七和八，就不再與具體的數量有關，這些詞分別是損傷、零落、推阻、上下、拼湊、顛倒的意思。同理，○七損八益也是「損益」的意思。清人高士宗注「法陰陽奈何」時有云：「陽勝則身熱，陰勝則身寒，乃陰陽偏勝爲害也。如能知七損八益，是能調養吾身中之損益，而不爲邪所傷也。」七損八益的實際意義也就是調和身之陰陽偏勝，達到平衡。上述以爲女子以七爲紀，以及具體指出哪些損益的說法，即游離原文語境，又沒有考慮到短語意義概括性和整體性的特點。

八正：（第 2 卷 4 頁）八方的和風；即八正道。佛家語（正見，正思維，正語，正業，正命，正精進，正念，正定）。

按：所立「八方的和風」一項，引《史記·律書》例有誤。其文云：「律曆，天所以通五行八正之氣，天所以成孰萬物也。」司馬貞索隱：「八謂八節之氣，以應八方之風。」是針對原文「八正之氣」來說明的。這是語境釋義，詞典並不能將「八」按司馬氏之注解釋爲「八節之氣」。《大詞典》所釋「和風」當是《史記》「八正之氣」中「氣」的意義，而不是「八正」的意義。《史記全本導讀辭典》第 631 頁「八正」注，就沒有「和風」義。○八正即八節：春分、秋分，夏至、冬至，立春、立夏、立秋、立冬等八個節氣。《素問·八正神明論》：「凡刺之法，必候日月星辰，四時八正之氣，氣定乃刺之。」《靈樞·官能》：「上視天光，下司八正」《靈樞·九針論》：「請言身形之應九野也，左足應立春，其日戊寅己丑……凡此九者，善候八正之所在之處。」《大詞典》因爲少列了義項，誤將《史記》書例，來證「八方的和風」一義。

君火：（第 3 卷 246 頁）中醫稱主宰神明之火。《素問·天元紀大論》：「君火以明，相火以位。」明李時珍《本草綱目·序例·臟腑虛實標本用藥式》：「心，藏神，爲君火，主血，主汗，主笑。」中醫又以君火或心火指心熱火旺的症狀。

按：上引《天元紀大論》前後文爲：「天以六爲節，地以五爲制。周天氣者，六期爲一備；終地紀者，五歲爲一周。君火以明，相火以位。五六相合，而七百二十氣爲一紀，凡三十歲，千四百四十氣，凡六十歲，而爲一周，不及太過，斯皆見矣。」其中「君火以明，相火以位。」實爲他章錯簡，誤衍於此，與前後文舛牾不合。明人吳昆將其次於《六微旨大論》「君火治之」句後，是合理的安排。○君火指上位之火。明張介賓《類經》注：「君者，上也；相者，下也。陽在上者，即君火也；陽在下者，即相火也。上者應離，陽在外也，故君火以明；下者應坎，陽在內也，故相火以位。火一也，而上下幽顯，其象不同，此其所以有辨也。」又云：「君火居上，爲日之明，以昭天道，故於人也屬心，而神明出焉。相火居下，爲原泉之溫，以生養萬物，故於人也屬腎，而元陽蓄焉。所以六氣之序，君火在前，相火在後，前者肇物之生，後者成物之實，而三百六十日中，前後二火所主者，四五六七月，共一百二十日，以成一歲化育之功，此君相二火之爲用也。」由上位之火引

申指心火，再由心火發展到神明之火，才是該詞意義發展的線索。

吸吸：（第3卷182頁）搖動或移動的樣子；呼吸急促貌。

按：第二個義項有誤。○吸吸：虛乏少氣的樣子。《靈樞·癲狂》：「少氣身漯漯也，言吸吸也。」楊上善注：「吸吸，虛乏狀也。」這種情況《靈樞·海論》中有相關論述：「氣海有餘者，氣滿胸中，急息面赤；氣海不足則氣少，不足以言。」《醫門法律》卷十二：「虛而吸吸，加胡麻、覆盆子、栢子仁；虛而多氣兼微咳，加五味子、大棗。」吸吸與後「多氣」相對，宜指少氣。又《普濟方》卷三百五十五：「當歸建中湯，治產後勞傷虛羸不足，腹中疼痛吸吸少氣，小腹拘急連腰背，時自汗出不思飲食。」吸吸也指產後虛弱少氣。再看《大詞典》的語例：漢劉向《九歎·惜賢》：「望高丘而歎涕兮，悲吸吸而長懷。」中吸吸也當指氣少，《內經》有云「悲則氣消」，氣消少氣，就是明證。《宋書·謝莊傳》：「一惡痛來逼，心氣餘如綖（線），利患數年，遂成痼疾，吸吸惙惙，常如行屍。」前文心氣如線就是指少氣，後文惙惙是虛乏的樣子。「常如行屍」也看不出是呼吸急促貌，屍的特點就是沒有呼吸，給人一動不動的感覺，這一連串語境都對「吸吸」一詞的意義有提示作用。

天癸：（第2卷1428頁）即元陰，腎精。促進生殖功能的一種物質。癸，五行中屬陰水。《素問·上古天眞論》：「女子七歲腎氣盛，齒更髮長，二七天癸至，任脈通，太沖脈盛，月事以時下，故有子。」又：「丈夫八歲，腎氣實，髮長齒更，二八腎氣盛，天癸至，精氣溢瀉，陰陽和，故能生子。」

按：將天癸理解成「元陰、腎精」是錯誤的。元陰、腎精與生俱來，又伴隨終身；而天癸則是人生中階段性的產物。女子二七天癸至，七七天癸竭；男子二八天癸至，八八天癸竭。就其功能而言，元陰腎精滋養各個臟器的生長發育（即張介賓所謂五臟之陰氣，非此不能滋），天癸則主要與生殖機能相關。天癸與腎精的區別是顯然的，但它們之間又有密切的聯繫。天指先天，癸屬陰水，天癸是先天元陰腎精在量的積累達到一定程度後出現的新的特質，這種特質的外在表象就是男女生殖機能的出現。○天癸是人體生長特定階段出現的促進生殖器官發育成熟，維持性機能的精微物質。

怢慄：（第7卷480頁）突然怕冷發抖。《素問·風論》：「其寒也則衰飲食，其熱也則消肌肉，故使人怢慄而不能食，名曰寒熱。」王冰注：「怢慄，卒振寒貌。」

按：○怢慄當指寒熱交爭，頭昏發抖的症狀。怢，是會意字，從失從心，

指發熱時頭腦昏脹，神志恍惚不清。《集韻‧沒韻》：「怴，忽忘也。」《文選‧四子講德論》：「故美玉蘊於砥砆，凡人視之怴焉。」李善注：「怴，忽忘也。」王注將怴誤爲卒（猝），故《大詞典》誤釋之爲「突然」。慄爲振寒貌不誤。再從《內經》語境看，是從兩方面立論的，「風氣藏於皮膚之間，內不得通，外不得泄……腠理開則灑然寒，閉則熱而悶」。即時熱時寒，寒熱交爭。《普濟方》卷一百九十九：「痰瘧之狀，胸中不利，頭痛振寒，怴栗而不能食，食即嘔，寒去則內外皆熱，寒熱更作。」與上症相似，是先說「頭痛振寒」後述「怴栗而不能食」，也說明怴慄不僅僅是怕冷發抖義。又卷一百三「芎藭湯，治中風寒熱頭痛體疼，怴栗不能食」亦然。

悍氣：（第 7 卷 543 頁）中醫用語。謂浮盛之氣。《素問‧痹論》：「衛者，水穀之悍氣也。其氣悍疾滑利，不能入於脈也。」王冰注：「悍氣，浮盛之氣。」

按：衛氣有多種特徵，如外浮、急疾、滑利、固密等。因其固密，故謂之「悍」；因其能御外邪，故稱之「衛」。《靈樞‧邪客》：「衛氣者，出其悍氣之慓疾，而先行於四末分肉皮膚之間而不休者。」王注也不算錯，只是所釋非本質特徵。故宜從《中醫大辭典》：「悍氣○即衛氣。」

機道：（第 4 卷 1330 頁）事物變化的跡象、徵兆。《素問‧離合眞邪論：「故曰：知其可取如發機，不知其取如扣椎，故曰：知機道者，不可掛以發。不知機者，扣之不發。」王冰注：「機者，動之微，言貴知其微也。」

按：機，本指古代弩上發箭的裝置，發機敏而迅疾。道，這裏指道理、原理。機道連文，○比喻解決問題的關鍵時機、火候。上引《內經》用例指用針刺治病者，應審察經氣運行的情況，抓住下針的關鍵時機，方見成效。若不知用此，治邪不得，反傷正氣。機道文中具體指經氣運行過程中施治的關鍵時機。事物皆有現象和本質兩個層面，事物變化的跡象和徵兆雖然也和機道一詞意義相關，但只是現象層面的，機道一詞的核心意義應就事物變化本質立言。故張志聰注云：「此甚言知機之妙，既無逢其衝，又無使其過，不可遲早於毫髮之間，知機之道其神乎？」《顏魯公集‧神道碑》：「公諱眞卿，字清臣，琅琊臨沂人，蓋孔宣父之門人回，曰好學知機道，亞聖人，公其後也。」

腫腫：（第 6 卷 1332 頁）謂肌膚發硬和瘕胝狀。《靈樞經‧邪氣臟腑病形》：「〔腎脈〕大甚爲陰痿，微大爲石水，起臍已下至小腹腫腫然，上至胃

腕，死不治。」按：此說源於《說文》：「腄，瘢胝也。」朱駿聲《說文通訓定聲》：「腄，俗謂之老繭。」將《靈樞》之「腄腄然」，誤引作「腫腫然」；「脘」，誤引作「腕」。石水為水氣內聚而形成的水腫病，小腹腫脹為症狀。故○腄腄當為重墜下垂的樣子。張介賓《類經》：「腄，音垂，重附也」當為確解。

術數：（第 3 卷 984 頁）謂以種種方術，觀察自然界可注意的現象，來推測人的氣數和命運。也稱「數術」……《素問・上古天真論》：「上古之人，其知道者，法於陰陽，和於術數。」按：《大詞典》誤解《素問・上古天真論》中的上述語例。《上古天真論》主要講養生的積極意義，既可以預防疾病，又可以延年益壽。並不涉及「人的氣數和命運」。「法於陰陽，和於術數。」以及接下來的「食飲有節，起居有常，不妄作勞。」都屬於養生保健的方法。張介賓注：「術數，修身養性之法也。」故○該術數當為（養生）方法。應歸併到義項⑤指方法，門徑。例同郭沫若《十批判書・名辯思潮的批判》：「《呂氏春秋・蕩兵篇》云，『援推，兵也，』足證所謂援、所謂推，並不是專為尋求真理的法門，而是辯敵致勝之術數。」

辟辟：（第 11 卷 490 頁）bì 象聲詞。如手指彈石之聲。《素問・平人氣象論》：「死腎脈來，發如奪索，辟辟如彈石，曰腎死。」王冰注：「辟辟如彈石，言促又堅也。」《素問・玉機真藏論》：「真腎脈至，搏而絕，如指彈石，辟辟然，色黑黃不澤，毛折，乃死。」

按：所引上例皆指腎脈之真藏脈出現，真藏脈是沒有胃之水穀營衛氣息的死脈。正常腎脈，謂之「平腎脈」，如《素問・平人氣象論》所云：「平腎脈來，喘喘累累如鉤，按之而堅曰腎平。」即給人感覺是圓滑而有不緊不慢的節奏，來洪去細似鉤，微觸柔和，深按而堅。真腎脈則去柔緩之象，唯促堅獨存。《大詞典》將辟辟釋為「象聲詞。如手指彈石之聲。」實為不顧《素問》經注本旨而誤。辟辟指脈象，跳動的脈搏怎麼會發出如手指彈石頭的聲響呢？「辟辟如彈石」即脈象如飛射的彈石一樣急促而堅硬，王注「言促又堅也」深得經文要領。《素問・玉機真藏論》：「多脈者腎也，北方水也，萬物之所以合藏也，故其氣來沉以搏，故曰營。反此者病。帝曰：何如而反？岐伯曰：其氣來如彈石者，此謂太過，病在外。」亦是講腎脈病，脈如彈石。將《素問・玉機真藏論》「如指彈石，辟辟然」理解為像用手指彈擊石頭，發出辟辟的聲響，也是以今律古。「彈石」指用彈弓發射的石丸，而非彈擊

石頭。指，名詞用作動詞，意爲用手指切按；而非手指。《說文・口部》：「吻，口邊也。」即嘴唇，最初也是名詞義，後來指「用嘴唇去接觸人或物」而變成動詞，其引申原理與此同類。「如石之堅」這一意義是「辟」的假借義。清朱駿聲《說文通訓定聲・解部》：「辟，叚借爲璧。」《詩經・大雅・靈臺》：「于論鐘鼓，于樂辟廱。」朱熹注：「辟、璧通。」又明方以智《通雅》卷十：「責責、辟辟，急也……俱見《內經》。」是根據《素問》上述語料得出的結論。故辟辟，當是形容脈來急促而堅硬。此外，《大詞典》將原文「毛折，乃死」誤引作「毛析，乃死」。

第七章　歷代誤注失注敘例及
　　　　原因探析

第一節　總　論

　　任何事物都有正反兩個方面，注釋有對也有錯；對有對的規律，錯有錯的因由。因此，探討《內經》注釋規律，不僅要研究如何使注釋傳意準確而又能深入淺出，還要注意歷代誤注情況，因爲它們也是注釋的重要組成部分，爲注釋研究提供了反面材料，屬於前車之鑒，可免重蹈覆轍。

　　注釋是經典與注釋者認識交融後的產物，也是一個再度傳意甚至幾度傳意的結果。如中國傳統經典注釋術語「疏」的對象就既有經，也有注。這就說明，由於年代久遠或前注於義不顯等原因，「注」也需要再注。在對注再度審視時，我們發現其中少數有意或無意離經叛道。當然，不能把推陳出新與離經叛道混爲一談。在疏不破注的年代，要求注釋內容與原典高度一致，注釋者只能在形式上使經典語言淺顯化、通俗化，不能「失眞」；而隨著科技發展，科技文獻注釋則應吸收新近研究成果，以反應注釋時代該學科的水準。

　　《內經》流傳下來的注本中，年代較早的當數唐楊上善《太素》和王冰注《素問》。後者宋人林億等奉命於嘉祐年間「新校正」，書名爲《重廣補注黃帝內經素問》，其序云：「仁宗念聖祖之遺事將墜於地，乃詔通知其學者，俾之是正。臣等承乏典校，伏念旬歲。遂乃收訪中外，裒集眾本，浸尋其義，

正其訛謬。」其所校正不僅僅限於經文，還就王氏誤注進行分析訂正。如《素問·風論篇》：「脾風之狀，多汗惡風，身體怠惰，四支不欲動，色薄微黃，不嗜食，診在鼻上，其色黃。」王注：「脾脈起於足，上循骺骨，又上膝股內前廉，入腹屬脾絡胃，上鬲俠咽，連舌本，散舌下；其支別者，復從胃別上鬲注心中。心脈出於手，循臂。故身體怠惰，四支不欲動而不嗜食。脾氣合土，主中央，鼻於面部亦居中，故診在焉。黃，脾色也。」新校正云：「按，王注脾風不當引『心脈出於手，循臂』，七字於義無取，脾主四支，脾風則四支不欲動矣。」就對王注不中肯綮的七字提出非議。

有明一代，張介賓類編注釋《類經》，馬蒔《黃帝內經靈素注證發微》，以及吳昆注本《素問》各有發明，既補前注之不足，又訂正了前人不少錯誤。如《移精變氣論》「暮世之治病也則不然，治不本四時，不知日月，不審逆從」，張介賓注云：「愚按，王太僕（冰）引經注此，其說雖是，而殊有未盡者。如不本四時則有不知運氣之盛衰，陰陽之消長，故好用溫熱者，忘天地之赫曦。專用寒涼者，昧主客之流衍，五音皆有宜忌，胡可視為泛常？故《五常政大論》曰：必先歲氣，無伐天和。設不知此而犯之，如抱薪救火，因雪加霜，誤人誤己而終身不悟者，良可慨矣。如不知日月，王注即以日月為解，然本篇所言者，原在色脈，故不知色脈則心無參伍之妙，診無表裏之明，色脈不合者，孰當捨證以從脈？緩急相礙者，孰當先此而後彼？理趣不明，其妄孰甚。此色脈之參合必不可少，故云日月也。」經文講治必本四時日月，王注以「日有寒溫明暗，月有空滿虧盈」為解，而張注則將本四時日月上升到陰陽消長的高度來認識。對經旨發掘較王注更勝一籌。

清代《內經》的注釋批評者，儒、醫兼而有之。醫工之注如張隱庵《黃帝內經靈素集注》，高世栻《黃帝素問直解》；儒士則多運用清人考據之學，對《內經》經注條文進行考證。主要成果有胡澍《黃帝內經素問校義》，俞樾《讀書餘錄》，孫詒讓《箚迻·素問王冰注校》，張文虎《舒藝室續筆·內經素問》，于鬯《香草續校書·內經素問》等。他們皆就注釋中的錯誤提出自己的看法，予以訂正。

誤注現象林林總總，原典理解表述不到位均可導致誤注，下面分類加以例敘。

第二節　誤注失注敘例

1、釋字而未解義

　　注釋屬隨文釋義，要求揭示具體語境中的涵義，若僅從字面解釋某詞有某義是不夠的。特別是多義詞，有此義不一定用此義。如《靈樞‧師傳》:「春夏先治其標，後治其本；秋冬先治其本，後治其標。」其中「標」、「本」二字，楊上善注:「本，謂根與本也。標，末也，方昭反，謂枝與葉也。春夏之時，萬物之氣上升，在標；秋冬之時，萬物之氣下流，在本。候病所在，以行療法，故春夏取標，秋冬取本也。」楊注從字面上揭示了「標」、「本」二字的意義，但該句中治標治本具體所指則沒講清。明人張介賓對標本有深刻理解，張注云:「春夏之氣達於外，則病亦在外，外者內之標，故先治其標，後治其本。秋冬之氣斂於內，則病亦在內，內者外之本，故先治其本，後治其標。」標本二字，本義是枝葉與根本，這裏指人體內和體外。在該句中，治標治本相當於治外治內。注者宜揭示標本二字的引申義。

　　又《太素》卷二:「春三月，此謂發陳。」楊上善注:「陳，舊也。言春三月草木舊根、舊子皆發生也。」張志聰《集注》:「陳，故也。」「陳」是個多義詞，的確有「陳舊」、「故舊」的意思。但注釋應當隨文釋義，講清該詞鮮活使用狀態的意義。楊、張誤釋皆因不辨語境造成。類似情況還比較普遍，清人孫詒讓亦持以上錯誤觀點，其《箚迻》卷十一案:「《針解》篇云:『宛陳則除之者，出惡血也。』注云:『陳，久也。』此『陳』義與彼同。發陳、啟陳，並謂啟發舊故，更生新者也。王注失其義。」孫氏也用類比方法，但比而非類。「陳」和「發」皆表示動作。王冰注:「春陽上升，氣潛發散，生育遮物，陳其姿容，故曰發陳。」馬蒔注:「據下文『蕃秀』、『容平』等義，當以氣象言。」馬注運用類比方法，將春三月的氣象「發陳」，與夏三月之「蕃秀」，秋三月之「容平」，冬三月之「閉藏」放在一起考察。因後三者皆二字同義連文，共同表示季節氣候特徵，那麼春三月的「發」、「陳」二字，也當同義。故不當將陳理解為故舊，陳當取「舒展」義。《爾雅‧釋天》:「春為發生，夏為長贏，秋為收成，冬為安寧。」從意義和外在形式看，皆與《四氣調神大論》例同。「發陳」意即「生發、舒展」。

2、受語詞常用義干擾

人們見到某詞的書寫形式，首先想到它的常用義，但語詞意蘊豐富，一詞多義普遍存在，有此義不等於就用此義。注釋者不審原文，會妄下斷語。如《靈樞·天年》：「通調營衛，三部三里。」其中「三里」注釋有二：一指陽明胃經經脈或穴位。張志聰《集注》：「三里者，手足陽明之脈。」《太素·壽限》：「三里，謂是膝下三里，（屬）胃脈者也。」前者指手足陽明之脈，後者專指足陽明胃經穴位。另一指面部上、中、下三個部位。明馬蒔注：「面之三里，即三部也，皆已聳起。」〔註1〕三里最常見的用法是指陽明胃經之穴，但《靈樞·天年》上句「通調營衛，三部三里」中不應專指某處，而屬泛指。在「通調營衛」之後，三部三里泛指人體的各個部位。各個部位營衛通調，才能健康長壽。上文「營衛之行，不失其常」，「六府化穀，津液布揚」與此「通調營衛，三部三里」當合參見義。張志聰《集注》：「已生之後，籍水穀之精氣，資生營衛精液，資養藏府形身，而後能長久。」其中「藏府形身」與此「三部三里」所指相同。張、楊二氏以「三里」常用義釋經致誤；馬氏思已過半，卻跌倒在句讀方面。

又如「在」字，《素問·方盛衰論》：「合之五診，調之陰陽，以在經脈。」王冰注：「《靈樞經》備有調陰陽合五診，故引之曰以在《經脈》也。《經脈》則《靈樞》之篇目也。」王注有很多可商之處。《靈樞·經脈》篇並無五診記載，而是介紹十二經脈，十五絡脈的循行走向以及發病治療。再從出現該「在」字的上下文來看，是在論述五臟氣虛與做夢的關係。如何判斷五臟氣虛呢？當然是通過「五診」，而其中最直接的就是脈診，因為經脈與五臟相連，所以要通過觀察經脈來判決哪一臟虛。「在」這裏是「察」的意思。這一用法《內經》有之，如《玉版論要》篇云：「容色見上下左右，各在其要」中的「在」即是。它書亦有所見，如《書·舜典》：「在璿璣玉衡，以齊七政。」孔傳：「在，察也。」又《左傳·文公十二年》：「趙有側室曰穿，晉君之婿也，有寵而弱，不在軍事。」杜預注：「又未嘗涉知軍事。」

3、誤解陳述對象

古語言簡，陳述對象往往承前蒙後加以省略，注者若將其張冠李戴，釋

―――――――――――
〔註1〕馬氏句讀可商，經文『起』字不宜上屬而釋為「聳起」。

語無異癡人夢話。如《太素‧順養》：「冬三月，此謂氣閉藏，水冰地坼，毋擾於陽，早臥晚起，必待日光。使志若伏匿，若有私意，若己有得，去寒就溫，毋泄皮膚，使氣不極，此冬氣之應，養藏之道也。」這一段陳述的對象有二：一是冬三月的氣候特點，一是人應該怎樣適應該氣候養生。其中「去寒就溫」是用來陳述哪個對象的呢？楊上善注：「言十一月，陰去陽來，故養陰者凡有私意，諸有所得，與陰俱去，順陽而來，無相擾也。」很顯然，楊氏以為「去寒就溫」是指冬令氣候的變化，這就錯了。這段經文只有「冬三月，此謂氣閉藏，水冰地坼」是講氣候特徵的。從「毋擾於陽」到「養藏之道也」都是講人怎樣適應冬季氣候。王注可從，其注云：「去寒就溫，言居深室也。《靈樞經》曰：冬日在骨，蟄蟲周密，君子居室。」〔註2〕

4、失校原文，隨誤敷衍

校勘是注釋的前提，不校原文，以訛為正，注釋當然只是徒勞。如《太素‧順養》：「天氣清靜，光明者也，藏德不上，故不下。」其中「藏德不上」原文有誤。楊上善注：「天設日月，列星辰，張四時，調陰陽，日以暴之，夜以息之，風以乾之，雨露濡之。其生物也，莫見其所養而物長；其所殺也，莫見其所喪而物亡。此謂天道藏德不上，故不下者也。聖人象之，其起福也，不見所以而起；其除禍也，不見其所由而禍除。則聖人藏德不上，故不下也。玄元皇帝曰：上德不德，是以有德。即其事也。」老子的「上德不德」即藏德不顯，聖人法天地而無名即「藏德」。藏德的前提是積德、有德，否則無以為藏。楊注雖然把「設日月，列星辰」看成「天道藏德不上」，但一系列「德」與「不上」有什麼關係呢？楊氏並沒有說清楚。參《素問‧四氣調神大論》，「藏德不上」作「藏德不止」，「上」當為「止」之誤，二字形近，大約蝕版所致。「藏德不止」即積德不止，又不居功，故能高而不下，這才是經文旨趣所在。

又如《素問‧五常政大論》：「（委和之紀）其病支廢癰腫瘡瘍，其甘蟲，邪傷肝也。」歷代注家，對「其甘蟲」三字出注多誤，如王冰曰：「子在母中。」這種解釋與前文「其病……」不配，子在母中怎麼能算是一種病呢？與後文之邪傷肝又有什麼關係呢？其注形同虛設，不能明經。張志聰《黃帝內經素問集注》：「其甘蟲，皆金氣盛而邪傷肝也。」從大處著眼，對「其甘

〔註2〕按，今本《靈樞》無此文，而見於《素問‧脈要精微論》篇。

蟲」三字根本就未作具體說明。所謂從大處著眼，即從這一段文字整體所表達的意義入手。這段文字是描述木不足，金有餘的「委和之紀」的氣候特點和病變，故張氏用一「皆」字，試圖將「其甘蟲」也統攝其中，其實質是避而不談。高世栻《黃帝素問直解》：「且筋不和而支（肢）廢，血不和而癰腫瘡瘍，猶木朽蟲生，故曰其甘蟲。」這一解讀也非常牽強。人四肢不能用以及生了癰瘡，與樹木生蟲相類比，相似性在哪裏呢？即便是能夠這樣比喻，也看不出它取名為「其甘蟲」的理據。張介賓《類經》：「味甘者易生蟲，金勝木而土無制也，此即《氣交變大論》『蟲食甘黃』之義。」前題「味甘者易生蟲」就不可靠，《內經》中五味與五蟲相配：酸、苦、甘、辛、鹹，分別與毛蟲、羽蟲、倮蟲、介蟲、鱗蟲相合。金勝木是討論文字的語言背景，即金有餘木不足的「委和之紀」，土失去木的制約就會生蟲嗎？未之聞也。馬蒔《黃帝內經素問注證發微》以亦隨經敷衍：「金來刑木，故病為肢廢癰腫瘡瘍；木不勝土，故所生蟲惟甘，此皆邪氣傷肝故也。」

上述諸注皆從尊經崇典的注釋觀念出發，有其可貴的一面，但不足已是顯然。這種尊經只是微觀上的尊，反成了抱殘守缺。首先從語法上看，「其甘蟲」三字與《素問》他例不配，《素問》共出現了「其蟲×」二十次，而不是「其×蟲」這樣的格式。再從《五常政大論》的其它文例看，「其甘蟲」三字當為衍文。委和之紀，其蟲毛、介；伏明之紀，其蟲羽、鱗；卑監之紀，其蟲倮、毛；從革之紀，其蟲介、羽；涸流之紀，其蟲鱗、倮。而講到病變時唯獨委和之紀有「其甘蟲」，而其它四例皆無「其×蟲」故明人吳昆《黃帝內經素問吳注》云：「舊有『其甘蟲』三字，衍文也，僭，去之。」本是衍文，強為之注，欲無悖謬，斯已奇矣！

5、不明通假誤釋

《素問‧四氣調神大論》：「道者，聖人行之，愚者佩之。」王冰注：「聖人心合于道，故勤而行之；愚者性守於迷，故佩服而已。」楊上善注：「聖人之得道之言，行之於身，寶之於心府也；愚者得道之章，佩之於衣裳，寶之於名利也。」其中「佩」字，王注佩服，楊注佩戴，皆屬不明假借致誤。清俞樾《內經辨言》：「『佩』當為『倍』。《釋名‧釋衣服》曰：『佩，倍也。』《荀子‧大略篇》：『一佩易之。』楊倞注曰：『佩，或為倍。』是『佩』與『倍』聲近義通。倍，猶背也。《昭公二十六年‧左傳》：『倍奸齊盟。』《孟

子‧滕文公篇》：『師死而遂倍之。』『倍』皆與『背』同。『聖人行之，愚者倍之』，謂聖人行道而愚民倍（背）道也。下文云：『從陰陽則生，逆之則死；從之則治，逆之則亂。』曰『從』曰『逆』，正分承『聖人』『愚者』而言，行之故『從』，倍之故『逆』也，王注泥於本字爲說，未達叚借之旨。」背、倍，並母雙聲，職之對轉。

又《素問‧皮部論》：「心主之陰，名曰害肩。」王冰注：「心主脈入腋下，氣不和則妨害肩腋之動運。」王氏疏忽「害」爲「闔」之借。「闔肩」實爲比喻手厥陰心胞經有關合的作用，是手太陰肺經和手少陰心經之間的通道。經脈命名可能用其功能，但一般不會用其病變時的情況命名，否則會認爲這一經是專給人製造麻煩的。王冰以爲「氣不和則妨害肩腋之動運」，厥陰心胞經這樣命名則是以病變立意了，而類比其它幾經全非這種立意，如「少陽之陽，名曰樞持」，「太陽之陽，名曰關樞」，「太陰之陰，名曰關蟄」等等。又《素問‧皮部論》：「陽明之陽，名曰害蜚。」王注：「蜚，生化也。害，殺氣也。殺氣行則生化弭，故曰害蜚。」誤同此類，「害」均爲「闔」之借字。

6、只注現象，遺漏本質

注釋引導讀者透過現象認識本質，倘若注者不能透析經文本質，所注不能不算是一種遺憾。如《素問‧舉痛論篇》：「喜則氣和志達，營衛通利，故氣緩矣。」王冰注：「氣脈和調，故志達暢，榮衛通利，故氣徐緩。」楊上善注：「喜則氣和志達，營衛通利，故氣緩爲病也。」經之前文有「百病生於氣也」，「九氣不同，何病之生？」王注沒有揭示「氣緩」的本質是一種病變，楊注略勝一籌，指出了「氣緩爲病」，但氣緩爲病的深層本質是什麼呢？注文宜有所揭示。在注「喜則氣緩」時，楊氏云「若喜，氣緩傷神，神傷心傷也。」又張琦《素問釋義》注云：「九氣當以病言，緩當爲渙，散不收之意。《陰陽應象論》曰：暴喜傷陽。又曰：喜傷心。是也。」後兩注揭示了經文旨趣。

又《素問‧水熱穴論》：「帝曰：人傷於寒而傳爲熱，何也？岐伯曰：夫寒盛，則生熱也。」寒盛生熱，這一現象是先民從觀察中得出的結論，那其實質是什麼呢？我們看以下注釋。楊上善注：「夫陽極則降，陰極即升，是以寒極生熱，熱極生寒，斯乃物理之常也。故熱病號曰傷寒，就本爲名耳。」

－171－

楊注將經文復述一遍，認爲這是「物理之常」，沒有進一步闡釋其因由。張志聰注：「夫在地爲水，在天爲寒，寒極生熱，是熱生於寒，而寒生於水也。」高世栻注：「寒盛生熱，自然之理，非關傳變也。夫在地爲水，在天爲寒，寒盛則熱，是水兪、熱兪皆本少陰之氣化，而爲少陰之所主也。」張、高二注也僅僅停留在寒極生熱這一現象上，寒極爲什麼會生熱呢？王冰之注則從原理上進行了說明：「寒氣外凝，陽氣內鬱，腠理堅緻，元（玄）府閉封，緻則氣不宣通，封則濕氣內結，中外相薄，寒盛熱生。故人傷於寒，轉而爲熱，汗之而愈，則外凝內鬱之理可知。」人是一個生命運動體，不斷產生熱量，又不斷散發熱量，而且還有個調節系統，即通過汗孔之開合來進行內外熱量交換，以達到恒溫效果。當外界熱時，汗孔張開而散熱，不致體溫過高；當外界寒冷時，汗孔密閉而保溫，內熱不外散。故天越寒則汗孔（玄府）越緊閉，自然會導致熱生而不散，但當熱到一定程度會汗孔張開而汗出，同時熱量也得到散發。上述四家，唯王氏揭示「寒極生熱」的本質。

7、錯採異文，以訛爲正

異文即同一內容，在不同版本中，用了不同的語言形式來表述。異文爲我們解讀典籍提供了豐富的線索或證據，但也要仔細審視方能爲我所用，否則就有可能受異文誤導產生原文理解錯誤。如，《素問‧上古天眞論》篇中，黃帝問爲什麼上古之人壽高而體健，當時的人壽短而早衰，岐伯回答說：「上古之人，其知道者，法於陰陽，和於術數，食飲有節，起居有常，不妄作勞。故能形與神俱而盡終其天年，度百歲乃去。今時之人不然也，以酒爲漿，以妄爲常，醉以入房，以欲竭其精，以耗散其眞，不知持滿，不時御神，務快其心，逆於生樂」。郭本〔註3〕據《甲乙經》卷十一第七「妄」作「安」的異文，注云：「『妄』是『安』字之誤。以安爲常，是好逸惡勞，好逸則損害身體，如久臥傷氣，久坐傷肉。」這裏應當是《甲乙經》有誤，從行文來看，上古之人是不妄作勞，故形與神俱；今時之人則反其道也行之，「以妄爲常」。從文理來看，古之人之所以能形與神俱，是因爲下文所說的「恬惔虛無，眞氣從之，精神內守，志閑而少欲。」這恰恰和今人「以妄爲常」形成對比。除此之外，該段還有一組異文。據林億《新校正》引《甲乙經》「耗」作「好」注云：「『耗』應作『好』。『好』指嗜好，與上文嗜酒好逸相應，上欲字與貪

〔註3〕郭靄春《黃帝內經素問校注語譯》天津科學技術出版社，1981年。

色相應。」程本〔註4〕認爲今本《甲乙經》仍作耗。四庫全書本《針灸甲乙經》卷十一就是「以耗散其眞」。王注云：「樂色曰欲，輕用曰耗，樂色不節則精竭，輕用不止則眞散，是以聖人愛精重施，髓滿骨堅。」王注是精當的，耗，就是縱欲而不知持滿，不時御神的表現。《上古天眞論》篇中「妄」「耗」二字並不誤，注釋者不審語境，徑據它本異文改經，以訛爲正，頻添謬誤。

8、不明辭例而誤

　　辭例即前人的某種行文格式或行文習慣。有的格式是一個時代或幾個時代共有的，有的是一部典籍或某些文體所共有的。不明辭例，往往會使注文不得經文要領。如《素問・生氣通天論》：「陰平陽秘，精神乃治；陰陽離決，精氣乃絕。」其中「陰平陽秘」就是一種互文見義的格式。互文即上下兩句參互見義，互相補足。如「將軍百戰死，壯士十年歸」說的是將軍和壯士，經過多次戰爭，有的陣亡，有的生還。這種格式不能按文面逐字理解爲將軍都戰死了，勇士都生還了。「陰平陽秘」張介賓注：「平，即靜也。秘，即固也。人生所賴，惟精與神，精以陰生，神從陽化，故陰平陽密，則精神治矣。」張氏爲了與陰陽分別對應，甚至將「精神」一詞拆開解釋。釋「秘」爲固，無其它文獻可證，即前人所謂《篇》、《韻》不載。馬蒔注：「必彼之陰氣得其和平，而此之陽氣知所秘密，則精神乃治。」馬氏沒將「精神」一詞拆開，但陰陽二字還是分開來說解。到清人張志聰注，總算把「陰陽」、「平秘」這兩個概念保全了。其注云：「調養精氣神者，當先平秘其陰陽。」李今庸先生看到上述注釋之不足，說：「觀此文『陰平陽秘，精神乃治』二句，與下二句『陰陽離決，精氣乃絕』爲對文，則此『平』『陽』二字爲誤倒，當乙轉作『陰陽平秘』之句爲是。」〔註5〕李先生的理解是正確的，但文獻有誤的看法可商。因爲古人行文就有這種格式，如皮開肉綻就是皮肉開綻，前呼後擁就是前後呼擁。故陰平陽秘就是陰陽平秘，注釋既不要拆開「陰陽」一詞，也不必看成文獻有誤。

9、迂曲通假誤釋

　　前面提到文有通假，注者據字面解釋致誤。反過來，文中用的就是本字，

〔註4〕程士德等編《素問注釋匯粹》（上），人民衛生出版社，1982年。
〔註5〕李今庸《讀古醫書隨筆》人民衛生出版社，2006年，第31頁。

注者卻以通假求解，同樣會導致誤釋。如《素問·脈要精微論》：「持脈有道，虛靜爲保。」林億新校正云：「《甲乙經》『保』作『寶』。」今本《素問注釋匯粹》、《黃帝內經素問校注語譯》皆以「保」爲假借字，認爲其本字是「寶」。但王冰注云：「持脈之道，必虛其心，靜其志，來保定盈虛而不失。」因此，這種情況我們覺得還是應讀爲「保」字，不必迂回通假。要準確掌握病人的脈象，醫者本身必須虛心靜志，才能確保判斷準確不誤，這也就是持脈之道。

又《靈樞·本輸》：「轉筋者，立而取之，可令遂已，痿厥者，張而刺之，可令立快也。」其中「張」字之解，今人多從孫鼎宜說：「張當作僵，聲誤。僵、仆義同，仆即臥之義，四肢痿厥，未便坐立，故即臥而取之。」由經文之「張」一轉爲「僵」，再轉爲「仆」，由「仆」而「臥」費盡周折。痿病即縮而不能伸，「張」即幫助患者將四肢張開，伸展，以便針刺，大不必轉求它字。

再如《素問·上古天眞論》：「（女子）五七，陽明脈衰，面始焦，髮始墮。」今人注釋多以「焦」爲「憔」之假借字。如《黃帝內經素問校注語譯》曰：「面始焦：『焦』爲『憔』之假借字，有枯槁之意。」「焦」字本身就有乾枯義，不必通「憔」。「面焦」也是慣用語辭。如《遵生八箋》卷一：「面者神之庭，髮者腦之華，心悲則面焦，腦減則髮素。」「憔」字《說文》不收，亦不見古文字形，大約爲後出分化字。

第三節　注釋糾偏原則

上節論及錯誤注釋的多種情況及致誤原因，本節針對上述錯誤提出一些注釋原則，以避免或者訂正注釋中的某些錯誤。

1、據內部一致性的原則

後人注釋受到經典原文制約，應與原文保持內容上的一致。如《太素·陰陽大論》：「夏傷於暑，秋生痎瘧。」楊注：「夏因汗出，小寒入腠，藏之於內，至秋氣發，腠理外閉，風氣內發，以成痎瘧。」據後文發生病變爲「風氣內發」，則知前面病因當爲「風氣入腠」而非「小寒入腠」。《素問·瘧論》云：「夫痎瘧皆生於風，其蓄作有時者，何也？」也說明痎瘧是風氣所爲。

又《素問·六節藏象論》：「肝者，罷極之本，魂之居也。其華在爪，其充在筋，以生血氣，其味酸，其色蒼，此爲陽中之少陽，通於春氣。」於其

「罷極」二字，歷來注釋紛繁。王冰注：「夫人之運動者，皆筋力之所爲也。肝主筋，其神魂，故曰肝者罷極之本。」今本《素問注釋匯粹》：「罷，音義同疲。《說文》『燕人謂勞曰極。』罷極，即勞困的意思。吳昆云：『動作勞甚，謂之罷極。肝主筋，筋主運動，故爲罷極之本。』」吳氏之解，本於王注又進一步加以發揮。這一說認爲應將「罷」理解爲「疲」。高世栻《直解》云：「罷作羆。肝者，將軍之官，如熊羆之任勞。」而《素問紹識》曰：「罷極當作四極，四極即四支，肝其充在筋，故云『四極之本』。」李今庸認爲「『罷極』的『罷』當爲『能』字而讀爲『耐』，極字則訓爲『疲困』。所謂『能極』，就是『耐受疲勞』。人之運動，在於筋力，肝主筋，而司人體運動，故肝爲『能極之本』。後人不識『能』讀爲『耐』和『能極』之義，徒見古有『罷極』之詞，遂上妄加『罒』頭而成『罷』。」〔註6〕以上諸論皆有一定理據，但應當放到整個篇章系統中考慮，以求和諧統一。《六節藏象論》是論述天體規律與人內部十二臟腑相應的。此外，與肝參照的系統還有心、肺、腎、脾、胃、大腸、小腸、三焦、膀胱等，尤其是五臟中的另外四臟，皆講述其生理，而非病理。鄧家剛認識到了這一點，於《廣西中醫藥》1987年第1期發文說「『極』有兩面性，既是前一運動週期的終點，同時又是下一週期運動的始點，天體的運轉，氣候的變遷，四時的更替，萬物的生發，都歸於『極』，又始於『極』，終始同此，形如樞紐。」「『罷極之本』，並非『疲困之本』，亦非『耐受疲勞之本』，而是『藏血生發之本』。」「血歸藏於肝，而始行於肝以及應春氣而主生發。」而筆者認爲「罷極之本」，即用開啓對衝的方法，終止氣血陰陽極端發展態勢，回歸中正平和的調節之本。〔註7〕這一論述既符合《六節藏象論》講人應天氣變化的特點，又與同篇經文中的腎爲封藏之本，肺爲氣之本，脾胃大腸小腸三焦膀胱爲倉廩之本的功能特徵相合。得使經文內部統一。

2、校注結合的原則

　　先看《靈樞·本輸》「肺合大腸，大腸者，傳道之府；心合小腸，小腸者，受盛之府；肝合膽，膽者，中精之府；脾合胃，胃者，五穀之府；腎合

〔註6〕李今庸《讀古醫書隨筆》人民衛生出版社，2006年，第42頁。
〔註7〕彭達池《「罷極」、「樞」與反向調節》，中華中醫藥學會第十五次內經研討會《論文集》2015年，第284頁。

膀胱，膀胱者，津液之府也。少陽屬腎，腎上連肺，故將兩藏。三焦者，中瀆之府也，水道出焉，屬膀胱，是孤之府也。是六府之所與合者。」其中「少陽屬腎，腎上連肺，故將兩藏」句值得懷疑，既誤到少陽，可先看手、足少陽之經的循行路線考察腎與哪些經絡關聯。《靈樞・經脈》云：「三焦手少陽之脈，起於小指次指之端，上出兩指之間，循手表腕，出臂外兩骨之間，上貫肘，循臑外，上肩而交出足少陽之後，入缺盆，布膻中，散落（絡）心包，下膈，循屬三焦；其支者，從膻中上出缺盆，上項，繫耳後，直上出耳上角，以屈下頰至䪼；其支者，從耳後入耳中，出走耳前，過客主人前，交頰，至目銳眥。」通經所過，並無「屬腎」紀錄。再看同篇「膽足少陽之脈，起於目銳眥，上抵頭角，下耳後，循頸，行手少陽之前，至肩上，卻交出手少陽之後，入缺盆；其支者，從耳後入耳中，出走耳前，至目銳眥後；其支者，別銳眥，下大迎，合於手少陽，抵於䪼下，加頰車，下頸，合缺盆，以下胸中，貫膈，絡肝，屬膽，循脅裏，出氣街，繞毛際，橫入髀厭中；其直者，從缺盆下腋，循胸，過季脅下合髀厭中以下，循髀陽，出膝外廉，下外輔骨之前，直下抵絕骨之端，下出外踝之前，循足跗上，入小指次指之間；其支者，別跗上，入大指之間，循大指歧骨內，出其端，還貫爪甲，出三毛。」這一循行路線中同樣沒有「屬腎」的紀錄。手少陽屬三焦，足少陽屬膽。面對經文內部不一致時怎麼注釋呢？

張介賓《類經》注：「少陽，三焦也。三焦之正脈指天，散於胸中，而腎脈亦上連於肺，三焦之下腧，屬於膀胱，而膀胱爲腎之合，故三焦亦屬乎腎也。然三焦爲中瀆之府。膀胱爲津液之府。腎以水藏而領水府。理之當然。故腎得兼將兩藏。將，領也。」張志聰《靈樞集注》：「是一腎配少陽而主火，一腎上連肺而主水，故腎兼兩藏……夫兩腎者，主天一之水，地二之火，分而論之，猶兩儀也。故少陽屬腎，腎上連肺而爲兩藏。」若據楊上善本經不見而不信的注釋觀點，則此二張之論，全爲杜撰空說。只有注校結合，在校的基礎上注才能糾正這類注釋錯誤。

參皇甫謐《針灸甲乙經・五藏六府陰陽表裏》及楊上善《太素・本輸》，「少陽屬腎」均作「少陰屬腎」，「腎上連肺」之「腎」字爲衍文。這樣，校後經文當爲「少陰屬腎，上連肺，故將兩藏」，怡然理順。足少陰就是腎經，自然屬腎，且循行路線有「入肺中」。

又《素問・氣厥論篇》：「黃帝問曰：五藏六府，寒熱相移者何？岐伯曰：

腎移寒於肝，癰腫少氣。脾移寒於肝，癰腫筋攣。肝移寒於心，狂隔中。」王冰注：「肝藏血，然寒入則陽氣不散，陽氣不散則血聚氣澀，故爲癰腫又爲少氣也。」新校正云：「按全元起本云：腎移寒於脾。元起注云：腎傷於寒而傳於脾，脾主肉，寒生於肉則結爲堅，堅化爲膿，故爲癰也。血傷氣少，故曰少氣。《甲乙經》亦作移寒於脾。王因誤本，遂解爲肝，亦智者之一失也。」

3、貫穿理論與實踐結合的原則

　　《內經》理論源於醫學實踐，醫經注釋也應結合實際情況。如《素問·生氣通天論》：「汗出偏沮，使人偏枯」王冰注：「夫人之身常偏汗出而濕潤者，久久偏枯，半身不遂。」其中「沮」釋爲「濕潤」，《廣雅·釋詁一》：「沮，濕也。」林億《新校正》云：「按：沮，《千金》作『祖』，全元起本作『恒』。」《太素》作「而出汗偏阻」。楊上善注：「阻，壞也。」又馬蒔注：「人當汗出之時，或左或右，一偏阻塞而無汗，則無汗之半體，他日必有偏枯之患。」有人〔註8〕據此，將「沮」看成是「阻」之假借字。從文義上講，這樣注也通。但亦有認爲沮就是本字的，如張志聰認爲「是陽虛而不能周身偏澤」，高世栻認爲「氣血不周於身」。那麼「沮」在該句中用的到底是不是通假義呢？可以從醫學實踐中「偏枯」一病的情況來判斷：汗出偏沮是「偏枯」的前期症狀，李國卿《素問疑識》認爲：「從臨床上看，此病初起多爲患側腠理開闔失司，半身冷涼潮濕，久則氣血不足，則出現患側肌膚乾枯，肌肉萎縮。」〔註9〕由此看來，王注是有實踐根據的。再看《中醫大辭典》1597頁對「偏沮」、「偏枯」的定義：「偏沮（jù 句）病證名。指汗出偏於半身（或左側或右側）。即半身有汗，半身無汗。多由氣血不能暢流周身所致。」「偏枯，病證名。又名偏風，亦稱半身不遂。多由營衛俱虛，眞氣不能充於全身，邪氣侵襲於半身偏虛之處所致。」從臨床觀察，患者身體正常一側出汗時，患側因陰而無汗。有汗、無汗反應的是同一情況，只是觀察的立足點不同。可見王注不誤，不必視「沮」爲假借字。

4、義通不必輕改經文的原則

　　古書注釋，校勘是基礎。但同時又要注意，輕率的校勘如塵埃落葉，旋

〔註8〕張燦玾《中醫古籍文獻學》人民衛生出版社，1998年，第309頁。
〔註9〕李國卿《素問疑識》黑龍江人民出版社，1989年，第25頁。

掃旋生。能從本義講通的就不必去假借，能從字面上講通的就不必校改。如
《素問・上古天眞論》：「上古之人，其知道者，法於陰陽，和於術數，食飲
有節，起居有常，不妄作勞，故能形與神俱，而盡終其天年，度百歲乃去。
今時之人不然也，以酒爲漿，以妄爲常，醉以入房，以欲竭其精，以耗散其
眞，不知持滿，不時御神，務快其心。」其中「醉以入房」于鬯《香草續校
書》云：「『醉以』疑本作『以醉』。『以醉入房』與上文『以酒爲漿』、『以妄
爲常』，下文『以欲竭其精』、『以耗散其眞』，五『以』字皆冠句首，文法一
律。倒作『醉以』則失例矣。《腹中論》及《靈樞・邪氣藏府病形》篇，並
有『若醉入房』語。則『醉入房』三字連文正有可證。」文以載道，言以傳
意，若意已明，則何求文字一律？得意忘言者也。且文似看山不喜平，單調
一致的格局會讓人久看生乏，故語有變式，有修辭。若《上古天眞論》中句
式不同就當強合一矩，那在《靈樞・百病始生》中「憂思傷心，重寒傷肺，
忿怒傷肝，醉以入房，汗出當風，傷脾」也作「醉以入房」又作何解釋呢？

5、以文求理的原則

一定的內容，總得借助一定的形式表達，根據形式又能反過來考證內
容。《內經》有些內容是用韻文寫就的，根據韻腳可以判斷其意義停頓，用
以糾正誤注，考證語義。如《素問・方盛衰論》篇：「是以診有大方，坐起
有常，出入有行，以轉神明，必清必淨，上觀下觀，司八正邪，別五中部，
按脈動靜，循尺滑濇，寒溫之意，視其大小，合之病能，逆從以得，復知病
名，診可十全，不失人情，故診之或視息視意，故不失條理，道甚明察，故
能長久。」張介賓《類經》注云：「大小，二便也。二便爲約束之門戶，門
戶不要，則倉廩不藏，得守者生，失守者死。故視其大小以合病能。能，情
狀之謂。」吳昆亦注：「大小，二便也。」乍一看，這兩家注釋也有道理，
但仔細分析卻站不住腳。《內經》中「大小便」語例出現三次，皆不省爲「大
小」，省略也是有前題的，即文省而義當明。有所謂承前、蒙後之說。根據
上文是指的「按脈」這一話題，省也只能是這一話題的省略。再從用韻來看
意義段的停頓，「明」、「淨」、「靜」、「能」、「名」、「情」等字爲韻腳，那麼
「循尺滑濇，寒溫之意，視其大小，合之病能」可以看成是一個意義段，即
指據脈之滑濇寒溫大小，來定病情。「病能」，即病態。故張志聰《集注》云：
「善調尺者，不待於寸；善調脈者，不待於色。能參合而行之者，可以爲上

工也。視其脈之大小，合之病能。」就明確指出大小是指脈之大小。馬蒔《注證發微》云：「按病人之脈，動靜滑澀，其寒溫大小，或逆或順，隨定病名，斯可以十全矣。」「其寒溫大小」當然也只能指脈，而不能指大小便。由此可見，注當以文求理，不當以理求理。

6、句讀與釋義合參的原則

我們斷句，常根據上下文的句式來審定，句式整齊可能是一種格式，但為了表達需要又不可避免要參差用字，這就不能全憑行文的格式來斷句了。如《素問‧大奇論篇》：「心脈滿大，癇瘛筋攣。肝脈小急，癇瘛筋攣。肝脈騖暴，有所驚駭，脈不至若瘖，不治自已。」程士德本《素問注釋匯粹》斷句如上，並注云：「騖 wù，亂奔也。騖暴，形容脈象疾暴亂奔。」張志聰注：「言肝脈之來疾而暴亂者，必有所驚駭也。此言因驚駭而致肝脈暴亂，非東方肝木，其病發驚駭也。」高世栻注：「肝脈疾促，陰血虛而陽熱盛也。血虛熱盛，故有所驚駭。」以上兩說，一言猝受驚駭而至脈亂，一言血虛陽盛，肝脈暴亂而致驚駭，觀下文「脈不至若瘖，不治自已」，則此脈亂當為猝受驚恐所致，張注義勝。故郭靄春《黃帝內經素問校注語譯》云：「肝脈騖，此應『騖』字斷句。王注：『騖，謂馳騖，言其迅急。』是王斷句未誤。『肝脈騖，暴有所驚駭』是說肝脈迅急，其氣必亂，乃突然遭受驚駭所致。舊注泥於上文『滿大』、『小急』而以『騖暴』配之，失之不審。」

又如《素問‧移精變氣論》中的一段經文：「中古之治病至而治之湯液十日以去八風五痹之病十日不已治以草蘇草荄之枝本末為助標本已得邪氣乃服」這段話歷來標點分歧較多。

《黃帝內經素問校釋》標點為：中古之治病，至而治之，湯液十日，以去八風五痹之病，十日不已，治以草蘇草荄之枝，本末為助，標本已得，邪氣乃服。

《素問注釋匯粹》斷句為：中古之治，病至而治之湯液，十日，以去八風五痹之病，十日不已，治以草蘇草荄之枝，本末為助，標本已得，邪氣乃服。

前者「病」字前屬，可能是據前文「余聞上古病，惟其移精變氣」來定。「病」字前屬還是後屬，並不影響意思的理解，或承前或蒙後省治的賓語，至的主語還是病。但據現在習慣，還是放在後面較好。「湯液」一詞宜前屬。

是治之以湯液的意思，如《血氣形志篇》就有「治之以灸刺」、「治之以針石」之類。《素問》以爲，上古全德而不病，病亦易治；中古之德稍衰，湯液能治，十日病除，八風五痹之類的頑固病症，十日不愈，則輔之它方，即再加草蘇草荄之類。爲什麼說「八風五痹」爲程度較深的頑固病症呢？我們可以從《玉機眞藏論》中的相關經文得到證明。風爲百病之長，客於表可發汗而去之，但一旦邪入於陰，即成痹證，所謂五痹，就是外邪已經內侵於五藏了，此時移精變氣不能治癒，湯液也可能不湊效，就得再加它藥。故，宜斷句爲：「中古之治，病至而治之湯液，十日以去。八風五痹之病，十日不已，治以草蘇草荄之枝，本末爲助，標本已得，邪氣乃服。」

7、根據詞的語法地位區別意義的原則

具體語境中的詞，既有詞彙義，又有語法義。注者可根據語法地位判明詞彙義。如《素問·上古天眞論》：「今時之人，年半百而動作皆衰者，時世異耶，人將失之邪？」胡澍《素問校義》認爲，「將」字不是「將要」的意思，根據上下文的意思，「將」與選擇連詞「抑」同，應該作「將人失之邪」。他是這樣論證的：

澍案，「人將失之邪」，當作「將人失之邪」。下文曰：人年老而無子者，材力盡邪，將天數然邪？《徵四失論》曰：子年少智未及邪，將言以雜合邪？與此文同例。將猶抑也。「時世異邪，將人失之邪」謂「時世異邪，抑人失之邪？」「材力盡邪，將天數然也」謂「材力盡邪，抑天數然也？」「子年少智未及邪，將言以雜合邪」謂「子年少智未及邪，抑言以雜合邪？」注以「將」爲「且」，失之。《楚策》曰：「先生老悖乎，將以爲楚國妖祥乎？」《漢書·龔遂傳》曰：「今欲使臣勝之邪，將安之也？」〔註10〕《楚辭·卜居》曰：「吾寧悃悃款款樸以忠乎，將送往勞來，斯無窮乎？甯誅鋤草茅以力耕乎，將游大人以成名乎？」胡氏根據同一語法結構的大量語例，證明「將」這裏當是選擇連詞，相當於「抑」。

8、系統檢驗定脫衍的原則

注釋與校勘相結合，是古籍整理中一條切實可行的原則。但校勘中不能只要見到它本之文有缺就以爲該本文衍，也不能見到它本之文多就以爲該本

〔註10〕原注：也與邪通。

有缺。應當把它校與理校結合起來思考，並接受系統檢驗。如丹波元簡注《素問・熱論》:「十一日少陰病衰，渴止不滿，舌乾已而嚏」句云:「《甲乙》、《傷寒例》並無『不滿』二字，上文不言腹滿，此必衍文。」而喜多村直寬認爲原文「不滿」二字，意思就是「不煩滿」。那麼，誰是誰非呢？我們可以從傷寒病的傳變和恢復的次序來考慮這一問題。傷寒病以六天爲週期，分別按照從太陽→陽明→少陽→太陰→少陰→厥陰的順序傳變，從第七天起，又再按此順序而愈。上述引文講的是「十一日少陰病衰」的情況，我們就可以從與之對應的傷寒「五日少陰受之，少陰脈貫腎，絡於肺，繫舌本，故口燥舌乾而渴」來看其愈的情況。故丹波氏校注可從，而與喜多村直寬所謂「不煩滿」之解對應的經文是「六日厥陰受之，厥陰脈循陰器而絡於肝，故煩滿而囊縮」，顯然當指傷寒十二日厥陰脈的情況，而不是指十一日少陰脈的情況。又如《素問・痿論》:「故曰:五藏因肺熱葉焦，發爲痿躄，此之謂也。」錢熙祚根據《甲乙經》無「故曰」以下九字，認爲「不當有此九字」。這九字卻不一定是衍文，爲什麼呢？《痿論》開篇即云「五藏使人痿何也」，這句就是對上問的一個回應。又王冰注「故曰:五藏因肺熱葉焦，發爲痿躄」云:「肺者，所以行榮衛，治陰陽，故曰五藏因肺熱而發爲痿躄也。」也是將該句看成是個合理的存在。總之，經文是一個體系，通過前後關聯可定脫衍。

9、因聲求義破假借的原則

《素問・痺論》:「凡痺之類，逢寒則蟲，逢熱則縱。」王冰注:「蟲，謂皮中如蟲行。縱，謂縱緩不相就。」孫詒讓:「案蟲當爲疳之借字。《說文・疒部》云:疳，動病也。從疒，蟲省聲。故古書疳或作蟲。段玉裁《說文解字注》謂疳即疼字。《釋名》云:疼，旱氣疼疼然煩也。疼疼即《詩・雲漢》之蟲蟲是也。蓋痺，逢寒則急切而疼疼然不安，則謂之疳。巢氏《諸病源候論》云:凡病之類，逢熱則癢，逢寒則痛。痛與疼義亦相近。王氏訓爲蟲行，皇甫謐作急，顧校從之，並非也。」「顧校」即顧尚之《素問校勘記》，與皇甫謐《甲乙經》皆認爲蟲當爲急，大約是根據上下兩句寒熱、急縱對文得出的結論。痺症屬於閉塞不通之病，而寒爲收引伏藏特點的氣候，會加劇痺病之不通。通則不疼，疼則不通。孫氏據蟲疳二字聲同而認爲假借義通，於文於理皆持之有據。

第八章　注釋中突破字形解經義

第一節　總　論

　　作爲傳意活動，注釋的核心工作是使文義昭著，讓讀者觀其文本，曉其義理。漢語詞彙本是由語素組成，多數情況，語素與文字對應。文字是音、形、義的統一體，三者結合比較固定，因而我們常稱漢字爲表意文字。按理見其形便聞其音知其義。但語詞在古文獻的實際使用中會出現形義關聯與現代漢語該字寄託的意義不統一的地方，也就是說見到的字形並不關聯該字形的意義，而是另有所指，這就需要注者將形義關聯與今不一致的字按現代漢語標準進行轉換。越是往古，這種形義關聯與今不一致的情況越普遍。

　　如醫學典籍爲主的長沙馬王堆漢墓出土的帛書，據馬繼興 [註1] 統計，有各種同音通假、雙聲通假、疊韻通假 800 餘字，足以說明這一問題。其中《五十二病方·足臂十一脈灸經》中一段整理爲：「足少陽溫（脈）：出於踝前，枝於骨間，上貫膝外兼（廉），出於股外兼（廉），出脅；枝上肩薄（髆）；其直者貫腋，出於項、耳，出䏚（忱），出目外漬（眥）。其病：病足小指次〔指〕廢，腨外兼（廉）痛，腨寒，膝外兼（廉）痛，股外兼（廉）痛，脾（髀）外兼（廉）痛，脅痛，□痛，產馬，缺盆痛，瘺，聾，䏚（忱）痛，耳前痛，目外漬（眥）痛，脅外種（腫），諸〔病〕此物者，皆久（灸）少陽溫（脈）。」由此可見，文獻注釋應揭示這種形義關聯與今有異者今人方

〔註1〕　馬繼興《馬王堆漢墓古醫書考釋·導論·馬王堆漢墓古醫書的古文字》，湖南科學技術出版社，1992 年。

解其義。我們把某義當今關聯的形體稱爲正字。在通假中正字也稱本字，與借字相對。在異體字中，最爲通行的那個字也看成正字，以最具有社會性的爲正體，便於眾人理解，是語言規範的要求。如果從實用的角度出發，古今字我們已經把今字當成正字，因爲今字才是現實語言中具有生命力的音義結合體。古字已經作古了，今人不識其面貌，注者當指出現實中的接替者。而訛誤字當然是以正確的形體爲正字。總之，注者應將文本義往讀者熟知的領地轉移，又不失原典表義之眞。

一般認爲《黃帝內經》最終結集成文，在有漢一代。由於漢代疆域廣大，交往頻繁，漢語在這個時期新詞新義急劇增加。語言使用中不規範的現象《內經》中多有表現。主要是在以下幾個方面需要注者破解：

一是通假字的大量使用。整部《黃帝內經》使用單字僅兩千二百個左右，據《內經詞典》統計，有通假義項者凡一百七十餘組。關於這些「通假」我們應該區別對待。有的的確是通假關係，如發－廢：它們同屬於幫紐、月部。《說文》「發，射發也。」「廢，屋頓也。」《素問·寶命全形論》：「弦絕者，其音嘶敗；木敷者，其葉發；病深者，其聲噦。人有此三者，是謂壞府。毒藥無治，短針無取。」王注：「敷，布也。言木氣散佈，外榮於所部者，其病當發於肺葉之中也。何者？以木氣發散故也。」張志聰《集注》：「如弦欲絕者，其音必先嘶敗。如木氣敷散，其葉早發生。」張、王二氏以形求義，誤。從上下文看「發」當與「敗」、「噦」同類，皆用以表述由外知內的藏象之法，「木敷」即「木腐」。《說文》：「腐，爛也。」《管子·地數》：「葛盧之山發而水出。」《藝文類聚》六十引「發」作「廢」。《莊子·列御寇》：「曾不發藥乎。」《釋文》：「『發』司馬本作『廢』。」聶中慶等《郭店楚簡〈老子〉通假字研究》：「發－廢：簡丙本 3 簡『故大道發』，帛書甲乙本及通行本作『廢』。」〔註2〕

文本出現的是通假字，不改讀本字，會曲解經義；若經典用的就是本字，注者沒能吃透原文，便妄下雌黃，同樣會曲解經義。如《素問·上古天眞論》：「以酒爲漿，以妄爲常，醉以入房，以欲竭其精，以耗散其眞，不知持滿，不時御神，務快其心，逆於生樂，起居無節，故半百而衰也。」其中「耗」字釋義：宋林億等《素問新校正》認爲《甲乙經》「耗」作「好」，清胡澍、俞樾從之。耗與好，上古屬於不同韻部，耗屬宵部，好屬幽部。加之未見他

例通假，其說值得懷疑。

　　今人多誤從林校，大約因爲《甲乙經》年代較早。然今本《甲乙經》並不作「好」，而是「耗」字，這不僅不能給林校提供證據，反而說明《素問》之不誤。「好」是個多音字，一般讀上聲，指好壞的好，只有破讀時才能當愛好、嗜好講。破讀也就是改變了普遍通行的讀法，用好字而讀去聲，理解其義需要一層轉折。就是破讀後，「好 hào」與「散其眞」之間的意義銜接還是不緊密。期盼健康長壽，人之常情也；耗散眞元，半百早衰，亦非人之所好。如《素問・陰陽應象大論》云：「聖人爲無爲之事，樂恬憺之能，從欲快志於虛無之守。」就以清心寡欲爲「好」。即便眾人，也不至於以耗散眞元作爲嗜好。

　　與「好」相比，「耗」字義更妥帖。王注「輕用曰耗」、「輕用不止則眞散」，乃精當之言。「耗」本身直接就有「耗費、消費」這樣的意思。《韓非子・外諸說左下》：「今車席如此，太美。吾將何屬以履之？夫美下而耗上，妨本也。」舊注：「言席美則履又當美，履美衣又當美，累美不已，則居上彌有所費也。」耗即注爲費。「耗」也常與「天眞」配合使用。如《醫說・脈行氣順逆》，「恣意不愼，轉耗天眞」；《儒門事親》卷三，「莫將芭荳耗卻天眞」都是耗與天眞搭配的用例。若「耗」改爲「好」，取意嗜欲，與前「欲」字意義重複，有疊床架屋之嫌。

　　沈祖緜批評王注臆說，但他的解釋與王注並無本質區別。祖緜按：「『耗，俗字，正字爲秏』。……秏，《荀子・修身》篇：『多而亂曰秏。』注：『秏，虛竭也。』秏與竭相對爲文，疑句當作『以散秏其眞。』竭與秏，承上文『醉以入房』言也。散，《說文》：『雜肉也。』徐鍇曰：『今俗言散肉。』《氣交變大論》：『其災散落。』注謂：『物飄零而散落也。』《荀子・修身》篇：『庸聚駑散。』注：『散，不拘檢者也。』《淮南子・精神訓》：『不與物散。』注：『散，雜亂貌。』《五常政大論》：『革金且耗。』注：『耗，費用也。』又曰：『毛蟲耗，羽蟲不成。』此言『以散秏其眞，』猶言不拘檢浪費元眞之氣也。」「耗」和「散」是一組近義詞，倒過來說，意義沒有多大的變化，故沈氏之見並不與王注相舛。

　　「以耗散其眞」並不存在語法問題。漢語詞彙演變過程中，經歷了一個由單音節向雙音節發展的過程。如《素問・上古天眞論》「上古之人，其知道者」中的「知道」，就應該看成是兩個詞。古漢語以單音節爲主，故「耗」、

「散」獨立成詞，在耗字後面可以稍有邏輯停頓；而今語則常「耗散」成詞連用，其音不得停頓，以今之複音語感，領會古文意旨，總覺其於語法扞格不合，故而改之，是爲致誤之因歟？類似「以耗散其眞」結構的用例並不鮮見。如宋楊士瀛《仁齋直指·不治已病治未病》曰：「若不以撲滅其熒熒之光，則燎燎之焰不能止。」又宋呂祖謙《左氏傳續說》卷十一曰：「當時，同四國作亂，周公伐之，以分散其民於魯。」《東觀漢記·孔奮》篇云：「奮篤於骨肉，弟奇在洛陽爲諸生，分俸祿以供給其糧用。」其中的「以撲滅其熒熒之光」、「以分散其民」、「以供給其糧用」，與「以耗散其眞」都是同一結構。

再從「耗」與經文內部意義關聯看，「耗」就是「不知持滿」，與之相反則是，「精神內守」、「有節」、「有常」。說「耗」和「好」相比，與「散其眞」組合成句，意義更爲妥帖，還有另一層意思。即使牽強把「好」看成是「散其眞」的原因，也只能是部分原因，因爲還有非本體願望的天眞耗散。人類生活在社會上，除了嗜欲快意外，更重要的還是生存和發展的需要，尤其是在生產力低下的古代社會。處理人與自然的關係、人與人的關係，無疑有很多棘手的問題，只要體力和情志活動無節、無常，都會導致耗散天眞。這種情況稱之爲「耗」順理成章，改爲「好」則詞不達意。

也有的注文是將引申當成了通假。若是因爲判斷通假沒有堅持「意義之間沒有關聯」的標準而把引申看成了通假，雖然不妥，但還不以文害意。如《靈樞·經筋》：「足太陽之筋，起於足小指，上結於踝，邪（斜）上結於膝，其下循足外側結於踵上，循跟結於膕，其別者結於腨外，上膕中內廉與膕中，並上結於臀，上挾脊上項。」《靈樞·癲狂》：「脈癲疾者，暴仆，四肢之脈皆脹，而縱脈滿。盡刺之出血，不滿灸之，挾項太陽，灸帶脈於腰相去三寸，諸分肉本輸（腧）。」兩例中的「挾」字，一般注爲通「夾」。挾本身就有夾持的意思。《說文》：「挾，俾持也。」《儀禮·鄉射禮》：「凡挾矢於二指之間橫之。」與上引足太陽之筋挾脊上項之「挾」，意義相同是顯而易見的，都是一物居中，另居兩旁。此外，同音字也有交叉引申而互有彼此之義，注者不必通假求之。如：叩－扣：它們同屬於溪紐、侯部。《靈樞·九針》：「知機之道者，不可掛以發；不知機道，叩之不發。」「叩」是個多義詞，可指「擊」、「敲」，如《論語·憲問》：「以杖叩其脛。」《禮記·學記》：「善待問者如叩鐘，叩之以小者則小鳴，叩之以大者則大鳴。」引申爲撥動機關，線

索分明。故「叩」本身就有「撥動」、「引發」義。如《弁山小隱吟錄》卷二：「初疑師文叩弦發，清商無射應律變。」「扣」，《說文》云：「牽馬也，從手，口聲。」由牽引這一動作引伸爲「引發」義。如《文心雕龍・詮賦》：「漢初詞人，順流而作，陸賈扣其端，賈誼振其緒，枚馬同其風，王揚騁其勢。」也引申爲「敲擊」。如《荀子・法行》：「扣之，其聲清揚而遠聞。」由於造詞理據相近，都有主體觸及客體，使之按主體的意願變化的義素在內，故引申過程中，義項多有重合。它們不屬於通假，因爲各自都能找到引申的線索；它們不屬於古今字，因爲同時在較早的文獻中出現；也不屬於異體字，因爲它們各自還有不相同的義項，比如「叩」另有「叩頭」「誠肯」等義，「扣」有「扣押」、「結子」等義。

　　文獻用了借字，在求本字時還有哪個是本字的問題。某一個字既可以通甲，又可以通乙，判斷假借雖然不誤，但注者有時在通誰的問題上張冠李戴。如《太素》卷十五《色脈診》：「其色夭面兌，不爲治。」其中「兌」字不好理解，《說文》：「兌，說也。」楊上善注：「兌，尖小，謂面瘦無肉也。」顯然是把「兌」看成是「銳」之借字。今人衛雲英《楊上善〈太素〉注通假字正誤舉隅》曰：「《說文・兌部》：『銳，芒也。』引申有『尖小』義。與楊注一致。楊注以『尖小』訓『兌』，那麼，『兌』當爲假借字，『銳』爲本字。古代典籍中，『兌』借作『銳』的現象很多。《史記・天官書》：『參下三星兌曰。』孟康曰：『上下大小故曰兌。』索引曰：『星形尖斜也。』《漢書・天文志》作『銳』。《素問・玉版論要》作『色夭面脫。』王注：『色見太深，兼之夭惡，面肉又脫，不可治也。』王冰增『肉』爲訓，欠妥。『面脫』於義不順，故知『脫』乃形訛，當依《太素》爲準。」〔註3〕那「兌」是通「銳」還是通「脫」呢？我們贊同王冰的觀點，當通「脫」。衛文引《史記》有兩處錯誤：上海古籍出版社1997年版1076頁該句爲「下有三星，兌，曰罰，爲斬艾事。」《集解》引孟康曰：「在參間。上小下大，故曰銳。」而非「上下大小故曰兌」。但《集解》同時又引晉灼曰：「三星少斜列，無銳形。」我們不否認「兌」有通「銳」的用法，但就「色夭面兌」句，楊氏的注解和衛氏的伸述是不對的。人的面形，有尖、有方、有圓、有闊、有狹，都是正常的，不能算是病變，更何況這裏說的是不治之死症。王冰注面脫爲面肉脫，不能算是增字解經。《內經》「其文簡」原文省略之處，俯拾可得。面肉脫爲

〔註3〕　《山西中醫學院學報》2002年第2期。

病深症重之象，何云於義不順？亦是古醫典常用之語。如《金匱要略論注》卷十二：「咳而羸瘦，脈形堅大者死；咳而脫形，發熱脈小緊急者死。」「羸瘦」、「脫形」與上論「面脫」有什麼本質區別呢？古人皆列之爲死症。又《備急千金要方》卷五十六：「金牙散，治鬼疰風邪，鬼語屍疰，……不喜見人，志意不定，面脫色目赤，鼻張唇乾，甲黃者方。」亦是其例。再看「兌」通「脫」的其它用例。聶中慶《郭店楚簡〈老子〉通假字研究》〔註4〕「兌—脫：『兌』字簡本《老子》出現一次，即簡乙本 16 簡『善抱者不兌』，通行本作『脫』。」在醫籍中《太素》作「兌」而《素問》作「脫」，正反應《太素》較好地保存了典籍的原貌，而《素問》經過後人的加工更改。

　　二是訛誤字的出現，《內經》大約有五十多個。訛誤和通假有很多相似之處，出現的均不是正字，即字的形體承載的信息與通行用法不合。但從理論上講是有區別的。通假是一種社會現象，即被普遍接受。如，亡—妄：它們同屬於明紐、陽部。《說文》：「亡，逃也。」「妄，亂也。」《素問‧方盛衰論》：「不知此道，失經絕理，亡言妄期，此謂失道。」吳昆：「亡，作妄。」且「妄」也多假借爲「亡」，《禮記‧儒行》：「今眾人之命儒也妄常，以儒相詬病。」《老子》三三章：「死而不亡者壽。」注：「目不妄視，耳不妄聽，口不妄言，則無怨惡於天下，故長壽。」唐馬總撰《意林》引該句「亡」字作「妄」。不僅《內經》裏兩字通用《老子》、《禮記》也有這種互通的情況。訛誤字多是偶一爲之。如，取—或：《靈樞‧刺節眞邪》：「取之奈何？岐伯曰：或之於其天府、大杼三痏。」其中「或」，當爲「取」之誤。《說文》：「取，捕取也。從又，從耳。《周禮》：『獲者取左耳。』《司馬法》曰：『載獻聝。』聝者，耳也。」又「或，邦也。從口，從戈以守一。一，地也。域，或又從土。」甲骨文取有作「𢦏」、「𢦏」而或字有作「𢦏」、「𢦏」。左邊的「耳」與「口」形近，右邊的「又」與「戈」形似。這類以「或」代「取」的現象則不具有普遍性。還有一點就是語音上的關聯，通假是有語音關聯的，像上面的「亡」與「妄」同屬於明紐、陽部，既雙聲，又疊韻。「取」爲清紐、侯部，「或」爲匣紐職部。它們既不同聲，又不同部。又如，博—轉二字，博爲幫紐、鐸部，轉爲端紐、元部。《靈樞‧大惑論》：「余私異之，竊內怪之，獨瞑獨視，安心定氣，久而不解，獨博獨眩，披髮長跪，俛而視之，後久之不已也。」《太素》博作轉。周學海曰：「博，義難通，當爲轉之訛也。」

〔註4〕《語言研究》2005 年第 2 期。

今本《靈樞》多徑改「博」爲「轉」,「博」與「轉」形似而誤。訛誤字的出現也是有規律的,主要是形似而訛。在特定的時間內,使正訛之間有了廣泛的關聯,後人也會稱之爲廣義的通假。所謂特定的時間,一般指漢代及以前,魏晉以後用字一般不再看成是通假,廣泛的關聯即具備了社會性。而謂之爲廣義通假,是因爲狹義通假必須還得有讀音上的相同相近。

有時訛誤字與通假字很難區分。比如妄一忘:它們同屬於明紐、陽部。《靈樞·九針十二原》:「補曰隨之。隨之意,若妄之。」今本《靈樞經校釋》「若妄之」注:「是隨意而爲之的意思。」《說文》「妄,亂也。從女,亡聲。」行針最講意志合一,凝神聚氣,切忌「妄」行。有的版本直接將「妄」改爲「忘」。如《太素》卷二十一《九針》:「補曰隨,隨之意,若忘之。」又《甲乙經》、《素問·離合眞邪論》皆作「忘」。從《古字通假會典》〔註5〕例舉「忘」、「妄」互通看,二字既雙聲疊韻,又具有通用的社會性;但從它本異文來看,看成是該訛誤也未嘗不可。這裏到底是「忘」的假借用法還是版本訛誤呢?如果僅以「正字」這一術語表述,則不必爲此糾纏不休。意義是明白的,即針隨氣行,意隨針走,好像並沒有刻意運用意志似的。

有時替訛誤字找到了正字,若正字有多個義項,具體使用哪個義項也需斟酌,如挺一梃:它們同屬定紐、耕部。《靈樞·九針》:「故爲之治針,令大小如挺,其鋒微員,以取大氣之不能過於關節者也。」《靈樞經校釋》將原文改爲「梃」並出校勘記云:「原作『挺』,據本書九針十二原篇改,以求前後一致。」張登本《內經辭典》則認爲「梃」是矛,古代的一種兵器。並引《呂氏春秋·簡選》「鋤擾白梃」之注「梃,矛也」爲證。在《靈樞·九針》中挺通「梃」是對的,但將「梃」理解爲兵器「矛」,則不合文意。矛尖鋒而傷人,梃前員而通關節,有過而不傷的功用。「梃」的這一意義《漢語大字典》中讀 ting,意即:殺豬後,在豬腿上割一個口子,用鐵棍(梃)貼著皮層往裏捅,捅成溝之後往裏吹氣,使豬皮緊繃,以便去毛除垢。這與《靈樞·九針》中的「其鋒微員,以取大氣之不能過於關節者也」經文相合。

有時錯訛字也會取得「正統」地位,如「俳」字,《說文》曰:「戲也。從人,非聲。」《素問·脈解篇》:「內奪而厥,則爲瘖俳,此腎虛也。」王冰注:「俳,廢也。腎氣內奪而不順,則舌瘖足廢。」於是《康熙字典》、《漢語大字典》都給「俳」立「廢」義。據《靈樞·熱病》:「痱之爲病也,身無

〔註5〕 高亨《古字通假會典》齊魯書社,1989 年,第 318 頁。

痛者，四肢不收。智亂不甚，其言微知，可治；甚則不能言，不可治。」則知影響發音的病，名當爲「痱」，《素問》誤作「俳」，後世遂賦予它「痱」之廢萎義。又「痓」字用法也是類似情況。《說文》：「痓，強急也。」痓病就是風強病。但「痓」又誤寫爲「痙」，痙《廣雅》才有收錄，即賦予它與痓相同用法。《素問・氣厥論篇》：「肺移熱於腎，傳爲柔痓。」王冰注：「痓，強而不舉，筋柔緩而無力也。」《厥論篇》：「手陽明、少陽厥逆發，喉痹、嗌腫、痓，治主病者。」林億《新校正》云：按，全元起本痓作痙。同一書中兩字並用，意義沒有區別。《素問・六元正紀大論》：「太陽所至爲寢汗，痓。」《至眞要大論》：「厥陰在泉，客勝則大關節不利，內爲痓強拘瘈，外爲不便……諸痓項強皆屬於濕。」《本草綱目・痓風》：「痓風，即痙病。」

三是異體字約二十多組。異體字音同、義同，唯獨形體上有差異，應該是在任何情況下都能相互替代的字，也稱爲或體、異構等。同一信息不需要那麼多載體，故異體字在詞彙系統中屬於冗餘。說它們在任何情況下都能替代，有時是針對幾個字的全部義項，而有時則只針對其中一個義項。故裘錫圭認爲，嚴格意義的異體字稱爲狹義異體字，部分用法相同的字可以稱爲部分異體字，二者合在一起就是廣義的異體字。如，癃－癊。它們同屬於來紐、多部，是完全相同的異體字，即任何語境都可互換。《說文》：「癃，罷病也。」《素問・刺瘧篇》「足厥陰之瘧，令人腰痛少腹滿，小便不利，如癃狀，非癃也，數便，意恐懼，氣不足，腹中悒悒。」《奇病論篇》：「帝曰有癃者，一日數十溲，此不足也；身熱如炭，頸膺如格，人迎躁盛，喘息氣逆，此有餘也。」《五常政大論》：「其病癃閉，邪傷腎也。」《集韻・東韻》：「癃，或作癊。」部分相同的異體字，如徧－遍。它們同屬於幫紐、眞部。《說文》：「徧，帀也。」朱駿聲《說文通訓定聲》：「徧，字亦作遍。」《素問・厥論篇》：「故熱徧於身。」《素問・五運行大論》：「猶不能徧明。」《詩經・北門》：「我人自外，室人交徧讁我。」《釋文》：「徧，古遍字。」《說文》不收「遍」字，但《管子・中匡》：「問曰：古之亡國其何失？對曰：計得地與寶而不計失諸侯，計得財委而不計失百姓，計見親而不計見棄，三者之屬一，足以削徧，而有者亡矣。」《文子》卷下：「遍竭府庫之財。」在表示「普遍」、「周遍」這樣的意義時，二者可以互換。但「徧」還與「偏」同，表示偏激義。「遍」可用作量詞，相當於「回」、「次」。在這種情況下二者又不能互換。

四是古今字約十來組。古今字是從歷時縱向來定義的，因爲我們對每一

個漢字的發展脈絡並不完全清楚，我們見到的是一個歷史的堆積。因此古今字從理論上容易講清楚，但在實際區分中與通假字糾纏不休。如，蚤－早：它們同屬於精紐、幽部。《說文》：「蚤，齧人跳蟲。」「早，晨也，從日在甲（段注爲人頭）上。」《靈樞・病傳》：「病先發於肝，三日而之脾，五日而之胃，三日而之腎。三日不已，死。冬日入，夏蚤食。」又《靈樞・五變》：「夫木之蚤花先生葉者，遇春霜烈風，則花落而葉萎。」《詩經・豳風・七月》：「四之日其蚤，獻羔祭韭。」不論是從語音，還是意義，用例等多方判斷，我們一直認爲這是一組通假字，幾乎把它當成了通假的典範來用，但李戎《「蚤通早」與「白汗」、「白殺」辨疑》〔註6〕根據「甲」通「乙」的條件必須是：（1）甲乙二字同時並存；（2）甲乙二字音同音近；（3）甲乙二字意義原無關聯。認爲他們並不是同時並存，漢代以前只有「蚤」而沒有「早」，蚤用作早是本無其字的假借，「早」爲後出字。這一點唐人楊上善《太素・攝生之二・順養》「夜臥蚤起」下注「蚤字，古早字。」據此，「蚤」與「早」當看成古今字。再比如，支－肢：它們同屬於照紐、支部。《說文》：「支，去竹之枝也。」「胑（肢），體之四胑也。」《靈樞・本神》：「脾氣虛則四支不用，五藏不安。」又《靈樞・師傳》：「岐伯曰，身形支節者，藏府之蓋也。」《易・坤》：「美在其中，而暢於四支。」中的「支」均是「肢」的意思。汪耀楠認爲〔註7〕用「支」表示肢體義是本無其字的假借，一旦造了新字「肢」之後，則肢體一事就「本有其字」了。這個本也就是我們所說的本字的「本」。它們也許有並存的混用期，但畢竟有先有後，看成古今字較爲妥當。

　　以上就《內經》通假字、訛誤字、異體字、古今字大體情況作了一些說明。分清某一用字屬於以上幾類中的哪一類固然有意義，但因爲有些詞彙具體的歷時發展線索沒有弄清楚，實際判斷困難重重，而就經義的理解，這些類別名稱則並不至關重要，所以我們把與之對應的通行、易知，符合現代漢語使用規範的形體統稱爲「正字」。注釋若不揭示其正字，就會使文義扞格不通，讀者依形解讀，不免望文生義。這在通假字和訛誤字這兩種情形表現得猶爲突出。《黃帝內經》是我國傳統醫學之祖，揭示其用語詞形式所承載的涵義意義深遠。

〔註6〕《社會科學研究》2000 年第 2 期。
〔註7〕汪耀楠《注釋學綱要》語文出版社，1991 年，207 頁。

第二節 《內經》注釋應揭示的通假字

從上面粗略統計來看，突破形體求正字又以揭示通假字一類爲最多。朱駿聲《說文通訓定聲・自敘》云：「不知假借者，不可以讀古書；不明古音者，不足以識假借。」《內經》語例證明此乃精當之言。因此揭示通假本字，是《內經》注釋中的一項非常重要的工作。通假字是書面語言中，有本字而不用，用一個音同或音近的字來代替，替用的字就稱爲通假字。這種現象也叫「古音通假」。如《內經》中以「予」代「於」，以「作」代「詐」就是其例。通假字產生的原因是古代用字缺乏規範，性質上接近今天寫「別字」，從這方面看，它與訛誤字有相似之處，不過因爲它與本字之間存在語音上的聯繫而今天習慣把它獨立出來進行研究。此外，與一般訛誤字不同的就是，通假字有一定的社會性，不同於寫別字這種個人現象，這一點也是將它從訛誤字中分離出來的原因。

古音通假是有規律的，文獻用字引申義項都與語境不諧時，可以依通假規律尋求本字。黃侃《求本字捷術》一文〔註8〕云：「昔人求本字者，有音同、音近、音轉三例，至爲閎通；然亦非歡於溷亂者所可籍口。」「音同有今音相同、古音相同二例」，「古音相同者必須明於古十九紐之變，又須略曉古本音；譬如塗之與除，今音兩紐，然古音無澄紐，是除亦讀塗也；又如罹之與羅，今音異韻，然古音無支韻，是罹亦讀羅也。音轉者謂雙聲正例。一字之音本在此部，而假借用彼部字，然此部字與彼部字雖非同韻，的係同聲，是以得相通轉。音近者謂同爲一類之音；如見溪與群疑音近。影喻與曉匣音近；古者謂之旁紐雙聲。然求音近之假借，非可意爲指斥；須將一字所衍之聲通爲計較，視其所衍之聲，分隸幾紐；然後以其紐以求其字。」「大氐見一字，而不了本義，須先就《切韻》同音之字求之。不得，則就古韻同音求之，不得者，蓋已尠。如更不能得，更就異韻同聲之字求之。更不能得，更就同韻、同類或異韻、同類之字求之。終不能得，乃計較此字元音所衍之字，衍爲幾聲，如有轉入它韻之音，就可同韻異類之字求之。若乃異韻、異類，非有至切至明之證據，不可率爾妄說。此言雖簡，實爲據借字以求本字之不易定法。」黃氏這一不易定法，實則源於清儒音義密合，因聲求義，不限形體的理論。戴震首先提出了「因聲求義」、「音義互求」的理論原則。高郵王氏父子廣泛實踐。王引之《經義述聞・序》：「家大人曰：『訓詁之旨，存乎聲音，字之

─────────────

〔註8〕黃侃《黃侃論學雜著》中華書局，1964年，第359頁。

聲同聲近者，經傳往往假借。學者以聲求義，破其假借之字而讀以本字，則渙然冰釋；如其假借之字而強爲之解，則詰鞫爲病矣。』故毛公傳多易假借之字，而訓以本字，已開改讀之先。至康成（鄭玄）箋《詩》、注《禮》，婁（屢）云『某讀爲某』，而假借之例大明。後人或病康成破字者，不知古字之多假借也。」可見，注求本字早已有之。

黃氏講到「大氏見一字，而不了本義，須先就《切韻》同音之字求之」，但就《黃帝內經》而言，因其成書年代早（一般認爲在漢代），故尋找語音上的異同，要以上古音爲根據，而不能「先就《切韻》聲類之字求之」。這就涉及到通假的時代問題。通假在甲金文時代就已經大量使用。到了漢代儘管出現了《說文》、《釋名》之類的正字書，通假字的使用依舊很普遍，習以爲常，也就成爲語言運用中的組成部分。但這終究是一種不規範的行爲，因此後來學者們認爲通假是有時代性的。大家認爲通假是古代用字行爲。王引之指出通假是「古本」用字，段玉裁認爲「經傳子史，不用本字，而好用假借字」都明確了時間是指上古中古。對以後出現同音相代的字，段氏以爲那是「訛字」，是「自冒於假借」。這也就是說，如果沒有時段限制，會使大量的錯別字合法化，造成語言交際障礙。《漢語大字典》編寫條例也認爲通假字時代下限不得晚於魏晉。由此看來，結集於有漢的《黃帝內經》恰好處在通假字使用「不可究詰」的時代，《內經》不僅是醫籍用語之祖，也可視爲通假字研究的典範材料。

但同時也要看到，音同語義不一定就有聯繫。這一點黃侃述、黃焯編《文字聲韻訓詁筆記》云：「音同者雖有同義，而不可以言凡。淮南虱與瑟同音，周人謂玉爲璞，鄭人謂鼠爲璞，此音同而不必義同也。物有同音而異語者，亦有同語而異音者。同音異語，如虱與瑟；同語異音，如《爾雅》初、哉、首、基俱訓始也。同音者不必有一定之義，同語者不必一音，而往往同音，如江、河、淮、海、漢、湖、洪、沆皆大也，洪與紅亦同，鴻、訌亦有關。若言凡匣母字皆有大義，則非也。」〔註9〕

上古聲、韻分類的情況，黃氏是以他考訂的古聲十九紐，二十九部爲據，來分析音同、音近的。這給注釋者揭示通假本字，提供了方法論上的指導。而今人則多據王力先生的歸併分析。王先生《同源字典》中對上古聲韻情況清單如下：

〔註9〕黃侃述、黃焯編《文字聲韻訓詁筆記》上海古籍出版社，1983年，第48頁。

韻　表

	之 ə	支 e	魚 a	侯 o	宵 ô	幽 u
甲類	職 ək	錫 ek	鐸 ak	屋 ok	沃 ôk	覺 uk
	蒸 əng	耕 eng	陽 ang	東 ong		冬 ung
	微 əi	脂 ei	歌 ai			
乙類	物 ət	質 et	月 at			
	文 ən	眞 en	元 an			
	緝 əp		盍 ap			
丙類	侵 əm		談 am			

紐　表

侯		影 ○						
牙		見 k	溪 kh	群 dng	疑 ng		曉 x	匣 h
舌	舌頭	端 t	透 th	定 d	泥 n	來 l		
	舌面	照 tj	穿 thj	神 dj	日 nj	喻 j	審 sj	禪 zj
齒	正齒	莊 tzh	初 tsh	牀 dzh			山 sh	俟 zh
	齒頭	精 tz	清 ts	從 dz			心 s	邪 z
唇		幫 p	滂 ph	並 b	明 m			

　　一、雙聲疊韻通假，是指文獻所用通假字與本字上古讀音是雙聲疊韻關係，它們同聲紐也同韻部。在收集到的一百七十多組《內經》通假字中，這

一類型約六十幾組。如：

伎－技〔註10〕：它們同屬於群紐、支部。《說文》：「伎，與也。」「技，巧也。」
《素問·靈蘭秘典論》：「腎者，作強之官，伎巧出焉。」張隱庵注：
「伎，多能也。」《史記·孟嘗君列傳》：「無它伎能。」《集解》：「伎
亦作技。」《韓詩外傳》卷四：「其於百官伎藝之人也，不與爭能而
致用其功。」《淮南鴻烈解》卷十：「故通於一伎，察於一辭，可與
曲說，未可與廣應也。」《鬼谷子·捭闔》：「度權量能，校其伎巧
短長。」陶宏景注：「伎巧，謂百工之役。」上引諸「伎」，今皆作
「技」。

剛－綱：它們同屬於見紐、陽部。《靈樞·經脈》：「人始生，先成精，精成
而腦髓生，骨爲幹，脈爲營，筋爲剛，肉爲牆。」《內經》中「剛」
凡十六見其它都有強勁，陽剛的意思，這裏用來說明人體經脈的分
佈象魚網的總繩，故本字爲「綱」。《太素》卷八《經脈連環》作「筋
爲綱」。楊注：「筋膜成，綱維四支，約束百骨。」張志聰不明假借，
誤注爲「筋爲剛者，言筋之強勁也。」於是則與後文「肉爲牆」不
伍。又《史記正義》卷二十四：「民有德而五穀昌，疾疢不作而無
祅祥，此之謂大當。然後聖人作，爲父子君臣，以爲之紀剛，紀剛
既正天下大定。」亦是其例。

卷－拳：它們同屬於群紐、元部。《靈樞·陰陽二十五人》：「手少陽之下，血
氣盛則手卷多肉以溫，血氣皆少則寒以瘦。」「卷」字《甲乙經》卷
一第十六作「拳」。張志聰《集注》：「血氣盛，則手卷多肉以溫。」
加手限定，自然指「拳」。《正字通·卩部》：「卷，別作拳。」《漢書·
賈捐之傳》：「敢昧死竭卷卷。」顏師古注：「卷，讀與拳同。」反過
來亦有將「卷」作「拳」者，如《普濟方》卷九十三：「治一切中風
癱緩，口眼喎斜，語言蹇澀，步履艱難，筋脈拳縮，骨節疼痛。」

倦－卷：它們同屬於群紐、元部。《靈樞·癲狂》：「筋癲疾者，身倦攣急脈
大，刺項大經之大杼。」《甲乙經》、《太素》倦作卷。《說文》：「倦，
罷也；卷，劂曲也。」徐鍇《繫傳》：「罷，疲字也。」今本《靈樞
經校釋》譯爲「病入筋的筋癲病，身體倦屈，痙攣拘急。」「倦屈」
即爲「卷屈」。又宋祝穆《山堂肆考》卷一百三十七：「唐詩恓惶勞

〔註10〕　《內經》用字列於前，現代漢語承載同一意義的「正字」列於後，下同此例。

梗泛，淒斷倦蓬飄。」

反－返：它們同屬幫紐、元部。《素問・五藏生成篇》：「血行而不得反其空，故爲痺厥也。」張隱庵注：「血行於皮膚，不得反循於穴會，故爲痺厥也。」馬蒔注：「不得反其空穴。」《素問・調經論》：「氣復反則生，不反則死。」《論語・子罕》：「吾自衛反魯，然後樂正，《雅》、《頌》各得其所。」「反」，皆爲「返回」之義。

傳－摶：它們同屬定紐、元部。《素問・生氣通天論》：「故聖人傳精神，服天氣而通神明。」《太素》「傳」作「摶」，楊注云：「摶，附也。或有也。聖人精神相附不失，有服清靜之氣。」《靈樞・大惑論》：「故陰陽合傳而精明也。」這兩句中的「傳」字都有「聚集」的意思，故其本字當作「摶」。

受－授：它們同爲禪紐、幽部字。在《內經》裏「受」和「授」表意分工基本明確。如《靈樞・腸胃》：「余願聞六府傳穀者，腸胃之大小、長短受穀之多少奈何？」《素問・金匱眞言論》：「非其人勿教，非其眞勿授是謂得道。」「受」指接受；「授」指傳授。但《素問・著至教論篇》：「雷公曰：請受道，諷誦用解。」今本《黃帝內經素問校注語譯》譯爲「雷公說：請把這些醫論傳給我，以便誦讀、理解。」則是出現在雷公請黃帝傳授醫道這一語境中的。故「受」應該是「授」的假借字。

司－伺：它們同屬心紐、之部。《靈樞・外揣》：「故遠者，司外揣內，近者，司內揣外，是謂陰陽之極，天地之蓋。」這一條運用藏象學說闡明，觀察病人的體表就知內臟的變化，檢查內部的變化，就能推測外在的證候。丹波元簡按：「司，伺通。」「伺」，就是窺測，觀察的意思。現代詞書一般將「司」與「伺」處理爲一組古今字。其說源於段玉裁《說文解字注・司部》：「古別無『伺』字，『司』即『伺』字」，且以《周禮・地官・媒氏》「司男女之家者而會之」之鄭玄注：「司，猶察也。」爲證。但就《內經》而言則完全可以視之通假。因爲「司」、「伺」二字同見該書，如《素問・血氣形志篇》：「凡治病必先去其血，乃去其所苦，伺之所欲，然後瀉有餘，補不足。」則是本字的用例。

員－圓：它們同屬於匣紐、文部。《說文》：「員，物數也。從貝，口聲。」「圓，

全也，從口，員聲，讀若員。」由此可見《說文》時代二字分工是明顯的，但《內經》中使用時常借「員」以表「圓」義。如《素問·六元正紀大論》：「少陰所至爲火府，爲舒榮，太陰所至爲雨府，爲員盈。」張志聰注：「員盈，周備也。」《靈樞·五色》：「方員左右，各如其色形。」今本《靈樞經校釋》譯語：「其所積聚或方或圓，或左或右，者和它的病色的形態相似。」「員」即譯爲「圓」。但「圓」字本身也同時在使用，如《靈樞·邪客》：「天圓地方，人頭圓足方以應之。」

回－徊：它們同屬於匣紐、微部。《素問·通評虛實論》：「所謂少針石者，非癰疽之謂也，癰疽不得頃時回。」王冰注：「冬月雖氣門閉塞，然癰疽氣烈，內作大膿，不急瀉之則爛筋腐骨，故雖多月亦宜針石以開除之。」可見「不得頃時回」指「急瀉之」，一刻也不宜遲疑。「回」當是「徊」之借字。它例亦不鮮見，如《別雅》卷一：「裴回、俳佪、徘徊也。《說文》本作『裵回』云衣寬貌，今人皆用徘徊爲行佇傍偟之意，又有作『俳佪』者。」《史記·司馬相如列傳》：「於是楚王乃弭節裴回，翱翔容與，覽乎陰林，觀壯士之暴怒，與猛獸之恐懼⋯⋯」其中「裴回」與「容與」相對，「回」亦通「徊」。

惲－惰：它們同屬於定紐、歌部。《素問·風論》：「脾風之狀，多汗惡風，身體怠惲，四支不欲動，色薄微。」《聖濟總錄》引「惲」作「惰」。今本《黃帝內經素問校注語譯》譯「身體怠惲」爲「身體疲倦」。「怠惲」也就是懈怠、困倦的意思。「惲」通「惰」。《內經》中凡出現「惲」字的地方都是「惰」的假借。由於各自還有不同的表意任務，「惲」還可以指「跌落」；「惰」可指「衰敗」。因而不宜視爲異體字。

虆－蔂：它們同屬於來紐、微韻。《素問·大奇論》：「脈至如湧泉，浮鼓肌中，太陽氣予不足也，少氣味，韭英而死；脈至如頹土之狀，按之不得，是肌氣予不足也，五色先見黑白，虆發死。」《脈經》注云：「（虆）一作蔂。」丹波元簡注：「虆，蔂通。」「虆」或作「蘽」、「蔂」。《增修互注禮部韻略》卷三：「陸機《草木疏》一名『巨荒』似虆蕪，連蔓而生，幽州人謂之椎累。」「虆發死」當指死於蔂這種植物萌發之時。

央－殃：它們同屬於影紐、陽部。「央」在《內經》中大多當「中央」講，
　　　但《素問・生氣通天論》：「味過於辛，筋脈沮弛，精神乃央。」則
　　　通「殃」。王冰注：「央，久也。」因不明通假而誤。中醫以「平」
　　　為健康標準，過與不及皆失之，這裏「味過於辛」，當然會造成傷
　　　害。林億《新校正》云：「央，乃殃也，古文通用。」「央」與「殃」
　　　在《內經》中一般各司其職，如《素問・玉機眞藏論》：「其氣來，
　　　毛而中央堅，兩傍虛，此謂太過，病在外。」《靈樞・禁服》：「今
　　　日正陽，歃血傳方，有敢背此言者，反受其殃。」表意有明顯區別。

宛－腕：它們同屬於影紐、魚部。「宛」《說文》：「屈艸自覆也。」但《靈樞・
　　　雜病》：「衄血取手太陽，不已刺宛骨下，不已刺膕中出血。」張志
　　　聰《集注》：「刺手之經脈於腕骨下。」即將「宛」釋為「腕」。在
　　　《素問》裏只見到「宛字」，「腕」為後起字，《說文》未收。《釋名・
　　　釋形體》：「腕，宛也，言可宛曲也。」到《靈樞》中則「宛」與「腕」
　　　同時出現，表意分工不同。「腕骨」寫作「宛骨」可視為同音通假。
　　　即如《靈樞・本輸》中的「腕骨在手外側」之「腕骨」。

寤－悟：它們同屬於疑紐、魚部。「寤」本義指睡醒。但《靈樞・九針論》：
　　　「黃帝曰：『余聞九針於夫子，眾多博大矣，余猶不能寤。』」今本
　　　《靈樞經校釋》譯：「我聽你講了九針的道理，眞是學識淵博，內
　　　容豐富多彩呀！但我還是有些問題不能領悟。」「寤」則是「明白」
　　　「通曉」的意思，故本字為「悟」。這是一例很常見的通假，〔清〕
　　　段玉裁《說文解字注》云：「寤，古書多假寤為悟。」

巔－癲：它們同屬於端紐、眞部。「巔」本指山頂。《內經》中也多引申為「頭
　　　頂」、「頭部」，但《靈樞・經脈》：「足陽明之別，名曰豐隆，去踝
　　　八寸，別走太陰；其別者，循脛骨外廉，上絡頭項，合諸經之氣，
　　　下絡喉嗌。其病氣逆則喉痺瘁瘖，實則狂巔……。」《黃帝內經靈
　　　樞注證發微》：「顚：《靈樞經》作『巔』。按顚、巔、癲三字古通，
　　　狂顚亦即『狂癲』。」〔註11〕以及《素問・脈解篇》：「所謂甚則狂
　　　巔疾者，陽盡在上，而陰氣從下。下虛上實，故狂巔疾也。」中的
　　　「巔」字都表示是一種病，故本字為「癲」。

工－功：它們同屬於見紐、東部。《說文》「工，巧飾也。象人有規矩也。」

〔註11〕馬蒔《黃帝內經靈樞注證發微》人民衛生出版社，1994年，第128頁。

但現在多認爲「工」的本義是曲尺。《內經》中的「工」字一般指醫生，但《靈樞‧脹論》：「三里而瀉，近者一下，遠者三下，無問虛實，工在疾瀉。」今本《黃帝內經靈樞校注語譯》注：「工，取效。」故通「功」。這種假借也有較早的用例。如《尚書‧皋陶謨》：「天工人其代之。」《韓非子‧五蠹》中的「鄙諺曰：『長袖善舞，多錢善賈。』此言多資易爲工也。」都是其例。上述兩書中「功」字也同時大量出現，且表意分工明確，故上引《靈樞》「工」爲「功」之假借字。

息－瘜：它們同屬於心紐、職部。《靈樞‧邪氣臟腑病形》：「若鼻息肉不通。」馬蒔注：「又鼻中有息肉不通，皆肺氣不足，風邪有餘所致。」可見「息肉」是指的多餘之肉，而表示這一意思的已經出現了本字「瘜」。如《靈樞‧水脹》：「腸覃何如？岐伯曰：寒氣客於腸外，與衛氣相搏，氣不得榮，因有所繫，癖而內著，惡氣乃起，瘜肉乃生。」就是用的「瘜」字。

慍－蘊：它們同屬於影紐、文部。《素問‧至眞要大論》：「夫所勝者，勝至已病，病已慍慍，而復已萌也。」張景岳注：「心所蘊積也。」即釋「慍」爲「蘊」。《說文》：「慍，怒也；薀（蘊），積也。」「蘊」字在《內經》中也有出現。如《靈樞‧百病始生》：「卒然外中於寒，若內傷於憂怒，則氣上逆，氣上逆則六輸不通，溫氣不行，凝血蘊裹而不散，津液澀滲，著而不去，而積皆成矣。」

愮－蓄：它們同屬於曉紐、覺部。《說文》「愮，起也。蓄，積也。」《靈樞‧周痹》：「其愮痛之時，不及定治，而痛已止矣，何道使然？」今本《靈樞經校釋》注：「『愮痛』：疼痛集中於某個部位。愮，聚的意思。」其本字「蓄」在《內經》中已經使用。如《素問‧離合眞邪論》：「候邪不審，大氣已過，瀉之則眞氣脫，脫則不復，邪氣復至而病益蓄。」王冰注：「不悟其邪，反誅無罪，則眞氣泄脫。邪氣復侵，經氣大虛故病彌蓄積。」

拆－坼：它們同屬於透紐、鐸部。《素問‧六元正紀大論》：「不發不泄，則濕氣外溢，肉潰皮拆，而水血交流。」今本《黃帝內經素問語釋》「皮拆」譯爲「皮膚破裂」，中的「拆」有裂的意思，其本字應該是「坼」。《素問‧四氣調神大論》：「水冰地坼，無擾乎陽。」中就是用的本

字。

斜－邪：它們同屬邪紐、魚部。「斜」本指不正。如《素問・氣穴論》：「脈
滿起，斜出尻脈，絡胸脅，支心貫鬲，上肩加天突，斜下肩交十椎
下。」但《素問・陰陽別論》：「陰陽結斜，多陰少陽，曰石水。」
馬蒔注：「陰經陽經，爲邪所結。」可見該「斜」爲「邪」之借字。
在《內經》裏「邪」是一個廣泛運用的詞，出現頻率很高（438 次），
而「斜」只出現 4 次。也有「邪」假借爲「斜」的，如《靈樞・經
脈》「腎足少陰之脈，起於小指之下，邪走足心，出於然谷之下，
循內踝之後，別入跟中」就是。

有－又：它們同屬匣紐、之部。《素問・疏五過論》：「凡診者，必知終始，
有知餘緒。切脈問名當合男女。」今本《素問注釋匯粹》：「有，通
『又』。」

果－裹：它們同屬見紐、歌部。《說文》：「裹，纏也」；「果，木實也。」《內
經》中「果」字的常見用法是指桃、李、杏、栗、棗等五果。《靈
樞・壽夭剛柔》：「皮與肉相果則壽，不相果則夭。」張景岳注：「肉
居皮之裹，皮居肉之表，肉堅皮固者，是爲相裹；肉脆皮疏者，是
爲不相裹。相裹者氣必畜，故壽，不相裹者氣易失，故夭。」即釋
「果」爲「裹」。今本《靈樞經校釋》按：「『果』、『裹』通。」

梁－粱：它們同屬於來紐、陽部。「粱」字在《內經》只有「伏梁」、「高粱」
兩詞中有見。《素問・腹中論篇》：「夫子數言熱中消中，不可服高
粱芳草石藥。」王冰注：「粱，米也。」故本字當爲「粱」。《素問》
中都寫作「高梁」，用的均是借字，唯《靈樞・根結》中有「膏粱
菽藿之味何可同也。」一例，寫作「膏粱」。

殆－炲：它們同屬定紐、之部。《說文》「殆，危也。」本指危險。如《素問・
陰陽應象大論》：「故善用針者，從陰引陽，從陽引陰，以右治左，
以左治右，以我知彼，以表知裹，以觀過與不及之理，見微得過用
之不殆。」但《靈樞・五變》：「其地色殆然，不與其天色同。」今
本《靈樞經校釋》注：「殆然，色夭不澤而無神氣。」表示顏色，
本字應爲「炲」。《說文》：「炲，灰，炲煤也。」雖然《甲乙經》殆
作「炲」，我們不將它看成是訛誤現象，是因爲醫書中借「殆」表
「炲」義不乏其例。如《靈樞・五閱》：「五色安見？其常色殆者如

何？」

溜－留：它們同屬於來紐、幽部。「溜」有三種讀音：liù、liū、liú。當它讀
　　　　liú 時，就是積留的意思。《靈樞・小針》：「濁氣在中者，言水穀皆
　　　　入於胃，其精氣上注於肺，濁溜於腸胃。」張景岳注：「溜，留也。」
　　　　這一用法在其它典籍中也有所見。如《戰國策・韓策一》：「段規謂
　　　　韓王曰：『分地必取成皋。』韓王曰：『成皋，石溜之地也，寡人無
　　　　所用之。』」《文選・左思〈魏都賦〉》：「林藪石留而蕪穢」唐李善
　　　　注引張載曰：「喻土地多石，猶人物之有留結也。一曰壤漱而石也。
　　　　或作溜字。」

燕－宴：它們同屬於影紐、元部。《說文》：「燕，玄鳥也。宴，安也。」《素
　　　　問・示從容論》：「黃帝燕坐。」王冰：「燕，安也。」「燕」通「宴」，
　　　　表示安閑義在古代文獻中常見。《爾雅》：「宴，安居，息也。或作
　　　　燕。」《字彙・火部》：「燕，安也。」

燋－焦：它們同屬精紐、宵部。《說文》：「燋，所以然持火也。焦，火所傷
　　　　也。」《靈樞・癰疽》：「大熱不止，熱勝則肉腐，肉腐則為膿，然
　　　　不能陷骨髓，不為燋枯，五臟不為傷，故命曰癰。」今本《靈樞經
　　　　樣校釋》譯：「骨髓不致焦枯。」又《普濟方》卷二百五十八：「長
　　　　夜酣飲不休，遂使三焦猛熱，五臟乾燥，木石猶且燋枯，如何人能
　　　　不渴！」

獨－濁：它們同屬定紐、屋部。《素問・四氣調神大論》：「逆冬氣則少陰不
　　　　藏，腎氣獨沉。」林億《新校正》云：「獨沉《太素》作沉濁。」《針
　　　　灸甲乙經》該句為「濁沉」。《素問校義》曰：「獨與濁古字通。」

環－還：它們同屬匣紐、元部。《素問・氣交變大論》：「久留而環，或離或
　　　　附，是謂議災與其德也。」高世栻注：「環，遇其途而逆行也。」
　　　　從「逆行」義可見，其本字當為「還」。

由－猶：它們同屬餘紐、幽部。《素問・示從容論》：「若夫以為傷肺者，由
　　　　失以狂也，不引比類，是知不明也。」王注：「言所識不明，不能
　　　　比類以為傷肺，猶失狂言耳。」《孟子・梁惠王上》曰：「民歸之，
　　　　由水之就下。」例與前同，「由」皆通「猶」。

疑－擬：它們同屬疑紐、之部。《素問・著至教論》：「上通神農，著至教疑
　　　　於二皇。」王冰注：「公欲其經法，明著通於神農，使後世見之疑

是二皇，並行之教。」《新校正》云：「按全元起本及《太素》疑作擬。」《漢書·食貨志下》：「東置蒼海郡，人徒之費疑於南夷。」顏師古注：「疑，讀曰儗，儗謂比也。」表示比擬義今常用「擬」字。

直－值：它們同屬定紐、職部。《素問·大奇論》：「脈至如丸滑不直手，不直手者按之不可得也。」張介賓注：「直，當也，言滑少無根，而不勝按也。」《靈樞·九針論》：「身體有癰腫者，欲治之，無以其所直之日潰治之，是謂天忌日也。」馬蒔注：「無以其所值之日治而潰之，是乃天忌日，不可以輕犯也。」《素問入式運氣論奧》卷下：「蓋金木水火土並行其化，互有休囚王相不同之目而已，直其運者，獨以為之主，當其時者，專以為之客。」

白－帛：它們同屬並紐、鐸部。《素問·脈要精微論》：「赤欲如白裹朱，不欲如赭色也。」孫詒讓《箚迻》云：「白與帛通，白色之帛也。」《詩經·小雅·六月》：「白斾央央」孔穎達疏：「言白斾者，謂絳帛。」《管子·輕重戊》：「其年，民被白布。」戴望校正：「白，帛假字。」

空－控：它們同屬於溪紐、東部。《素問·陰陽類論》：「三陰者，六經之所主也，交於太陰，伏鼓不浮，上空志心。」王冰注：「脈伏鼓擊而不上浮者，是心氣不足，故上控引於心而為病也。」即釋「空」為「控」。同篇又云「二陰一陽，病出於腎，陰氣客游於心脘，下空竅堤，閉塞不通。」

膲－焦：它們同屬於精紐、宵部。《靈樞·根結》：「皮膚薄者，毛腠夭膲，予之死期。」今本《靈樞經校釋》：「『膲』：《太素》卷二十二《刺法》及《甲乙》卷五第六並作『焦』，《內外傷辨惑論》卷下引作『燋』。按：『膲、焦、燋』三字通用。」《備急千金要方》卷六十三：「積年長夜，酣興不解，遂使三膲猛熱，五臟乾燥。」三焦無形之腑，今多寫作「焦」。

膹－憤：它們同屬於並紐、文部。《素問·至真要大論》：「諸氣膹鬱，皆屬於肺。」王冰注：「膹，謂憤滿。」吳昆注：「膹，悶滿也。」朱駿聲《說文通訓定聲》：「膹，叚借為憤。」《素問玄機原病式》：「諸氣膹鬱病痿皆屬肺金。膹，謂膹滿也；鬱，謂奔迫也。」《仁齋直指》卷一：「陽明為標，燥金為本，其燥邪傷於人也，氣滯而膹鬱，

皮膚以皴揭。諸澀枯涸之病生矣。」

落─絡：它們同屬於來紐、鐸部。《靈樞‧經脈》：「三焦手少陽之脈，起於小指次指之端，上出兩指之間，循手表腕出臂外兩骨之間，上貫肘，循臑外上肩，而交出足少陽之後，入缺盆，布膻中，散落心包。」亦不乏它例，如《文選‧景福殿賦》：「兼苞博落。」李注：「郭璞《山海經注》『絡，繞也。』落與絡古字通。」

葆─保：它們同屬於幫紐、幽部。《說文》：「葆，艸盛貌。」「保，養也。」引申爲確保。《素問‧徵四失論》：「診無人事治數之道，從容之葆，坐持寸口，診不中五脈，百病所起，始以自怨，遺師其咎。」高世栻注：「葆，保同。」馬蒔注：「人事治數之道，從容和保之術，全未之知。」《墨子‧號令》：「諸卒民居城上者，各葆其左右，左右有罪而不知也，其次伍有罪。」《證治準繩》卷二十九：「先恭簡年高脾弱，食少痰多，餘齡葆攝，全賴此方。」

軫─疹：它們同屬於章紐、文部。《靈樞‧熱病》：「苛軫鼻，索皮於肺，不得索之火。火者，心也。」《說文》：「軫，車後橫木也。」文中「苛軫鼻」表示的卻是一種鼻上生的小紅疙瘩。又《素問‧四時刺逆從論》：「少陰有餘，病皮痹、隱軫，不足病肺痹。」《備急千金要方》卷二十四：「身體隱軫，風搔、鼠漏、瘰癧諸疽，……悉主之，亦曰太一神效膏方。」「軫」皆通「疹」。

辯─辨：它們同屬於並紐、元部。《素問‧上古天眞論》：「有賢人者，法則天地，象似日月，辯列星辰，逆從陰陽，分別四時。」王冰注：「辯列者，謂定內外星官座位之所於天三百六十五度遠近之分次也。」《金匱要略論注》卷十二：「非逡巡難辯之證，唯痰飲、支飲因循不已。」《後漢書‧仲長統傳》：「目能辯色，耳能辯聲，口能辯味，體能辯寒暑。」其中「辯」皆爲「辨」之借字。

遙─搖：它們同屬於喻紐、宵部。《靈樞‧官能》：「瀉必用員，切而轉之，其氣乃行；疾而徐出，邪氣乃出；伸而迎之，遙大其穴，氣出乃疾。」今本《黃帝內經靈樞校注語譯》：「出針時，搖大針孔，就更促使邪氣極快外出。」又《素問‧調經論》：「（瀉實）遙大其道，如利其路。」《晉書》卷五十一：「匪時運其焉行兮，乘太虛而遙曳；戴朗月之高冠兮，綴太白之明璜。」「遙」皆「搖」之借字。

高－膏：它們同屬於見紐、宵部。《素問・生氣通天論》：「高梁之變，足生大丁，受如持虛。」王冰注：「高，膏也。」又《通評虛實論》：「凡治消癉、仆擊、偏枯、痿厥、氣滿發逆，甘肥貴人，則高梁之疾也。」朱駿聲《說文通訓定聲》：「高叚借爲膏。」

鬲－隔：它們同屬於見紐、錫部。《說文》：「鬲，鼎屬。隔，障也。」《素問・風論》：「胃風之狀，頸多汗，惡風，食飲不下，鬲塞不通，腹善滿，失衣則䐜脹，食寒則泄，診形瘦而腹大。」高世栻注：「大便不利，故隔塞不通。」又《素問・氣厥論》：「膀胱移熱於小腸，鬲腸不便，上爲口麋。」王冰注：「小腸脈絡心，循咽，下鬲，抵胃，屬小腸。故受熱以下，令腸隔塞而不便，上則口生瘡而麋爛也。」《漢書・武五子傳》：「群邪錯謬，是以親戚之路鬲塞而不通。」

居－倨：它們同屬於見紐、魚部。《靈樞・癲狂》：「骨癲疾者，頷齒諸腧、分肉皆滿而骨居，汗出而煩悗。」丹波元簡曰：「骨倨即骨強直。」就是把「居」當成「倨」之借字。《素問・平人氣象論》：「死心脈來，前曲後居，如操帶鉤。」楊上善注：「心脈來時，按之指下，覺初曲後直如操持帶鉤前曲後直……居，直也。」《樂記》：「倨中矩，勾中鉤。」居通倨，其直義不僅指形象還能指品行。《弇州四部稿續稿》卷一百二十八：「君諱正己，字身之，嘗自號古愚。其言曰：吾故甘吾愚，所以繫之古者，非敢自居，特以去吾詐而已矣。」其中「自居」即「自倨」且釋「居」爲「直」。居借爲倨，亦可表示傲慢義，如《漢書・酷吏傳》：「都遷爲中尉，丞相條候至貴居也，而都揖丞相。」顏師古注：「居，怠傲，讀與倨同。」

差－瘥：它們同屬於初紐、歌部。《說文》：「差，貳也。差不相值也。」爲差錯義。又「瘥，愈也。」表示病減輕的本字爲「瘥」。《素問・風論篇》：「（病）晝日則差，暮則甚。」講疾病時與病甚相對，顯然指好轉。馬蒔注：「差，瘥同。」《方言》卷三：「差、間、知，愈也。南楚病癒者謂之差，或謂之間。」《匡謬正俗》卷八：「病差者言愈。」

度－渡：它們同屬於定紐、鐸部。《說文》：「度，法制也。」「渡，濟也。」《素問・經脈別論》：「度水跌仆，喘出於腎與骨。」馬蒔注：「度，渡同。」《史記》卷三十九：「壬午晉侯度河北歸。」《淮南鴻烈解》

卷十四：「故得道則愚者有餘，失道則智者不足。度水而無游，數雖強必沉，有游，數雖羸必遂，又況託於舟航之上乎。」

懶－繳：它們同屬於見紐、宵部。《說文》：「懶，幸也。」「繳，生絲縷也。」《廣雅・釋詁四》：「繳，纏也。」《素問・診要經終論》：「刺胸腹者，必以布懶著之。」于鬯《香草續校書・內經素問》：「懶當讀爲繳……繳著之者，謂以布纏著胸腹也。作懶者，借字。」

榮－滎：它們同屬於匣紐、耕部。《說文》：「榮，桐木也。」「滎，絕小水也。」《靈樞・刺節眞邪》：「津液內溢，乃下流於睪，血道不通，日大不休，俛仰不便，趨翔不能，此病榮然有水，不上不下。」楊上善注：「榮然，水聚也。」《靈樞・脈度》：「黃帝曰：蹻脈安起安止？何氣榮水？」今本《靈樞經校釋》譯：「黃帝說：蹻脈從哪裏起到哪裏止，是哪一經的經氣使它像流水一樣營運呢？」《普濟方》卷十九：「精盛則滋育諸筋，榮灌諸脈。」「榮」皆爲「滎」之借字。

正－證：它們同屬於章紐、耕部。《說文》：「正，是也。」「證，告也。」《廣雅・釋詁》：「證，驗也。」《素問・陰陽類論》：「三陽（陰）〔註12〕爲表，二陰爲裏，一陰至絕作朔晦，卻具合以正其理。」今本《黃帝內經素問校注語譯》：「三陰爲表，二陰爲裏，一陰是陰氣之最終，也是陽氣的開始，有如朔晦的交界，這就明確無誤地印證了陰陽的道理。」「正」即釋爲「印證」。又《楚辭・惜誦》：「惜誦以致湣兮，發憤以抒情。所非忠而言之兮，指蒼天以爲正。」

清－凊：它們同屬於清紐、耕部。《說文》：「清，朖（朗）也，澂水之貌。」「凊，寒也。」段注：「朖者，明也。」《素問・五常政大論》：「審平之紀，收而不爭，殺而無犯，五化宣明……其候清切。」王冰注：「清，大涼也。」《素問・五藏生成論》：「腰痛，足清，頭痛。」王冰注：「清，亦冷也。」《莊子・人間世》：「吾食也執粗而不臧，爨無欲清之人。」陸德明《釋文》：「清，字宜從冫，從冫者，假借也。清，涼也。」

滿－懣：它們同屬於明紐、元部。《說文》：「滿，盈溢也。」「懣，煩也。」《素問・生氣通天論》：「味過於甘，心氣喘滿，色黑，腎氣不衡。」

〔註12〕張介賓注：「三陽，誤也，當作三陰。三陰，太陰也。太陰爲諸陰之表，故曰三陰爲表。」

王冰注：「甘多食之，令人心悶。」《素問・熱論篇》：「兩感於寒者病，一日則巨陽與少陰俱病，則頭痛口乾而煩滿。」《傷寒論注釋》卷六：「若厥而嘔，胸脅煩滿者，其後必便血。」

漏－陋：它們同屬於來紐、侯部。《說文》：「漏，以銅受水刻節，晝夜百刻。」「陋，阨陝（狹）也。」即《荀子・修身》所謂「少見曰陋」。《素問・解精微論》：「請問，有毚愚仆（樸）漏之問，不在經者，欲聞其狀。」張介賓注：「漏當作陋。問不在經，故曰『毚愚仆（樸）漏』，自謙之辭也。」吳昆注：「謂毚弱愚昧，仆（樸）野鄙陋也。」《牧庵集・三賢堂記》：「是州學官，堂而不陛，簡漏至矣。」《喻林》卷一百十六：「長於窮櫚漏室之下，長無兄弟，少無父母，目未嘗見禮節，耳未嘗聞先古，獨守專室而不出門，使其性雖不愚，然其知者必寡矣。」是「漏」與「陋」通用例。

癉－疸：它們同屬於端紐、元部。《說文》：「癉，勞病也。」「疸，黃病也。」《素問・玉機真藏論》：「肝傳之脾，病名曰脾風，發癉，腹中熱，煩心出黃。」王冰注：「脾之為病，善發黃癉，故為發癉也。」《素問・六元正紀大論》：「四之氣，溽暑濕熱相薄，爭於左之上，民病黃癉，而為胕腫。」「癉」皆為「疸」之借字。

瞋－膹：它們同屬於昌紐、真部。《說文》：「瞋，目張也。」「膹，起也。」《龍龕手鑒》卷四：「膹，胘起也。」《靈樞・刺節真邪》：「振埃者，陽氣大逆，上滿於胸中，憤瞋有息，大氣逆。」今本《黃帝內經校注語譯》：「『瞋』是『膹』的誤字。」但從其它典籍亦如此使用，這裏將它歸併為假借。如《巢氏諸病源候總論》卷五：「法云：解衣惔臥，伸腰瞋少腹，五息止，引腎，去消渴，利陰陽。」又卷十七：「（胃風）其狀惡風，頭多汗，膈下塞不通，食飲不下，腹滿形瘦，腹大失衣則瞋滿，食則洞泄。」

矢－屎：它們同屬於審紐、脂部。《說文》：「矢，弓弩矢也。」「屎，糞也。」《素問・腹中論篇》：「治之以雞矢醴，一劑知，二劑已。」張志聰注：「雞矢，取雞屎上白色者。」又《靈樞・壽夭剛柔》：「白布四丈，並內（納）酒中，置酒馬矢熅中，蓋封塗，勿使泄。」

除了雙聲疊韻通假外，還有單獨雙聲或疊韻者：

一、雙聲關係

害－闔：它們同屬於見紐，害爲月部，闔爲緝部。《素問・皮部論》：「陽明
　　　之陽，名曰害蜚。」丹波元簡：「吳：害與闔同，所謂陽明爲闔是
　　　也，……蓋害、盍、闔古通用。」又同篇「心主之陰，名曰害肩。」

二、疊韻關係

作－詐：它們同屬於鐸部；作爲精紐，詐爲莊紐。《素問・徵四失論》：「卒
　　　持寸口，何病能中，妄言作名。」胡澍曰：「作讀曰詐，妄、詐對
　　　文。」又《史記・孟子荀卿列傳》：「或曰，伊尹負鼎而勉湯以王，
　　　百里奚飯牛車下而繆公用霸，作先合，然後引之大道。」《史記會
　　　注考證》引李笠曰：「作，同詐。」《說文》：「作，起也。詐，欺也。」

副－福：它們同屬於職部；副爲滂紐，福爲幫紐。《素問・疏五過論》：「按
　　　循醫事，爲萬民副。」于鬯：「副，當爲福，福、副同聲通借。」《匡
　　　謬正俗》卷六：「副字本爲福字，從衣畐聲，今俗呼一襲爲一福衣，
　　　蓋取其充備之意，非以覆蔽形體爲名也。然而書史假借，遂以副字
　　　代之。」

從－縱：它們同屬於東部；從爲從紐，縱爲精紐。《說文》：「從，隨行也。」
　　　「縱，緩也。」《靈樞・師傳》：「且夫王公大人，血食之君，驕恣
　　　從欲，輕人而無能禁之，禁之則逆其志，順之則加其病，便之奈何？」
　　　張介賓注：「從，縱同。」《韓詩外傳》卷五：「勞心苦思，從欲極
　　　好，靡財傷情，毀名損壽，悲夫傷哉！」《論語・八佾》：「從之純
　　　如也。」邢昺疏：「從，讀曰縱。謂放縱也。」其中「從」皆取放
　　　縱義，本字爲「縱」。

復－覆：它們同屬於覺部；復爲並紐，覆爲滂紐。《說文》：「復，往來也。
　　　覆，覂 fěng 也。一曰蓋也。」前者主還返義，後者主翻轉義。《素
　　　問・診要經終論》：「十一、十二月，冰復，地氣合，人氣在腎。」
　　　吳昆注：「冰復者，冰而復冰，凝寒之極。」復當爲覆之借字。宋
　　　王質《詩總聞》卷十六：「以陶爲蓋於上曰復。復，覆也。」

徵－懲：它們同屬於蒸部；徵爲端紐，懲爲定紐。《說文》：「徵，召也。懲，
　　　忥也。」《素問・徵四失論》篇題，張隱庵注：「四失，謂精神不專，
　　　志意不理。徵者，懲創醫之四失。」《說文通訓定聲》：「徵，叚借
　　　爲懲。」《荀子・正論》：「凡刑人之本，禁暴惡惡，且徵其未也。」

楊倞注：「徵，讀爲懲。未，謂將來。」

感－撼：它們同屬於侵韻；感屬見紐，撼屬匣紐。《說文》：「感，動人心也。」「撼，搖也。」《字彙補》：「感，與撼通。」《靈樞・口問》：「五藏六府皆搖，搖則宗脈感，宗脈感則液道開，液道開故泣涕出焉。」《詩經・野有死麕》：「無感我帨兮，無使尨也吠。」皆是其例。

愴－滄：它們同屬於陽部；愴爲初紐，滄爲清紐。《說文》：「愴，傷也。」「滄，寒也。」《靈樞・師傳》：「黃帝曰：便其相逆者奈何？岐伯曰：便此者，食飲衣服亦欲適寒溫，寒無悽愴，暑無出汗。」《玉機微義》卷七：「本暑盛陽極，人伏陰在內，脾困體倦，腠理開發，或因納涼於水閣、木陰，及泉水澡浴，而微寒客於肌肉之間，經所謂遇夏氣悽愴之小寒迫之是也。」《文選注》卷四十七，王子淵《聖主得賢臣頌》：「襲狐貉之暖者，不憂至寒之悽愴。」《絳雪園古方選注》卷七：「《金匱》云：瘧脈多弦、弦數者，風發。正以悽愴之水寒。久伏於腠理皮膚之間。營氣先傷。而後風傷衛。」「愴」表示寒涼義，本字當爲「滄」。

掘－窟：它們同屬於物部；掘爲群紐，窟爲溪紐。《說文》：「掘，搰也。」《靈樞・逆順肥瘦》：「岐伯曰：臨深決水，不用功力，而水可竭也。循掘決衝，而經可通也。」丹波元簡：「掘，窟通。」《喻林》卷七十二：「高臺層榭，接屋連閣，非不麗也。然民有掘穴狹廬，無所託身者，明主弗樂也。」上例「掘」皆表示「洞穴」義，本字當爲「窟」。

泣－澀：它們同屬於緝部；泣爲溪紐，澀爲山紐。《素問・五藏生成篇》：「是故多食鹹，則脈凝泣而變色。」又同篇「臥出而風吹之，血凝於膚者爲痹，凝於脈者爲泣。」王注：「泣，謂血行不利。」《靈樞・癰疽》：「寒邪客於經絡之中，則血泣，血泣則不通。」今本《黃帝內經靈樞校注語譯》：「『泣』與『澀』通。」

三、聲韻皆異

佩－背：佩爲並紐、之部，背爲幫紐、職部，幫、並同爲唇音旁紐，之、職對轉。《素問・四氣調神大論》：「道者，聖人行之，愚者佩之。」《敬齋古今黈》卷六：「佩，背也。古字通用。果能佩服於道，是亦聖人之徒也，安得謂之愚哉！」

唏－洒：唏爲曉紐、微部，洒爲山紐、眞部。《靈樞・癲狂》：「風逆，暴四

肢腫，身漯漯，唏然時寒，饑則煩，飽則善變，取手太陰表裏。」
「唏」本指笑或歎息。《玉篇》云：「唏，許幾、許既二切。《說文》
云：笑也。一曰哀而不泣曰唏。」在「唏然時寒」中，用來表示寒
冷，本字當是「洒」。又《靈樞・經脈》：「是動則病洒洒振寒，善
呻數欠，顏黑，病至則惡人與火，聞木聲則惕然而驚。」《素問・
調經論》：「血氣未並，五藏安定，邪客於形，洒淅起於毫毛，未入
於經絡也，故命曰神之微。」王冰注：「洒淅，寒貌也。」

横一彉：横爲匣紐、陽部，彉爲溪紐、鐸部。《說文》：「横，闌木也。彉，
弩滿也。」《素問・寶命全形論》：「見其烏烏，見其稷稷，從見其
飛，不知其誰，伏如横弩，起如發機。」丹波無簡注：「按杜思敬
《拔萃方》引經文作彉弩。《孫子・兵勢篇》勢如彉弩。《說文》彉，
弩滿也。知是横、彉通用。」又《扁鵲神應針灸玉龍經》：「論其五
行五藏，察日時之旺，衰伏如横弩，應若發機。」《針灸問對》卷
中：「氣血之未應針，則伏如横弩之安靜；其應針也，則起如機發
之迅疾。」

綜上可見，注者欲明釋《內經》通假字，主要從雙聲疊韻關係上去求本
字。判定通假與訛誤，主要從文獻用例看是否具有使用上的社會性。通假與
詞義引申之別在於意義之間是否看得出意義發展的線索。

第三節　異體字、古今字與正訛字的注釋

異體字

噉一啖：《說文》：「啖，噍啖也。從口，炎聲。一曰噉。」《靈樞・經筋》：「治
之以馬膏，膏其急者，以白酒和桂以塗；其緩者，以桑鉤鉤之，即
以生桑灰置之坎中，高下以坐等。以膏熨急頰，且飲美酒，噉美炙
肉。」今一般以「啖」爲正體。

扞一揎：《類篇》：「揎、扞，以手伸物，或省扞。」《靈樞・邪客》：「黄帝問
於岐伯曰：余願聞持針之數，內針之理，縱舍之意，扞皮開腠理奈
何？」丹波元簡云：「扞爲捍禦之義，於本文難通。張（介賓）注
亦迂。考《集韻》與揎同，以手伸物也。馬（蒔）扞分之解，似略
通。」

洗－溢：《說文》：「洗，水所蕩洗也。溢，器滿也。」段注：「蕩洗者，動盪
奔突而出。」《靈樞‧論疾診尺》：「尺膚粗如枯魚之鱗者，水洗飲
也。」《素問‧脈要精微論》：「其耎而散，色澤者，當病溢飲。溢
飲者，渴暴多飲而易入肌皮腸胃之外也。」《靈樞‧邪氣藏府病形》：
「肝脈急甚者爲惡言……微滑爲遺溺，濇甚爲溢飲。」「洗飲」即
「溢飲」，二者皆見於《內經》。

瘨－癲：《康熙字典》：「癲，與瘨同。」《素問‧腹中論篇》：「帝曰：夫子數
言熱中、消中，不可服高梁芳草石藥。石藥發瘨，芳草發狂。」王
注：「多喜曰瘨，多怒曰狂。」

癘－癩：《素問‧脈要精微論》「久風爲飧泄，脈風成爲癘。」王冰注：「經
《風論》曰：風寒客於脈而不去，名曰癘風。又曰：癘者，有榮氣
熱胕，其氣不清，故使其鼻柱壞而色敗，皮膚瘍潰，然此則癩也。」
《金匱要略論注》卷十四：「久則榮氣並風而生蟲，爲痂癩，癘風
之屬，不成水也。」

瞑－眠：它們是部分異體字。《玉篇》：「瞑，寐也。」又「眠，同瞑。」《靈
樞‧營衛生會》：「老人之不夜瞑者，何氣使然？……老者之氣血衰，
其肌肉枯，氣道濇，五藏之氣相搏，其營氣衰少而衛氣內伐，故晝
不精夜不瞑。」《莊子‧德充符》：「倚樹而吟，據槁梧而瞑。」

臏－髕：它們同屬於並紐、眞部。《說文》：「髕，厀耑也。」段注：「厀，脛
頭骨也。《釋骨》云：『蓋膝之骨曰膝臏。』」《素問‧刺禁論》：「刺
客主人，內陷中脈爲內漏爲聾，刺膝臏出液爲跛。」《內經》三見
皆用「臏」，今常用「髕」。臏除「髕」義外，還指脛骨。

俛－俯：《說文》無「俯」字。《古今韻會舉要》：「古音流變，字亦隨異。如
俯仰之俯，本作頫，或作俛，今文皆作俯。」《素問‧脈解篇》：「所
謂腰脊痛，不可以俛仰者，三月一振榮華，萬物一俛而不仰也。」
《素問‧刺熱篇》：「熱爭則腰痛，不可用俛仰，腹滿泄，兩頷痛。」
《靈樞‧本神》：「腰脊不可以俛仰屈伸，毛悴色夭，死於季夏。」

閟－閉：它們同屬於幫紐、質部。《說文》：「閟，閉門也。閉，闔門也。」
素問‧六元正紀大論：「熱至則身熱，吐下霍亂，癰疽瘡瘍，瞀鬱
注下，瞤瘛腫脹，嘔，鼽衄頭痛，骨節變，肉痛，血溢血泄，淋閟
之病生矣。」今本《黃帝內經素問校注語譯》：「小便淋漓，或癃閉

等病。」《素問·五常政大論》:「其病癃悶,邪傷腎也。」楊樹達《積微居小學述林》以爲「悶」是由「閉」變來的形聲字。但「悶」並沒有替代「閉」而使用,所以看成是異體,而不是古今字。

古今字

丁—疔:《素問·生氣通天論》:「膏粱之變,足生大丁。」張介賓注:「厚味過多,蓄爲內熱,其變多生大疔。」「丁」即釋爲「疔」。《諸病源候論》:「丁瘡初作時,突起如丁蓋,故謂之丁瘡。」《說文》未收「疔」字,《內經》裏也沒有出現,在醫學典籍中最早見於晉代葛洪編《肘後備急方》,疑其爲後出之字。

全—痊:它們同屬於元部,全爲從紐,痊爲清紐。《素問·腹中論》:「陽氣重上,有餘於上,灸之則陽氣入陰,入則瘖;石之則陽氣虛,虛則狂;須其氣並而治之,可使全也。」《甲乙經》「可使全也」徑改爲「使愈」二字。

徹—撤:它們同屬於月部,徹爲定紐,撤爲透紐。《說文》:「徹,通也。」大約釋非本義,從所見古文字形來看,當從羅振玉說,《增訂殷虛書契考釋》:「此(徹)從鬲從又,象手象鬲之形,蓋食畢而徹去之。許書之徹從攴,殆從又之訛矣。食卒之徹,乃本義。訓通者,借義也。」而「撤」字《說文》不收,雖《晏子春秋》有例,但疑爲後人所用。

熛—瘭:它們同屬於幫紐、宵部。《說文》:「熛,火飛也。」《素問·至眞要大論》:「少陽司天,客勝則丹胗外發,及爲丹熛瘡瘍,嘔逆喉痺,頭痛嗌腫,耳聾血溢,內爲瘛瘲。」少陽相火司天之年,上半年十分火熱。從客氣來看,初氣爲少陰君火,二氣爲太陰濕土,三氣爲少陽相火。在三之氣所屬的時間裏,人會出現「丹熛瘡瘍」等心火熾盛的病症。《肘後備急方》卷五:「葛氏忽得熛疽,著手足肩,累累如米豆,刮汁出,急療之。」《傷寒直格方》卷上:「熛(音漂),赤丹留毒,火熛也。」這種化膿紅腫之病,大約起初大約並未專門造字表述,就借用「熛」字,後來專門造了一個「瘭」字,分其任。

已—以:它們同屬於餘紐、之部。《內經虛詞用法簡表》在「已」下列的介詞只有「因爲」一項。《素問·六節藏象論》:「故人迎一盛,病在

少陽；二盛，病在太陽；三盛，病在陽明；四盛已上，爲格陽。」中的「已」字《內經詞典》認爲通「以」。實際上爲古今字。《正字通・已部》：「已與㠯古共一字。隸作㠯、以。」《詩・何人斯》釋文：「㠯，古以字。」《孫子・作戰》：「故車戰，得車十乘已上，賞其先得者。」就是其例證。

屬－矚：它們同屬於照紐、屋部。《說文》：「屬，連也。」未收「矚」字。《素問・方盛衰論》：「若居曠野，若伏空室，綿綿乎屬不滿日。」王冰注：「綿綿乎謂動息微也，身雖綿綿乎且存，然其心所屬望將不得終其盡日也。」屬望之屬，今作「矚」。《洛陽伽藍記・景明寺》：「俯聞激電，傍屬奔星。」周祖謨校注：「眞意本作矚。矚，望也。」《史記》卷六：「先帝臨制天下久，故群臣不敢爲非進邪說。今陛下富於春秋，初即位，奈何與公卿廷決事？事即有誤，示群臣短也。天子稱朕，固不聞聲。」司馬貞《索引》：「言天子常處禁中，臣下屬望，才有兆朕，（聞其聲）耳，不見其形也。」

正訛字

上－之：《素問・針解篇》：「所謂三里者，下膝三寸也；所謂跗之者，舉膝分易見也。」新校正云：「按《骨空論》『跗之』疑作『跗上』。」《靈樞・經脈》：「胃足陽明之脈，起於鼻之交頞中。」上之篆文爲「二」，形與「之」似。

夭－交：《素問・刺熱篇》：「太陽之脈，色榮顴骨，熱病也，榮未交，日今且得汗，待時而已。」新校正：「按《甲乙經》、《太素》作『榮未夭』，下文『榮未夭』亦作『夭』。」

作－他：《素問・玉版論要篇》：「陰陽反他，治在權衡相奪，奇恒事也，揆度事也。」新校正云：「按，《陰陽應象大論》云：陰陽反作。」

矢－失：《素問・咳論篇》：「肺咳不已，則大腸受之，大腸咳狀，咳而遺失。」王冰注：「肺與大腸合，又大腸脈入缺盆絡肺，故肺咳不已，大腸受之，大腸爲傳送之府，故寒入則氣不禁焉。」新校正云：「按，《甲乙經》遺失作遺矢。」《傷寒論注釋》卷一：「溲便遺失，狂言目反直視者，此爲腎絕也。」《普濟方》卷五：「澀滑則氣脫，欲其收斂也，如開腸洞泄，便溺遺失，必澀劑以收之。」

感－惑：《靈樞·大惑論》：「心有所喜，神有所惡，卒然相惑，則精氣亂，視誤，故惑。神移乃復。」前一「惑」字《太素》卷二，《千金方》卷六作「感」。張志聰注：「卒然相感者，神志相感也。」是講突然之間，喜惡交感，使精神一時散亂的惑病，大約感、惑二字形似，涉後一惑字而將前字誤寫。

緘－減：《說文》：「減，損也。緘，束篋也。」《靈樞·論勇》：「黃帝曰：願聞怯士之所由然。少俞曰：怯士者目大而不減，陰陽相失。」張介賓注：「減當作緘，封藏之謂，目大不減者，神氣不堅也。」

第九章 《內經》注釋的啓示

第一節 總 論

挖掘整理古注，從中找出一般性規律，藉以宏揚傳統文化，古爲今用，才是這一工作的意義所在。所以古籍注釋決不是鑽進故紙堆，而是以今天爲立足點，研究過去，開創未來，治古之意不在古，論古之意全在今，通古今之變，以示明天。有鑑於此，上文對《內經》注釋研究的現實意義做了有關字典辭書完善方面的探討，本章準備繼續接著探究古注研究的現實意義這個話題，論述古籍注釋中的幾個相關問題。比如多義詞的注釋問題，中醫文獻與傳統經史注釋的不同點問題，以及注釋方法等問題。試圖從具體的《內經》注釋研究，總結出一般意義的方法。

第二節 多義詞的注釋問題

1、從詞義動態引申看多義詞注釋

漢語詞彙中，一詞多義相當普遍，多義詞是詞義引申的結果。引申即詞義發展有規律的運動。詞從本義出發，沿著它的特點所決定的方向，按照各民族的習慣，不但產生新義，從而構成有系統的意義體系。漢語詞義的引申是按「四多」引申的規律進行的，即多原則、多方位、多側面、多中心引申。這就使多義詞的意義既系統又複雜。

　　詞義引申解決了事物、現象層出不窮而詞彙數量不至於無限擴張的矛盾。在注釋中，多義詞的注釋是個難點，要求揭示詞的語境義，從詞的多個義項中限定具體運用的義項，即義項定位問題。定位準確，能昭明經義；否則注非其義，張冠李戴。錢超塵先生《內經語言研究》說：「《內經》引申義的多樣化，和它的某些引申義與一般文史書籍有時有所不同，這是《內經》詞義艱深的一個重要原因。」的確如此，但弄清多義詞的一般引申規律，對《內經》多義詞注釋也大有裨益。

　　引申與詞的義素變化有關，義素的上位概念則是義位，一個詞有幾個意義，就有幾個義位，義位在詞典中就表現為義項。每一個義位又由若干個義素組成，可以說義素是義位包含的若干成份。義位之間是有層次的體系，這個體系與本義密切相關，引申就是在本義基礎上生發開來的。引申最重要的外部因素是「聯想」。而內因主要是引申源流之間的相似、相關、相反的邏輯、語法、修辭、讀音上的聯繫。

　　明白了多義詞變化的規律，在注釋時就會變被動為主動，自覺探尋意義發展的線索，做到準確定位。整部《內經》使用的兩千多個單音節詞中，意義引申廣泛的「陰」、「陽」二字可為代表，下面以「陰」字為例，說明多義詞意義變化的情況。第二章第三節講陰陽學說時提到這個「陰」字，它的本義與「陽」相對。「陽」的本義是太陽，三個基本義素為「光明」、「溫熱」、「能動」，那麼「陰」的三個基本義素就應該定位為「陰暗」、「寒涼」、「沉寂」。有的學者提出了相因生義，這是很有道理的，相因就能共用同一語境，意義上也得以相互感染。「陰」與其它詞相因，增添相關義素，也就有了多重意義。我們將分三類語境討論：自然、人體、社會。

　　先看與自然有關的陰，「陰」的本義三個義素皆來源自然。當「陰暗」、「寒涼」義素與「處所」相因時，陰就表示寒涼背光的地方。如《素問·移精變氣論》：「往古人居禽獸之間，動作以避寒，陰居以避暑。」當「陰暗」、「寒涼」義素與「天氣」相因時，陰就表示雲遮日掩，不晴不雨的天氣。如《八正神明論》：「天溫日明，則人血淖液，而衛氣浮，故血易瀉，氣易行；天寒日陰，則人血凝泣，而衛氣沉。」當「寒涼」義素與「氣候」相因時，陰就表示秋冬季節的氣候。如《三部九候論》：「貴賤更立，冬陰夏陽，以人應之奈何？」當「陰暗」、「寒涼」義素與「方位」相因時，陰就表示西北方。如《五常政大論》：「西北方陰也，陰者其精奉於上，故左寒而右涼。」又特

指海水以北的地方。《靈樞・經水》：「故海以北者爲陰，湖以北者爲陰中之陰。」再由「西北方」義加上「星宿」義素用指西方白虎七宿奎婁胃昴畢觜參，與北方玄武七宿斗牛女虛危室壁。如《靈樞・衛氣行》：「昴至心爲陰。」當「陰暗」義素與具體事物相結合時，陰可以表示背面。如《素問・六元正紀大論》：「長草舉偃，柔葉呈陰，松吟高山，虎嘯岩岫，怫之先兆也。」王冰注：「無風而葉皆背見，是謂呈陰。」再由「寒涼」與事物「性味」結合，指事物的屬性類別。如《素問・陰陽應象大論》「陽爲氣，陰爲味……味厚者爲陰，薄爲陰中之陽」，又「氣味辛甘發散爲陽，酸苦湧泄爲陰」。

再看與人體有關的「陰」。首先是與「部位」義素相結合，即所謂「陰暗」的部位。指腹部，《素問・金匱眞言論》「夫言人之陰陽，則外爲陽內爲陰」，《太陰陽明論》「食飲不節，起居不時者，陰受之，陰受之則入五臟」；指肢體內側面，《經筋》「（手太陽之筋）循臂陰入腋下」，《經脈》「肝足厥陰之脈，起於大指叢毛之際，上循足跗上廉，去內踝一寸，上踝八寸，交出太陰之後，上膕內廉，循股陰入毛中」；指下部，《陰陽繫日月》「腰以上者爲陽，腰以下者爲陰」。

其次是由陰暗引申爲內藏，與「五藏」義素結合。可以指五藏總稱，《素問・金匱眞言論》「藏者爲陰，府者爲陽，肝心脾肺腎，五藏皆爲陰」；單指肝，《金匱眞言論》「陰中之陽，肝也」；單指脾，《金匱眞言論》「陰中之至陰，脾也」；單指肺，《金匱眞言論》「陽中之陰，肺也」；單指腎，《金匱眞言論》「陰中之陰，腎也」。再引申至五藏之陰精，如津液、血液等生命活動的物質。如《陰陽應象大論》「陰在內，陽之守也，陽在外，陰之使也」；《靈樞・通天》「其陰血濁，其衛氣澀」。

再次是與「經絡」義素結合，泛指一身之陰經，如手足三陰、任脈、陰蹻、陰維。如《靈樞・大惑論》「黃帝曰：病而不得臥者，何氣使然？岐伯曰：衛氣不得入於陰，常留於陽，留於陽則陽氣滿，陽氣滿則陽蹻盛，不得入於陰則陰氣虛，故目不瞑矣」；馬蒔注《陰陽繫日月》「手之陰者，陽中之陰也」云「正以手本爲陽而陰經屬焉，乃陽中之少陰也」；張介賓注《脈度》「女子數其陰」云「女子以陰蹻爲經，陽蹻爲絡也」。又指分佈在內側及腹部的經絡，馬蒔注《四時氣》「轉筋於陰治其陰」云「凡手足之內廉皆屬陰，若轉筋於陰則治其陰經」；《經筋》「（經筋之病）陽急則反折，陰急則俛不伸」。指大的經脈，與小的絡脈相對。張隱庵注《素問・皮部論篇》「其出者，從

陰內注於骨」云「陰謂經脈也」。

再次是與「脈搏」義素結合，在常態下可指脈退回爲陰，如《素問‧陰陽別論》「去者爲陰，至者爲陽」。指診察陰脈的氣口，如《靈樞‧四時氣》「氣口候陰，人迎候陽」。也可泛指陰位之脈，《素問‧陰陽別論》「陰搏陽別謂之有子」，李中梓云「言陰脈搏動與陽脈迥別也，陰陽二字所包者廣，以左右言，則左爲陽，右爲陰，以部位言，則寸爲陽，尺爲陰，以九候言，則浮爲陽，沉爲陰，舊說以尺脈洪實爲陰」。在病態下則遲、沉、滑爲陰，如《脈要精微論》「諸細而沉者，皆在陰，則爲骨痛，其有靜者，在足數動一代者，病在陽之脈也，泄及便膿血……濇者陽氣有餘也，滑者陰氣有餘也」；《三部九候論》「九候之脈皆沉細弦絕者爲陰」。病態脈中還有一種反應五臟功能衰竭的眞臟脈，如《陰陽別論》「所謂陰者，眞藏也，見則爲敗，敗必死也。……別於陽者，知病之處也，別於陰者，知死生之期也」。

與「器官」義素結合，指隱藏的器官，如二陰。張隱庵注《素問‧三部九候論》「此下則因陰，必下膿血，上則迫胃脘，生鬲俠胃脘內癰」云「陰，前後二陰也」。也可指其一，如《靈樞‧經脈》「肝足厥陰之脈……過陰器，抵小腹」，就專指前陰。

再次是與「病邪」義素結合，組成的多種病症。如偏盛的陰氣導致的厥逆寒痛，《素問‧調經論》「陰之生實奈何？岐伯曰：喜怒實謂邪氣盛也，不節則陰氣上逆，上逆則下虛，下虛則陽氣走之……帝曰：陰盛生內寒奈何？岐伯曰：厥氣上逆，寒氣積於胸中而不瀉。」指寒邪，如《調經論》「陰之生虛奈何？岐伯曰：喜則氣下，悲則氣消，消則脈虛空，因寒飲食，寒氣熏滿，則血泣氣去，故曰虛矣。」指濕氣，如王冰注《水熱穴論》「陰氣初勝，濕氣及體」云「以漸於雨濕霧露，故云濕氣及體」。指水邪。如《評熱病論》「水者陰也，目下亦陰也，腹者至陰之所居，故水在腹者，必使目下腫也。」

再看與社會相關的「陰」。由「陰暗」引申爲「行爲」不光明正大、陰險。如《靈樞‧通天》：「少陰之人，其狀清然竊然，固以陰賊，立而躁險，行而似伏，此少陰之人也。」由「陰暗」引申爲「話語」不明白曉暢，即隱語、暗示。如《素問‧著至教論》：「陰言不別，陰言不理。」高世栻注：「陰猶隱也。」又由「陰暗」、「寒涼」、「沉寂」抽象成一個與陽相對的哲學概念。如《陰陽應象大論》：「陰陽者，天地之道也，萬物之綱紀，變化之父母，生殺之本始，神明之府也。」

從以上《內經》「陰」的引申狀況看，多義詞基本是以「本義素＋境義素」融合成新義這樣模式發展的。因此，多義詞注釋也應從這兩方面著手：既弄清該詞原本有哪些義（即下文靜態凝聚義），又要弄清當前討論的話題情境，才能替它準確定位。

2、從辭典靜態凝聚義看多義詞注釋

辭典收錄的是詞語的靜態凝聚義，即從多種語境中抽象概括出來的該詞的不同用法。這些用法來自於不同的具體語境，如《黃帝素問直解·陰陽類論》：「秋三月之病，三陰具起，不治自已，陰陽交合者，立不能坐，坐不能起；三陽獨至，期在石水；二陽獨至，期在盛水。」這段論述秋三月發病死期預測。其中「三陽」一詞兩見，而義各不同。高世栻注：「前『三陽』謂太陽、陽明、少陽，故曰俱；後『三陽』謂太陽，二陽謂少陽，故曰獨。」那麼，保存到辭典中「三陽」至少就是兩個義項。注者每遇該詞，皆據境別釋。

詞的運用態，即在具體語境中不可能是多義的，不明於此就會導致歧注。如《太素·天人合》：「地有林木，人有幕筋」楊注：「幕，當爲膜，亦幕覆也。」像所引《天人合》中的「幕」在辭典中，既要列「膜」義，又要收「覆蓋」義，但爲某句作注時，不能同時把幾個意義都搬來解釋，這樣反而使讀者無所適從。

多義詞的釋義既是注釋者的難點，也是辭書編纂者的難點。注釋者面臨一個具體的語境，這個語境雖然對詞義的使用範圍加以限制，但並不一定就唯一化了。從語法功能看，語境定位只是適合某一功能的一個聚合，而功能相同的一個聚合中的詞義加入後還會構成意義不同的句子。參考辭書有時也不一定能解決多義詞的注釋問題，辭書義來源於語料的抽象，但當語料研究不透不全時，可能根本就沒有將一詞的意義抽象到其義項之中，這時多義詞的注釋反成了豐富字典辭書的手段之一。具體情況前章已經論及。

詞的靜態義除了根據用例歸納外，部分詞語還可以利用詞義的對等性來總結：《內經》裏有許多概念是相對並行的，比如「陰」與「陽」，「正」與「邪」，這些概念在組成詞後，詞義往往也是相互對立的，義項之間往往能找到對應關係。如「一陰」與「一陽」的義項：「一陰」（1）謂初生之陰氣。（2）指三陰經協調一致。（3）厥陰的別稱。（4）指厥陰心包、肝及其經。（5）

特指心包。（6）特指心包經。（7）特指厥陰肝木之氣。（8）特指厥陰肝木之脈位。（9）指陰型一類人。（10）針刺手法，指針刺陰經一次。那麼與之對應的「一陽」則有（1）初生之陽氣。（2）指三陽經協調一致。（3）少陽的別稱。（4）指少陽膽、三焦及其經。（5）特指足少陽膽經。（6）特指肝。（7）特指足少陽膽經之脈位。（8）指陽型一類人。（9）針刺手法，指針刺陽經一次。總之，多義詞的辭典靜態義與注釋之間是儲存與使用的關係，它們相輔相成，對多義詞的所有靜態義深知熟悉，能更好幫助注釋；具體語料的注釋，又能概括總結辭書前所未明的詞義。

3、從經典原理看多義詞的注釋

多義詞語境義不明的問題，有時也可以借用經典原理來解決。如《素問·至真要大論》：「諸病胕腫，疼酸驚駭，皆屬於火。」其中「胕」是個多義字，歷代注釋紛繁。」「胕」被釋為「足」、「足背」、「浮」、「膚」、「腐」等等。如明吳昆《黃帝內經素問吳注》作「諸病膚腫，疼酸驚駭，皆屬於火。火甚制金，不能平木，木勝協火則筋引急，或偏引之，則為轉為反，而乖戾於常矣。水液澄清為寒，渾濁為熱，水體清，火體濁也。」就是將原文「胕」直接改為「膚」字。高世栻《黃帝內經素問直解》：「『胕腫』，肉腫也。肉腫則疼痠，氣機不順則驚駭，乃手陽明大腸之病。陽明者，燥熱之氣也，故屬於火。」高氏將「胕」釋成「肉」。今本《素問注釋匯粹》：「胕，《集韻》：『足也』。胕腫，即足腫。又胕，通浮。胕腫，即為浮腫。」則取「足」和「浮」兩義來釋「胕」字，這顯然不妥，在具體語境中，多義詞的義項應該是確定的。那麼，怎樣確定多義詞「胕」的在上述語境中的具體意義呢？這就要運用《內經》的基本原理來判斷。這裏「病胕腫」與「火」有關，火有太過與不及，這裏是太過還是不及呢？火太過則會發生陽亢類病變，如「諸躁狂越，皆屬於火」。火有一功能就是使水氣化，是水正常運轉的動力。如果火不足，水液運轉就會缺乏動力，而導致積水——浮腫。根據這一水火相依，陰陽互根的原理可知，這裏的「胕腫」當釋為「浮腫」。

4、交叉引申與通假的區別

多義現象是引申的結果，由於引申的多向性，甲乙兩詞，可能引申出對方的意義，這與通假有別。如「太」和「大」：它們同屬於透紐、月部。《素

問·六元正紀大論》:「大積大聚,其可犯也,衰其太半而止,過者死。」《內經詞典》認爲這裏「太」通「大」。其實太本身就有大義,是爲了強調程度之深才加點以示區別的。「太半」作爲一個詞語運用,就表示「大半」的意思。早見於《管子·國畜》:「千乘衢處,壞削少半。萬乘衢處,壞削太半。」《管子》並非出自管仲一人之手,其成書年代難定。但在《內經》成書之前的《史記》中「大半」和「太半」各出現三次:《項羽本紀》:「漢有天下太半。」《天官書》:「七月半亡地,九月太半亡地。」《淮南衡山列傳》:「往者秦爲無道,殘賊天下。興萬乘之駕,作阿房之宮,收太半之賦,發閭左之戍。」又《趙世家》:「臺屋牆垣,大半壞。」《五宗世家》:「漢公卿數請誅端,天子爲兄弟之故不忍。而端所爲滋甚,有司再請削其國,去大半。」《淮陰侯列傳》:「龍且軍大半不得渡,即急擊,殺龍且。」說明這一時期並沒有認爲哪個詞爲本,哪個詞是借。再比如「具」和「俱」:它們同屬於侯部;具爲群紐,俱爲見紐。《說文》:「具,共置也。」「俱,偕也。」兩字均有「共同、一起」的意思。《集韻·虞韻》:「俱,具也。」《正字通·八部》:「具,又與俱通。」《素問·經絡論》:「五色具見者,謂之寒熱。」又如「否」和「痞」:它們同屬於之部;否爲幫紐,痞爲並紐。表示一種氣血不通的病症名爲「痞」。《五常政大論》:「(備化之紀)其色黃,其養肉,其病否。」王冰注:「土性擁礙。」《續名醫類案》卷十八:「否病縂血滯故。」但否本身就有隔塞不通的意思,《廣雅·釋詁》:「否,隔也。」《廣韻·旨部》:「否,塞也。」

第三節　注釋方法舉例

1、內部求證法

　　《素問》王冰注本,不僅保存了這部偉大的著作,還在注釋方法上給後人良多啓發。閱讀一般古籍,難懂的主要原因是語言問題,而科技文獻,除語言障礙外,還要弄清科學原理。因此,闡明原理成爲注釋古代科技文獻之要務。王氏爲了貫通醫理,在《素問》注釋中大量運用內部求證法。內部求證法與陳垣《校勘學釋例》中提到的「本校法」相似,陳氏云:「本校法者,以本書前後互證,而抉摘其異同,則知其中之謬誤。」校勘爲正其誤,注釋則爲通其理。所謂內部求證法,即以一書之前後相互發明索隱的以經注經之法。它能使文章前後貫通,義理周環。西元七世紀,王冰就廣泛應用這種方

法，其於注釋之學，亦是功不可沒。王氏徵引《素問》本書文句來注該書，作用主要有二：

1.1、對經文的疏證

1.1.1、證經文之實

1.1.1.1、揭示某些發病之因

《三部九候論篇》：「是故寒熱病者，以平旦死。」王注：「《生氣通天論》曰：因於露風，乃生寒熱。由此則寒熱之病，風薄所為也。」又如《異法方宜論》云：「中央者，其地平以濕，天地所以生萬物也眾。其民食雜而不勞，故其病多痿厥寒熱。」王注：「《陰陽應象大論》曰：地之濕氣，感則害皮肉經脈。居近於濕故爾。」注中引文，說明寒熱病生於露風，濕氣傷皮肉經脈而致使痿厥寒熱。再比如《疏五過論》：「凡欲診病者，必問飲食居處。」王注：「《異法方宜論》曰：東方之域，天地之所始生，魚鹽之地，海濱傍水，其民食魚而嗜鹹，皆安其處，美其食。西方者，金玉之域，沙石之處，天地之所收引，其民陵居而多風，水土剛強，其民不衣而褐薦，其民華食而脂肥。北方者，天地所閉藏之域，其地高，陵居，風寒冰冽，其民樂野處而乳食。南方者，天地所常養，陽之所盛處，其地下，水土弱，霧露之所聚，其民嗜酸而食胕……由此則診病之道，當先問焉。故聖人雜合以法，各得其所宜，此之謂矣。」注引《異法方宜論》關於地域、氣候和生活習性的論述，說明醫工「問飲食居處」，有益於探明致病之由。

1.1.1.2、以平人正常生理參證病理

《陰陽別論篇》：「二陽之病發心脾，有不得隱曲，女子不月。」王注：「《上古天真論》曰：女子二七天癸至，任脈通，太沖脈盛，月事以時下。丈夫二八天癸至，精氣益瀉。由此則在女子為不月，在男子為少精。」王氏在闡明手陽明大腸經及足陽明胃經，這二陽脈發病與「不得隱曲，女子不月」之間的聯繫時，徵引《上古天真論》關於人的正常生理狀況的描述，來參同病理，這也是《內經》藏象方法中的參互比較之法的運用。又《生氣通天論篇》：「陽不勝其陰，則五臟氣爭，九竅不通。」王注五臟與九竅的關係時引《金匱真言論》曰：「南方赤色，入通於心，開竅於耳。北方黑色，入通於腎，開竅於二陰故也。」這裏王氏只為舉例而引。另有東方青色，入通於肝，開竅於目；中央黃色，入通於脾，開竅於口；西方白色，入通於肺，開竅於

鼻，足成九竅五臟之數。平候則五藏通於九竅，病變則藏、竅不通矣。

1.1.1.3、以養生之道證康健之由

《移精變氣篇》：「黃帝問曰：余聞古之治病，惟其移精變氣，可祝由而已。今世治病，毒藥治其內，針石治其外，或愈或不愈，何也？」王注引《生氣通天論》「聖人傳精神，服天氣」，以及《上古天眞論》「精神內守，病安從來」說明上古邪不傷正的原因是修養精神，避免了「外感」和「內傷」。又《上古天眞論篇》：「上古之人，其知道者，法於陰陽，和於術數，食飲有節，起居有常，不妄作勞。」王注：「《四氣調神大論》曰：陰陽四時者，萬物之終始，死生之本，逆之則災害生，從之則苛疾不起，是謂得道。此之謂也。」也有從正反兩方面論證的，正反對比，主旨更爲突顯。王注又引《生氣通天論》「起居如驚，神氣乃浮」從反面說明妄動會造成不良的後果，爲養生者莫取。

1.1.1.4、揭示對人體器官功能的不同認識

《五藏別論》：「余聞方士，或以腦髓爲藏，或以腸胃爲藏，或以爲府，敢問更相反，皆自謂是，不知其道，願聞其說。」王注：「《靈蘭秘典論》以腸胃爲十二藏相使之次，《六節藏象論》云十一藏取決於膽，《五藏生成篇》云五藏之象可以類推，五藏相音可以意識，此則互相矛盾爾。腦髓爲藏，應在別經。」腦髓名稱爲腑，但在功能上不同於六腑之「受盛」、「傳化物」和「瀉而不藏」的生理特點，而類似於五藏的「藏而不瀉」的生理特點，因其似藏非藏，似腑非腑，故《內經》稱之爲「奇恒之腑」。

1.1.1.5、分析陰陽氣候變化在診脈中的具體應用

《徵四失論》：「診不知陰陽逆從之理，此治之一失矣。」王注：「《脈要精微論》曰：冬至四十五日，陽氣微上，陰氣微下。夏至四十五日，陰氣微上，陽氣微下。陰陽有時，與脈爲期。又曰：微妙在脈，不可不察，察之有紀，從陰陽始。由此故診不知陰陽逆從之理，爲一失矣。」醫者臨證，須知陰陽逆從，這是一個抽象的觀念，王引《脈要精微論》不同季節陰陽二氣上下變化之不同，以及經脈流注也受季節影響的相關論述，使如何知「陰陽逆從之理」具體化。

1.1.1.6、以整體統一性原理正反論證

《三部九候論》：「形盛脈細，少氣不足以息者危。」王注：「《玉機眞藏

論》曰：形氣相得，謂之可治。今脈氣不足，形盛有餘，證不相扶（符），故當危也。危者，言其近死，猶有生者也。《刺志論》曰：氣實形實，氣虛形虛，此其常也，反此者病。今脈細少氣，是爲氣弱，體壯盛，是爲形盛，形盛氣弱，故生氣傾危。」中醫認爲，人體是一個有機的整體，構成人體的各個部分雖然功能不同，但相互聯繫，其活動具有統一性。體壯脈盛氣足或體弱脈細少氣都是統一的，內部統一爲不病，反此則病作。

1.1.2、證經文之僞

對經文的疏證是從兩個角度來說明的：一是證經之實，一是證經之僞。以上諸條皆爲證經文之實。證僞者，以子之矛攻子之盾，揭示經文內部的不統一。如《四時刺逆從論》：「刺五藏，中心一日死，其動爲噫。」王注：「《診要經終論》曰：中心者環死。《刺禁論》曰：中心一日死，其動爲噫。」又經云「中腎六日死，其動爲嚏欠。」王注：「《診要經終論》曰：中腎七日死。《刺禁論》曰：中腎六日死，其動爲嚏。」經「中脾十日死，其動爲吞。」王注：「《診要經終論》曰：中脾五日死。《刺禁論》曰：中脾十日死，其動爲吞。然此三論皆岐伯之言，而死日動變不同，傳之誤也。」唐人注疏，一般疏不破注，遇正文及原注有誤，也常極力彌縫其說。王冰則本著實事求是的科學精神，揭示矛盾，留給進一步研究。

1.2、對自注的佐證

1.2.1、印證自注中對疾病季節性發生的闡釋

《生氣通天論》：「魄汗未盡，形弱而氣爍，穴俞以閉，發爲風瘧。」王注：「汗出未止，形弱氣消，風寒薄之，穴俞隨閉，熱藏不出，以至於秋，秋陽復收，兩熱相合，故令振栗，寒熱相移，以所起爲風，故名風瘧也。《金匱眞言論》曰：夏暑汗不出者，秋成風瘧。蓋論從風而爲是也。」這是一個典型的前後兩篇互證的注釋範例。上文提及《生氣通天論》論述「風瘧」一病的成因，王注不僅從病因論證，還從「風瘧」一病的症狀、得名、以及發病的季節特點等方面進行發揮。而引《金匱眞言論》之文，就是對發病的季節特點的印證。

1.2.2、用五行貫通自然與人體的屬性

《陰陽類論》：「春甲乙青，中主肝，治七十二日，是脈之主時，臣以其藏最貴。」王注：「東方甲乙，春氣主之，自然青色，內通肝也。《金匱眞言

論》曰：東方青色，入通於肝。故曰青中主肝也。」自然界的五季（春、夏、長夏、秋、冬），五方（東、南、中、西、北），五色（青、赤、黃、白、黑），春用天干甲乙表示，其應於人體之五藏之肝。王氏正是利用五行學說，將前後經文，及自己的注釋融會貫通。又《脈要精微論》：「久風爲飧泄。」王注：「久風不變，但在胃中，則食不化而泄利也。以肝氣內合而乘胃，故爲是病焉。《陰陽應象大論》曰：風氣通於肝。故內應於肝也。」人體藏府中肝膽屬木，脾胃屬土；於自然五氣中分別屬風和濕。木剋土，故王氏引風通於肝說明肝氣內合而乘胃，致使脾胃發病爲飧泄。

1.2.3、以診法反證醫理

《生氣通天論》：「故病久則傳化，上下不並，良醫弗爲。」王注：「並，謂氣交通也。然病之深久，變化相傳，上下不通，陰陽否隔，雖醫良法妙，亦何以爲之！《陰陽應象大論》曰：夫善用針者，從陰引陽，從陽引陰，以右治左，以左治右。若是氣相格拒，故良醫弗可爲也。」經文「上下不並」甚爲費解，王注爲「上下不通，陰陽否隔」則疑慮冰釋，而《陰陽應象大論》中的診法，正是針對上下不通，陰陽否隔來施治的。王氏的引證使醫理、診法相貫通。又《生氣通天論》：「味過於辛，經脈沮弛，精神乃央。」王注：「辛性潤澤，散養於筋，故令經緩脈潤，精神長久（案：央，同殃，非「長久」義）。何者？辛補肝也。《藏氣法時論》曰：肝欲散，急食辛以散之，用辛補之。」引《藏氣法時論》以辛散肝之法，反過來說明自注中「辛性潤澤，散養於筋」的一般認識。

1.2.4、證自注中藏象之關聯

《平人氣象論》：「尺脈緩澀，謂之解㑊。」王注：「尺爲陰部，腹腎主之。緩爲熱中，澀爲無血，熱而無血，故解㑊並不可名之。然寒不寒，熱不熱，弱不弱，壯不壯，㑊 [註1]，不可名，謂之解㑊也。《脈要精微論》曰：『尺外以候腎，尺裏以候腹中，則腹腎主尺之義也。』」爲證明自注中尺脈主腹腎，王引「尺外以候腎，尺裏以候腹中」來加以說明，使注文理據充分可信。

1.2.5、證自注中運用的刺法理論

《藏氣法時論》：「取其經，少陰太陽血者。」王注：「凡刺之道，虛則補之，實則瀉之，不盛不虛，以經取之，是謂得道。經絡有血，刺而去之，

〔註1〕守山閣本作「停」。

是謂守法。猶當揣形定氣，先去血脈，而後乃平有餘不足焉。《三部九候論》曰：必先度其形之肥瘦，以調其氣之虛實，實則瀉之，虛則補之，必先去其血脈而後調之。此之謂也。」引文是從正面說明刺法瀉實補虛的原理。又《移精變氣論篇》：「暮世之治病也則不然，治不本四時，不知日月，不審逆從。」王注：「四時之氣各有所在，不本其處而即妄攻，是反古也。《四時刺逆從論》曰：春氣在經脈，夏氣在孫絡，長夏氣在肌肉，秋氣在皮膚，冬氣在骨髓。工當各隨所在而辟伏其邪爾。不知日月者，謂日有寒溫明暗，月有空滿虧盈也。《八正神明論》曰：凡刺之法，必候日月星辰四時八正之氣，氣定乃刺之。是故天溫日明，則人血淖液而衛氣浮，故血易瀉，氣易行。天寒日陰，則人血凝泣而衛氣沈，月始生則血氣始精，衛氣始行，月郭滿，則血氣盛，肌肉堅。月郭空，則肌肉減，經絡虛，衛氣去，形獨居。……故曰：月生而瀉，是謂藏虛。月滿而補，血氣盈溢，絡有留血，命曰重實。月郭空而治，是謂亂經。陰陽相錯，眞邪不別，沈以留止，外虛內亂，淫邪乃起。此之謂也。不審逆從者，謂不審量其病可治與不可治。」引《四時刺逆從論》和《八正神明論》之文則為了說明針刺取法天時變化的原則，為其注「四時之氣各有所在」提供了詳實的證據。

1.2.6、證自注中對症狀的描述

《生氣通天論》：「陰不勝其陽，則脈流薄疾，並乃狂。」王注：「薄疾，謂極虛而極數也。並，謂盛實也。狂，謂狂走或妄攀登也。陽並於四肢則狂。《陽明脈解》曰：四肢者諸陽之本也，陽盛則四肢實，實則能登高而歌也。熱盛於身，故棄衣欲走也。夫如是者，皆為陰不勝其陽也。」王氏注文對「狂」病症狀有所描述，而引《陽明脈解》之文加以證實。

1.3、小　結

王冰潛心鑽研《素問》十二載，於其內容諳悉熟知，每注一文，相關論述皆能信手拈來，用以證經證注。其方法淵源，有如下特色：其一，注釋方法受到《素問》行文格式的影響。如《瘧論篇》：「夫瘧氣者，並於陽則陽勝，並於陰則陰勝，陰勝則寒，陽勝則熱。瘧者，風寒之氣不常也，病極則復。……故經言曰：方其盛時必毀，因其衰也，事必大昌。此之謂也。」經文先講瘧病的特點是間歇性發作，有盛有衰，再引用論述治療瘧病其它經典的言論，伸述瘧病有盛有衰的特點，治必避盛就衰。這雖然不是引同一經典來前後互證，但論證程式與王氏內部求證法同出一轍。其中「此之謂也」一語，用來

表示經注與引證內容可以前後發明，在《素問》中凡三十四見，在王冰注文中凡四十四見。另有「此其類也」一語，王注四見，用法與之相同。司其意，仿其辭，王注對《素問》行文表達的繼承性是顯而易見的。其二，注釋方法也受到《素問》理論的影響。如上所述「藏象關聯」、「五行貫通」、「整體統一性原理」等等，都是《素問》的基礎理論。現代信息論、控制論與系統論，與我國古代的這套理論一脈相承，這也說明王氏據此論證是科學可行的。其三，王注中的內部求證法是對傳統注釋方法的繼承和革新。周秦至兩漢注釋之學附於經學，東漢注釋範圍擴大有限，魏晉以後特別是南北朝注釋領域拓展到自然科學和經學之外的社會科學，如酈道元注《水經》，裴松之注《三國志》，其特點是「廣增異聞，博採群書」。王氏繼承了廣徵博引的注釋方法，又將徵引的對象重點放在《素問》的其它篇章中，前後互證，以經注經。但同時也要注意，這種方法必須建立的科學的理論基礎之上，否則會導致以訛證訛。

2、系統驗證法

　　唐玄宗天寶十年西元 751 年，啓玄子王冰開始了一項偉大的系統化工程——《黃帝內經素問》的次注。十二載潛心鑽研，其注本不僅保存了這部偉大的著作，還在注釋方法上給後人良多啓發。現就其使原典系統化之貢獻作一初步探析。

　　經典注釋不僅僅是一項簡單的傳意工作，還應完善並發展原有學說，這就使之成為一門複雜的科學。它要研究發掘原典承載的信息，研究再度傳意的對象、方法、載體，將源信息整合、加工、系統化，突破時空限制，影響信息的接收者，達到古今共用，義理互通的目標。而使原典信息系統化，就是注釋鏈條中重要的一環。

　　系統即始終一貫，有條不紊，相互關聯，共同配合形成的一個有機整體。任何一門科學都應該是一個能夠自足的系統，是一個信息的集合體，《素問》原典當然也不例外。系統化是系統內部的有序化和融合化的過程。《素問》每卷卷首都有「啓玄子（王冰）次注」字樣，這就是王氏對原典系統化的標示。「次」，就是編次排序，「世本紕繆，篇目重疊，前後不倫」是需要重新整序的原因。「注」，就是灌注疏通，「文義懸隔，施行不易，披會亦難」是需要再度傳意的原因。

2.1、典籍系統的一般特點

一部經典，自身就是一個系統，由兩方面的因素構成，一是內容，一是形式，是由內容和形式結合成的有機整體。比如《素問》文本系統，其內容即所要介紹的中醫原理，在這個總框架下，還能以不同角度切入分出子系統，如陰陽學說、五行學說、藏象學說、經絡學說等；其形式則是表述這些內容的歧黃問答。也有人把前者概括爲一個「理」字，後者稱之爲「文」。文和理共成一體，又各具特色：

2.1.1、典籍「文」的一般特點

時代性 語言是社會的產物，古代語言是古代社會的產物。因此古籍中不論是詞彙還是語法都會反應那個時代用語的特點。如《上古天眞論》「上古之人，其知道者，法於陰陽……」其中「知道」一語，今爲一個詞，意即對事物有所瞭解，語素「道」的意義弱化。漢語詞彙經歷了一個由單音節，向雙音節發展的變化過程，上述「知道」是由兩個詞構成的動賓短語，意即通曉養生的道理。這種差異表現出不同時代語言系統中，相同形式表達的內容會有不同。《素問》中「知道」連文，另有三處：《疏五過論》「爲工而不知道，此診之不足貴」；《徵四失論》「汝不知道之諭，受以明爲晦」；《解精微論》「工之所知，道之所生也」。都明示在《素問》中，它不作一個詞使用，意義與今不同。語言的個性，主要體現在詞彙和語法兩大方面，不僅詞彙有時代性，語法亦然。如《示從容論》「脈浮而弦，切之石堅」，中的「石堅」一語就有那個時代語法特色。名詞石作狀語修飾後面的堅，指觸摸弦浮之脈感覺像摸著石頭一樣堅硬。

語體性 所謂語體性，指爲適合不同交際需要而形成的功能體式，在不同的語體中，「文」可能會有不同的內涵。如《詩經·唐風·鴇羽》，這首寫征夫厭戰思歸的詩，屬文藝語體。其文「王事靡盬，不能藝稷黍，父母何怙？悠悠蒼天！曷其有所？」中的「蒼天」一詞，與屬科技語體的《素問·生氣通天論》「蒼天之氣清淨，則志意治，順之則陽氣固」中的「蒼天」，意義之別涇渭分明。前者已被賦予人格意味，是一個可以用來傾訴不滿的主宰；後者則是純指自然界，「蒼天之氣」即是自然界的氣候。這種差別反應文的語體性特點。語體制約了言語的意義，也限制了用語的範圍。錢超塵先生說：「科學著作與文學著作在運用詞彙上也有所不同，科學著作（醫學典籍是其中之一）的詞彙重複率較文學著作大得多，所以才產生《素問》中的詞彙大量重

複出現的語言現象。」

　　呈現性　文以載道，道依文行。原典著者希冀以文傳道，都會以最直接的顯性語言形式來表達自己的理性認識成果，這一點科技文獻裏表現尤為突出。呈現性是受時代和語體制約的，它只會是以某一時代、某一文體的最顯性的方式構建文本。基於這一點，注釋中幾經轉折方能旁通的傳意，很可能是對原有信息的誤解。如《素問·湯液醪醴論》「去宛陳莝」一語，歷代注家，解說紛紜，有人認為「去宛陳莝」當為「去宛陳莝草莝」，就是典型的旁通致誤例。迂迴曲解有違語言呈現性原則。陝西中醫藥研究院武長春先生對《素問》所用 1865 字出現的頻率進行了統計，結果發現，從重複出現兩千次以上的「之」字，重複四十次以上的「安」、「制」等字，到只出現一兩次的低頻字，都是常用字。〔註 2〕也能看出《素問》作者用語求顯的特點。

　　2.1.2、典籍「理」的一般特點

　　自足性　理論是人們從實踐中概括出來的有系統的結論，它本身具有自足性。所謂自足性，即理論的內部由多種信息的邏輯關聯來支撐和構建，它是一個合符邏輯的有機整體。有了合符邏輯的關聯來支撐，才使它有存在的必然性，因而能夠自足自立。作者的認識是在信息加工整合後形諸語言的，因此注者也應通過語言把握原典的理論體系，並進行重構後才能再度傳意。重構的過程又是一個繼續完善和發展的過程，依舊應當重視各組成要素間的有機聯繫，以讓讀者能共用這種合理關聯。

　　一致性　既然理論是一個自足的整體，那麼它的內部各要素之間就應該有一致性，否則就無法共存而自足自立。一致性是眾多信息理性加工後的必然結果，也是它們之所以能夠整合的必然要求。一致性既是一部典籍理論所呈現出來的特點，但用在方法論上，又能指導和規範全部信息的加工和重組，是作者、注者、讀者都應共同遵守的思維原則。違背這一原則的結論就不可靠，有待於進一步研究。比如《診要經終論》曰：「中脾五日死。」《刺禁論》曰：「中脾十日死，其動為吞。」上列《素問》兩篇，對於誤刺中脾的死期不一致，有「五日死」和「十日死」兩說，就應該修正完善。

　　層級性　上文所云「重構」、「整合」都是基於信息是由大大小小的單元構成的系統這一理念而言的。因為理論是系統化的認識，所以它有清晰的層次，不再是囫圇一團。一個理論，可以看成是眾多信息單元的多層組合。比

〔註 2〕錢超塵《內經語言研究》人民衛生出版社，1990 年，191 頁。

如中醫理論系統，有古文化層面的基礎信息單元，有醫學層面的基礎信息單元，還有哲學層面的基礎信息單元。每一層次又可以再次切分，如其中的醫學層面的信息單元，又可分為病因、病機、發病、治則等亞層面，這樣共同形成一個立體的組合模式。

2.2、《素問》王注系統化的方法

典籍注釋，從某種程度上說，就是使之系統化、通俗化的過程。系統化要求「文」從「理」順，做到語言上醫理上的前後一貫，首尾一致；通俗化要求達到時人能以便捷的方式最大程度的共用原典精義的目標，化解時代、語言、理據等多方面的阻隔。而通俗化又可以看成是以今之語言系統替換古代語言系統，用已知理論系統，替換未知理論系統的一種手段，故亦可以「系統化」概之。王氏《素問》注在這方面做了大量工作，具體方法如下：

2.2.1、遷移錯簡、內部整序

錯簡是系統中信息單元的混亂無序狀況。文不相接，理不相通，割裂分析並無差錯，只有綜觀全域才會發現問題。如《素問·六節藏象論》中「帝曰：何以知其勝？岐伯曰：求其至也，皆歸始春，未至而至，此謂太過，則薄所不勝，而乘所勝也，命曰氣淫。不分邪僻內生，工不能禁。」王注：「此上十字，文義不倫，應古人錯簡。次後五治下，乃其義也，今朱書之。」原典黃歧問答，論及氣候變化與時令是否相應的情況。以立春為標準向下推，如果時令未到而氣候先到就是太過，太過就會侵犯所不勝的氣，而凌侮所勝的氣，這叫「氣淫」。突然轉換了話題，緊接的「不分邪僻內生，工不能禁」十字，王氏以為「文義不倫」失去一致性，故定為錯簡。而同篇講人應當明白並適應氣候的變化，否則會邪侵致病時有云「謹候其時，氣可與期，失時反候，五治不分」，接上「邪僻內生，工不能禁也」，則安其理，足其說矣。原典或有冗餘，或有不足，一經移補，怡然理順。

如果說上例王氏判斷錯簡的主要根據是「理」的話，那麼下例則是根據行「文」格式，即適合交際需要而形成的功能範式，來判斷。如《病能論篇》：「所謂揳者，方切求之也，言切求其脈理也。度者，得其病處，以四時度之也。」王注：「凡言所謂者，皆釋未了義。今此所謂，尋前後經文，悉不與此篇義相接，似今數句少成文義者，終是別釋經文，世本既闕第七二篇，應彼闕經錯簡文也。古文斷裂，繆續於此。」王氏敏銳地捕捉到了《素問》中「所謂」這一標誌性的自注用語。因為「所謂」這個詞具有復說、引證、揭

示意旨的功能，漢語中廣泛用來文中自注。即作者在行文某處對上下文加以說明，注已經融入正文，文注合一，形成一個不可分割的整體。王氏利用這種關係，發現了問題，卻沒有很好地解決問題，但爲我們提供了思路和方法，實屬難能可貴。如若將該句經文移至同篇的「《揆度》者，切度之也」後面，則例同以下「《奇恒》者⋯⋯」之文，從體例上保持了行文的一致性。給人以一氣呵成，天衣無縫之感。

2.2.2、剔除衍文、凝煉冗贅

所錯之簡，若源於同一部典籍，則可遷而移之，使得其所；若源於其它典籍，不妨看作衍文。致衍之因多樣，皆冗餘信息，系統贅瘤，宜當剔除。如《平人氣象論篇》：「寸口脈沉而弱，曰寒熱及疝瘕，少腹痛。」王注：「沉爲寒，弱爲熱，故曰寒熱也。又沉爲陰盛，弱爲陽餘，餘盛相薄，正當寒熱，不當爲疝瘕而少腹痛，應古之錯簡爾。」這可以從兩個層面來分析，就上句經文單獨來看，「及疝瘕少腹痛」六字爲衍文。王氏認爲寸口沉而弱是寒熱脈象，楊上善認爲，疝瘕爲陰氣所積，脈如弓弦，病症與脈象不統一，是定其錯簡的依據。就篇章而言，則上引《平人氣象論篇》全句爲衍，理據如下。新校正云：「按《甲乙經》無此十五字，況下文已有寸口脈沉而喘曰寒熱，脈急者曰疝瘕少腹痛，此文衍，當去。」林億新校正，則從系統內部和外部兩方面考察，從外部看，《甲乙經》是其參照，沒有該句；從內部看，表述更爲準確的內容在下文再度出現，這都能證明上句實屬冗餘。

2.2.3、發現脫簡、增補經義

系統是內部緊密關聯的整體，以邏輯聯繫互相依存，如果系統中某一部分丟失，另一部分就會孤立無依。如《逆調論篇》：「帝曰：人有逆氣不得臥而息有音者，有不得臥而息無音者，有起居如故而息有音者，有得臥行而喘者，有不得臥不能行而喘者，有不得臥臥而喘者，皆何藏使然？願聞其故。」王注云：「尋經所解之旨，有不得臥而息無音，有得臥行而喘，有不得臥不能行而喘，此三義悉闕而未論，亦古之脫簡也。」王氏發現黃帝六問而岐伯僅答其三，它問闕如，有問無答，理不自足，推其脫簡，爲進一步完善經義提供了契機。又《評熱病論篇》有：「（病氣）至必少氣時熱，時熱從胸背上至頭，汗出手熱，口乾苦渴，小便黃，目下腫。」此句前面的「至必少氣時熱」和後面的「小便黃，目下腫」下文都說明其原因，唯獨中間這三句沒有提及，故王注云：「考上文所釋之義，未解熱從胸背上至頭汗出手熱口乾苦

渴之義，應古論簡脫，而此差謬之爾。」然後在注中增補理據「如是者何？腎少陰之脈，從腎上貫肝鬲，入肺中，循喉嚨俠舌本。又膀胱太陽之脈，從目內皆上額交巔上；其支者，從巔至耳上角；其直者，從巔入絡腦，還出別下項，循肩髆內俠脊抵腰中，入循膂。今陰不足而陽有餘，故熱從胸背上至頭，而汗出口乾苦渴也。然心者陽藏也，其脈行於臂手。腎者陰藏也，其脈循於胸足。腎不足則心氣有餘，故手熱矣。」王氏據經脈走向及陰陽學說對脫簡意義予以補充，進一步完善系統。

2.2.4、改正誤文、自足統一

系統的自足，依賴於各組成部分的協調統一，如果某些信息單元有誤，就會破壞系統的自足性和一致性，因此要完善系統，就要糾正其中的錯誤。如《診要經終論》曰：「（針刺）中肺者五日死。」《刺禁論》曰：「刺中肺三日死，其動為咳。」王注云：「金生數四，金數畢當至五日而死。一云三日死，亦字誤也。」王氏根據五行生剋理論，認為誤刺中肺，當是五日死。五誤為三，亦或觸版所致。又《玉機真藏論篇》：「帝曰：春脈太過與不及，其病皆何如？岐伯曰：太過則令人善忘，忽忽眩冒而巔疾。」王注：「忘當為怒，字之誤也。《靈樞經》曰：肝氣實則怒。」王氏依據病理改正文本錯誤，春屬木，其臟為肝，春脈太過，即為肝氣盛實，肝氣實當為怒。這樣一改保持了理據的一致性。

2.2.5、分章合節、理清層次

王氏整理，不僅僅限於篇內詞句，還綜觀典籍各個篇章之間的結構。所見《素問》內部層次紊亂「或一篇重出，而別立二名；或兩論併吞，而都為一目；或問答未已，別樹篇題」。王氏為之整序，使之條理化，系統化，其蹤跡至今仍能從宋臣新校正中尋覓。如《三部九候論篇第二十》新校正云：「按全元起本在第一卷，篇名《決死生》。」《藏氣法時論篇第二十二》新校正云：「按全元起本在第一卷，又於第六卷《脈要篇》末重出。」前篇改名，後則刪冗，兩篇皆變換原有次序。《四時刺逆從論篇第六十四》新校正云：「按厥陰有餘至筋急目痛，全元起本在第六卷；春氣在經脈至篇末，全元起本在第一卷。」今則兩合而成一篇。

2.2.6、內部求證、融會貫通

所謂注釋的內部求證，即注文引該書之前後內容相互發明索隱的方法。這種方法的理論基礎就是系統內部廣泛聯繫和一致性的特點。它能使文章前

後貫通，義理周環。王氏繼承了前賢廣徵博引的注釋傳統，又將徵引對象重點放在《素問》的其它篇章上，前後互證，以經注經。如《三部九候論篇》：「是故寒熱病者，以平旦死。」王注：「《生氣通天論》曰：因於露風，乃生寒熱。由此則知寒熱之病，風薄所爲也。」又如《生氣通天論》：「魄汗未盡，形弱而氣爍，穴俞以閉，發爲風瘧。」王注：「汗出未止，形弱氣消，風寒薄之，穴俞隨閉，熱藏不出，以至於秋，秋陽復收，兩熱相合，故令振栗，寒熱相移，以所起爲風，故名風瘧也。《金匱眞言論》曰：夏暑汗不出者，秋成風瘧。蓋論從風而爲是也。」這是一個典型的前後兩篇互證的注釋範例。上述三篇經文，皆涉及「風瘧」一病，王氏注文，各篇相互引證，對「風瘧」一病的病因、症狀、得名、以及發病的季節特點等方面進行發揮。引《生氣通天論》主要說明風瘧」病發之因，而引《金匱眞言論》之文，就是對所注發病季節性特點的印證。這樣就加強了各部分之間的義理銜接，密合無間，因而更具系統性。

我們可以將注釋的過程圖示如下：

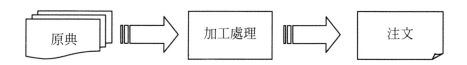

其中原典和注文，是兩個既相互聯繫，又有多種差異的系統，而加工處理正是一個系統化的過程，由它將原典系統轉換生成新的注文系統。王冰在《素問》的加工處理注釋過程中，爲典籍的系統化提供了寶貴的經驗和方法。

第四節 中醫文獻注釋的特點

我國東漢時期對先秦著作做了大規模的注釋，出現了注釋學上的繁榮景象，其注釋對象多是經史類文獻。《內經》作爲一部中醫典籍，屬於科技文獻的範疇。由於注釋對象的範疇不同，其注表現出中醫文獻注釋方面的特色。如專有名詞的闡釋及具體理論的運用和創新等。除此之外，由於醫學原理具有系統性、理論性、客觀性，這些文本特點也反應到相應注釋之中的某些特色。從注釋語言看，科技文獻力避歧義，以求準確表述。下面就這幾點作一簡要論述。

1、中醫文獻的系統性與注文的整齊性

中醫文獻屬於科技文獻，科技文獻闡述的內容是科學原理，科學原理系統性很強，同一法則適用解釋許多同類現象，表現在注文上有很強的整齊性。如《素問・金匱真言論》篇講述陰陽法則時云：「故背為陽，陽中之陽，心也；背為陽，陽中之陰，肺也；腹為陰，陰中之陰，腎也；腹為陰，陰中之陽，肝也；腹為陰，陰中之至陰，脾也。」陰陽理論是貫穿整個中醫理論的大法，自然也體現到五臟陰陽的注釋之中。王冰注云：「心為陽藏，位處上焦，以陽居陽，故為陽中之陽也。《靈樞經》曰：心為牡藏。牡，陽也。肺為陰藏，位處上焦，以陰居陽，故謂陽中之陰也。《靈樞經》曰：肺為牝藏。牝，陰也。腎為陰藏，位處下焦，以陰居陰，故謂陰中之陰也。《靈樞經》曰：腎為牝藏。牝，陰也。肝為陽藏，位處中焦，以陽居陰，故謂陰中之陽也。《靈樞經》曰：肝為牡藏。牡，陽也。脾為陰藏，位處中焦，以太陰居陰，故謂陰中之至陰也。《靈樞經》曰：脾為牝藏。牝，陰也。」王注運用陰陽理論，將闡明五臟之屬性，並以《靈樞經》為證。不難看出，王氏注解心、肺、腎、肝、脾五臟的文字是非常整齊的，皆是先說某臟的屬性，再講該臟器所處的位置，然後引經證明。原因就在於一種法則就是一種格局，由文本的系統性格局加上論證程式格局影響，王氏相應的注文也形成一種整齊的格局。

注文的整齊性與經文的系統性是一脈相承的，有時在語意上或表現為遞升，或表現為遞降，反應事物發展漸變的規律。如馬蒔注《素問・上古天真論》中一段云：「惟陰精蘊蓄於內，至八歲乃少陰之數，其腎氣始實，髮生齒更。二八腎氣已盛，天癸始至。天癸者，陽精也。蓋男女之精，皆主腎水，故皆可稱為天癸也。惟精氣溢瀉，故陰陽之精一和，而遂能有子矣。三八腎氣平均，筋骨勁強，故真牙生而長極。四八筋骨隆盛，肌肉滿壯。五八腎氣始衰，髮墮齒槁。男子大體有餘於陽，不足於陰，故其衰也，自足少陰始，六八陽氣衰竭於上，面皆焦，髮鬢班白。七八肝氣已衰，筋不能動，天癸竭，精已少，腎藏衰，形體皆極。八八精血俱衰，齒髮皆去。」馬注按年齡遞升，將人一生幾個不同生理階段的特徵及其變化理據予以說明。

除了這種層遞的格式，另一種格式像修辭中的頂針，上下蟬聯而下。這種格式對注解事物之間的聯繫極富表現力。如《太素》卷二十二《九針之二》：「病在上者下取之，病在下者上取之。」楊上善在注明這種治法的理據時云：

「手太陰下接手陽明，手陽明下接足陽明，足陽明下接足太陰。以其上下相
接，故手太陰、陽明之上有病，宜療足太陰、陽明。」總之，注文的整齊性
源於經文內容的系統性，這是中醫文獻內容對形式格局的要求。

2、中醫文獻注釋力避歧義

　　科技語體與文藝語體不同的又一特點，是科技語體要避免歧義，講求表
達的準確性；而文學語體有時往往還會出現故意一語雙關，講求形象的豐富
性。馬蒔《靈樞注證發微・寒熱病》解題云：「篇內所論諸證，不止寒熱，
然首節所論在寒熱，故名篇。但此寒熱主外感言，與瘰癧之寒熱不同。」馬
注即明示該篇「寒熱」一詞的意義，不得含糊，又將感外邪而生寒熱與病瘰
癧之寒熱加以區別，以求表意準確。又《素問注釋匯粹・刺要論》：「（針刺）
過之則外傷，不及則生內壅。」之注：「壅有二說：一謂氣壅滯，如王冰注：
『過之內傷，以太深也；不及外壅，以妄益他分之氣也。氣益而外壅，故邪
氣隨虛而從之。』一作壅腫解，如張介賓注：『過於深則傷氣於內，失於淺
則至氣於外，故為壅腫，而邪反從之。』」當從王注。編者亦是毫不含糊地
指出，二注中當應從王冰之解。即使是大致相同的注解，細微的差別也當予
以分辨，如同篇經文「刺骨無傷髓，髓傷則銷鑠胻酸，體解㑊然不去矣。」
《素問注釋匯粹》云：「王冰注：『髓者骨之充。《針經》曰：髓海不足，則
腦轉耳鳴胻酸眩冒。故髓傷則腦髓銷鑠，胻酸，體解㑊然不去也。銷鑠，謂
髓腦銷鑠。解㑊，謂強不強，弱不弱，熱不熱，寒不寒，解解㑊㑊然，不可
名之。』張介賓注：『髓為骨之充，精之屬，最深者也。精髓受傷，故為乾
枯、銷鑠、胻酸等病。解㑊者，懈怠困弱之名，陰之虛也，陰虛則氣虛，氣
虛則不能舉動，是謂不去也。按《海論》所言，髓海不足者，病多類此。』
二注義同，但對解㑊看法略異，解同懈。當從張注。」就是根據「解㑊」一
詞的解釋來分優劣的，力求將全部內容皆有確解。

3、注文內容的客觀性

　　科技文獻論述的是客觀實事，客觀性亦在注文中得以體現。如《素問・
氣府論》：「五藏之俞各五，六府之俞各六。」人體臟腑的腧穴數目及分佈是
客觀的，因此，注文只能客觀地敘述腧穴分佈的實事，不能主觀臆說。王冰
注：「肺俞在第三椎下兩傍，俠脊相去各同身寸之一寸半。刺可入同身寸之

三分，留七呼；若灸者可灸三壯。心俞在第五椎下兩傍，相去及刺如肺俞法，留七呼。肝俞在第九椎下兩傍，相去及刺如心俞法，留六呼。……膀胱俞在第十九椎下兩傍，相去及刺如腎俞法，留六呼。五藏六府之俞若灸者並可灸三壯。」王冰之注將各臟腑腧穴分佈的情況予以說明，並一併說明各自具體的刺、灸方法。每一臟腑的腧穴是左右各一，而非每一臟腑有五個或六個腧穴。爲了更準確地闡述這一實事，林億等《新校正》云：「或者疑經中『各五』、『各六』，以各字爲誤者，非也。所以言『各』者，謂左右各五各六，非謂每藏府而各五各六也。」王、林二家之說，都只能以實事爲準繩，而無爭鳴餘地，這是文獻本身的特點決定的。

4、注文對義理的完善和發揮

義理本指意義和道理，在科技文獻中的理亦指從實踐中總結出來的規律或原理，發揮就是創造性的闡釋。注釋者將自己的實踐經驗和研究成果運用到注釋中，不僅完善理論的闡釋，還達到了推陳出新的目的。古代《內經》注家就開始朝著這個方向努力。比如漢代張仲景在《素問・熱論》三陰三陽病證基礎上提出了「六經辨證」的診治理論；晉代皇甫謐在《脈論》基礎上補充了針灸處方；王冰吸收《陰陽大論》成果，創立運氣學說；明人馬蒔《靈樞注證發微》亦有很多創建，如提出左手寸部爲人迎，右手寸部爲氣口，以及關格爲脈體之論。他還認爲三焦有二，應分前後，前三焦有名無形，乃宗氣、營氣、衛氣升降出入之處；後三焦有名有形，爲決瀆水道之處。以應對三焦有形、無形之爭；清代張志聰又在運氣七篇基礎上對氣化理論進行發揮等等。

具體就某一實踐方法來說，如《靈樞・寒熱病》：「刺虛者，刺其去也；刺實者，刺其來也。」馬蒔注：「此言刺虛實之法也。凡刺虛者，當乘其氣之去而隨之。隨之者，所以補之也。凡刺實者，當乘其氣之來而迎之。迎之者，所以瀉之也。《九針十二原》篇云：迎而奪之，惡得無虛；追而濟之，惡得無實，迎之隨之，以意和之。」補、瀉是古代治病的兩種手法，經文分別用「刺其去」、「刺其來」表述，馬氏之注對這一針刺理論進行完善，從而說明如何補瀉的具體方法，增強了這一理論在實踐中的可操作性。

又《素問・陰陽應象大論》曰：「味歸形，形歸氣，氣歸精，精歸化。」

又曰：「清陽爲天，濁陰爲地，地氣上爲雲，天氣下爲雨，雨出地氣，雲出天氣。」張介賓運用陰陽互根互化理論，對經文所述工作機制進行了闡釋。張注云：「夫陽化氣，即雲之類；陰成形即雨之類。雨乃不生於地而降於天之雲，氣歸精也；雲乃不出於天而生於地之氣，精化爲氣也。人身精氣全是如此，故氣聚則精盈，精盈則氣盛，精氣充而形之強矣。」陰陽互根的理論，比類取象的方法，都在張注中發揮得淋漓盡致。

5、借注揭示經理

前面講注文對義理的完善和發揮，說明注釋的創造性，是理論在實踐中的發揮；這裏講借注揭示經理，是實踐的理論概括。科學原理是構建某一學科的基石，經典注釋有必要揭示原理。如《靈樞·熱病》：「熱病不可刺者有九，一曰：汗不出，大顴發赤，噦者死；二曰：泄而腹滿甚者死；三曰：目不明，熱不已者死；四曰：老人嬰兒熱而腹滿者死；五曰：汗不出，嘔、下血者死；六曰：舌本亂熱不已者死；七曰：咳而衄，汗不出，出不至足者死；八曰：髓熱者死；九曰：熱而痙者死。腰折，瘈瘲，齒噤齘也。凡此九者，不可刺也。」古人以針刺治病，但並非所有疾病皆可治癒，故《熱病》篇總結了九種不可治的情況。爲什麼這些情況不可治呢？馬蒔注揭示了這一原由，其注云：「此言熱病不可刺者九，以其必至於死也。其一曰：熱病汗不得出，大顴骨之上發而爲赤，胃邪盛也；穀氣與胃邪相爭，發而爲噦，胃氣虛也，此其所以死也。其二曰：熱病下則爲泄，而腹尤甚滿，不以泄減，脾氣衰也，此其所以死也。其三曰：目以熱而不明，熱以盛而不已，肝氣衰也，此其所以死也。其四曰：凡老人嬰兒，熱病而腹滿者，脾邪盛也，此其所以死也。其五曰：熱病而汗既不出，心氣衰也；血或嘔或下，則邪尤盛也，此其所以死也。其六曰：舌本已爛，熱尤不已，心邪盛也，此其所以死也。其七曰：熱病咳而且衄，肺邪盛也；其熱已極，汗猶不出，心氣衰也；縱汗出，而不至足，此即上節陽脈之衰，此其所以至於死也。其八曰：熱病而髓甚熱，熱則髓枯，腎氣衰也，此其所以至於死也。其九曰：熱病發而爲痙，蓋熱極生風而爲強病也，此其所以至於死也。凡此九者，其腰必折，其病發爲瘈瘲，其齒必噤且齘，皆死徵已見，刺之無益也。」其中「胃邪盛也」、「脾氣衰也」等內容就概括性地揭示了不可刺而愈的原因。

6、注文理法並用

上文講了中醫文獻的注釋要揭示相關原理，原理與具體方法又是相輔相成的，在具體實踐中，原理又從方法上得到體現，故中醫文獻注釋常常是理法並用。如《素問‧五常政大論》：「虛則補之。」泄實補虛，以達到陰陽平衡，是疾病治療的一條原理。在這個原理的指導下又有具體「補」的方法。如張隱庵《集注》云：「藏氣虛則補之，先用藥以袪其邪，隨用食以養其正，行水漬之以取汗，和其中外，使邪從外出，可使畢已矣。」再比如馬蒔注《五常政大論》有云：「辰戌之歲，六氣主客加臨，治法以甘溫以平之，酸苦以補火，抑其運氣，扶其不勝，用靜順湯；（治身熱頭痛嘔吐，氣鬱中滿，瞀悶少氣，足痿，注下赤白，肌腠瘡瘍，發爲癰疽）卯酉之歲，六氣主客加臨，治法宜鹹寒以抑火，辛甘以助金，汗之、清之、散之，安其運氣，用審平湯。（治病者中熱面浮，鼽，小便赤黃，甚則淋，或瘧氣行，善暴仆振慄，譫妄寒瘧，癰腫便血）……」馬注就是將某些年份的氣候特徵與具體對應的藥物結合起來，即所謂司歲備物。既說明了病變原理，又有相應治療方法。

7、注文的專業性

每一專門學科都會有其專門的術語，這不僅會在正文中使用，在注文中也時有所見，這就形成了中醫文獻注文的專業特色，不像文學作品，能識字就基本能夠理解那樣大眾化，看懂中醫文獻注釋還得有專業素養才行。如《五常政大論》：「上取下取，內取外取，以求其過，能毒者以厚藥，不勝毒者以薄藥，此之謂也。」張隱庵注：「上下，謂司天在泉之氣。補，助。從，順也。如少陽在泉則厥陰司天，當用苦酸之味以補之，蓋助其上下之氣也。治，平治也。逆，反也。如司天之氣，風淫所勝，平以辛涼，熱淫所勝，平以鹹寒，如諸氣在泉，寒淫於內，治以甘熱，火淫於內，治以鹹冷，謂淫勝之氣，又當反逆以平之。故以所在之寒熱盛衰而調之，謂盛則治之，衰則補之，則上下之氣和調矣。夫司天在泉之氣升降於上下，五運之氣出入於內外，各求其有過者，取而治之。能勝其毒者以厚藥，不能勝其毒者以薄藥，此治歲運之法也。」上下二字，本是常用詞，但這裏卻賦予專門意義，分別表示司天之氣和在泉之氣。司天在泉二氣分別主管一年中上半年的運氣和下半年的運氣，這兩個術語在運氣學外卻很少使用。其中的「平」字用作動詞，是「使……平」的意思。具體「平」的方法則是運用五行生剋理論實現，如「熱

淫所勝，平以鹹寒」，「熱淫」即陽亢，「鹹寒」爲陰，以陰平陽，達到陰陽平衡的健康狀態。又如「厚藥」、「薄藥」則是根據藥力竣猛程度來分的，大補大泄之劑爲厚藥。不明白這些專業術語，即使看了注文也是雲裏霧裏。

8、表示推理關聯詞的運用

注釋爲了揭示醫學原理，常用推理方式闡述，表現在注文形式上則是大量表推理的關聯詞的出現。如《靈樞・口問》：「人之嚲者，何氣使然？岐伯曰：胃不實則諸脈虛，諸脈虛則筋脈懈惰，筋脈懈惰則行陰用力，氣不能復，故爲嚲。因其所在，補分肉間。」張志聰《集注》：「筋脈皆本於水穀之所資養，故胃不實則諸脈虛，諸脈虛則筋脈懈惰。蓋筋脈者，所以濡筋骨而利關節者也。夫陽明主潤宗筋，陽明虛則宗筋縱，是以筋脈懈惰，則陽明之氣行於宗筋，而用力於陰器矣。行陰用力，則陽明之氣不能復養於筋脈，故爲嚲。因其所在行陰，故補分肉間，以取陽明之氣外出。」從上面張氏之注可見，注文中使用關聯詞語較普遍，這也是推理論證的需要。

9、吸收相關學科研究成果

現代科學發展，學科之間的交叉借鑒也應運而生，醫學與生物、化學之間關係密切。運用現代相關學科知識豐富印證古代經典理論，是科技文獻今注的特點。如趙棟華《素問新識》每章注譯之後都有「新進展」部分。如關於《上古天眞論》論述腎氣問題：「古人認爲，腎氣或腎精是包涵著腎陰和腎陽。近年國內不少單位都在研究，首推上海第一醫學院的研究，對腎陽虛患者進行三套生化測定（血內 17 羥晝夜節律測定，Su-4885 試驗，ACTH 試驗），結果說明中醫的腎陽虛具有下丘腦—腦垂體—腎上腺皮質功能下降的資料。腎陰虛因其作用機理較複雜，尚無一致的結論。但於中醫臨床方面對這兩者的改變，我們曾經用溫補腎陽或滋養腎陰的方藥，均可收到滿意或痊癒的效果。」〔註3〕

又《四氣調神大論》論述順應四時陰陽氣候變化的養生之道，具有現實意義。如張氏《醫通》據「春夏養陽」的理論，在炎熱的伏天創用背上俞穴白芥子塗法治療哮喘。中醫研究院 1955～1978 年，運用多病夏治的消喘膏

〔註3〕趙棟華《素問新識》四川人民出版社，1980 年，第 10～11 頁。

（炒白芥子 21 克，元胡索、細辛、甘遂各 12 克，研細末），在三伏天貼肺俞、膏肓、百勞，治療喘息型氣管炎和支氣管哮喘，共治療 1074 例。他們通過貼治前後皮泡液巨噬細胞吞噬能力、皮泡液中免疫球蛋白 A、G 的含量和淋巴細胞轉化率等檢查表明，貼藥後能增強機體非特異性免疫力，貼藥後嗜酸性細胞明顯減少，說明貼藥可降低機體過敏狀態；貼藥後血漿皮質醇有非常顯著的提高，說明貼藥能使丘腦－垂體－腎上腺皮質系統的功能得到改善。他們觀察到有效病例除了咳、痰、喘症狀有不同程度的改變外，還有感冒減少，過敏現象減輕或消失，體力增強。這是用貼藥的方法協助人體「春夏養陽」，以保證在秋冬仍有較強的抵抗力，使「奉收」、「奉藏」者多，所以能預防秋冬的疾病發生。〔註4〕

綜上可見，中醫文獻自身的特點和要求，導致相應的注釋也具有和其它文獻注釋的不同之處。主動運用相應規律，注釋能使中醫文獻更好地傳意。

〔註4〕同上，第 19 頁。

結　語

　　《黃帝內經》是一部依託注本得以行世至今的中醫聖典，其經注探析給注釋學、詞典學研究方法和材料提供了借鑒。

　　注釋作爲一種傳意活動，原典剖析是基礎，原典的理論和方法注者必須瞭若指掌，方不至於說解離經叛道。注釋者是一個能動的傳意主體，他的思想和修養是注釋活動中至關重要的因素，與注文價值取向優劣得失息息相關。與注釋內容相對應的形式多種多樣，宗旨都是將原典意義由陌生領域向時人熟悉領地遷移。「內部求證」、「系統驗證」、「結點發散」等注釋方法在探求經典內涵中發揮了各自的強勢，但都是從理論到理論，而沒有實證，錯誤內容有可能進入循環論證，欠缺糾謬機制是其遺憾。故實證介入中醫文獻注釋勢在必行。

　　《內經》經注承載了醫理，蘊涵了注釋理論方法，同時也是重要的漢語史材料。將經典古籍中字詞用法抽象出來，以辭書形式保存，再反過來指導一般古籍閱讀，是繼承祖先燦爛文化的必由之路。爲此，本文將《內經》經注語料與兩部大型辭書進行合參，旨在完善相關條目，拋磚引玉，期盼最終編成能準確反應漢語字詞發展的大型辭書。

參考文獻

一、專　著

1. 王冰，黃帝內經素問〔M〕，北京：人民衛生出版社，1963。

2. 山東中醫學院，河北中醫學院，黃帝內經素問校釋（上、下）〔M〕，北京：人民衛生出版社，1982。

3. 程士德，素問注釋匯粹（上、下）〔M〕，北京：人民衛生出版社，1982。

4. 郭靄春，黃帝內經素問校注語譯〔M〕，天津：天津科學技術出版社，1981。

5. 河北醫學院，靈樞經校釋（上、下）〔M〕，北京：人民衛生出版社，1982年。

6. 高士宗，黃帝素問直解〔M〕，北京：科學技術文獻出版社，1980。

7. 周鳳梧，張燦玾，黃帝內經素問語釋〔M〕，濟南：山東科學技術出版社，1985。

8. 張登本，武長春，內經詞典〔M〕，北京：人民衛生出版社，1990。

9. 郭靄春，黃帝內經詞典〔M〕，天津：天津科學技術出版社，1991。

10. 太古真人，黃帝內經〔M〕，北京：時代文藝出版社，2001。

11. 牛兵占，中醫經典通釋黃帝內經〔M〕，鄭州：河北科學技術出版社，1994。

12. 周顯忠，陸周華，黃帝內經〔M〕，重慶：西南師範大學出版社，1993。

13. 馬蒔，黃帝內經靈樞注證發微〔M〕，北京：人民衛生出版社，1994。

14. 馬蒔，黃帝內經素問注證發微〔M〕，北京：人民衛生出版社，1998。

15. 吳昆，黃帝內經素問吳注〔M〕，北京：學苑出版社，2001。

16. 王洪圖，黃帝內經研究大成（上、中、下）〔M〕，北京：北京出版社，1995。

17. 王慶其，周國琪，黃帝內經專題研究〔M〕，上海：上海中醫藥大學出版社，2002。

18. 任應秋，劉長林，內經研究論叢〔M〕，武漢：湖北人民出版社，1982。

19. 張毅之，內經素問疑難問題助讀〔M〕，北京：中國醫藥科技出版社，1993。

20. 張隱庵，黃帝內經靈樞集注〔M〕，上海：上海科學技術出版社，1958。

21. 張隱庵，黃帝內經素問集注〔M〕，上海：上海科學技術出版社，1959。

22. 楊上善，黃帝內經太素〔M〕，北京：人民衛生出版社，1965。

23. 錢超塵，黃帝內經太素研究〔M〕，北京：人民衛生出版社，1998。

24. 秦伯未，讀內經記〔M〕，北京：中醫書局，1936。

25. 俞樾，歷代中醫珍本集成（一）內經辨言〔M〕，上海：上海三聯書店，1990。

26. 余自漢，內經靈素考〔M〕，北京：中國中醫藥出版社，1992。

27. 謝浴凡，內經析疑〔M〕，重慶：重慶出版社，2004。

28. 丹波元堅，素問紹識〔M〕，北京：人民衛生出版社，1955。

29. 丹波元簡，素問識〔M〕，北京：人民衛生出版社，1984。

30. 張琦，王洪圖，素問釋義〔M〕，北京：科學技術文獻出版社，1998。

31. 天津中醫學院，中醫學解難——內經分冊〔M〕，天津：天津科學技術出版社，1986。

32. 陳竹友，簡明中醫訓詁學〔M〕，北京：人民衛生出版社，1997。

33. 王築民，辛維莉，中醫古籍訓詁概論〔M〕，貴陽：貴州教育出版社，1994。

34. 張燦玾，中醫古籍文獻學〔M〕，北京：人民衛生出版社，1998。

35. 江有誥，素問靈樞韻讀〔M〕，成都：四川人民出版社，1975。

36. 喜多村直寬，素問箚記〔M〕，北京：北京圖書館藏抄本，1851（大成排印）。

37. 度會常珍，校訛〔M〕，北京：中國醫學圖書館，1856（大成排印）。

38. 馮承熙，黃元御醫書十一種·素問懸解附校餘偶識〔M〕，北京：人民衛生出版社，1990。

39. 張文虎，魏得良，舒藝室續筆內經素問〔M〕，瀋陽：遼寧教育出版社，2003。

40. 孫詒讓，素問王冰注校〔M〕，里安孫氏刊本，1894（大成排印）。

41. 黃以周，儆季文鈔內經素問〔M〕，光緒乙未江蘇南菁講舍（大成排印）。

42. 顧觀光，素問校勘記〔M〕，北京：中國學會影印守山閣本，1928（大成排印）。

43. 顧觀光，靈樞校勘記〔M〕，北京：中國學會影印守山閣本，1928（大成

排印）。

44. 許半龍，許太平，內經研究之歷程考略〔M〕，上海新中醫社出版部，1928。

45. 沈祖綿，讀素問臆斷〔M〕，北京：北京中醫學院，1959（大成排印）。

46. 于鬯，香草續校書內經素問〔M〕，北京：中華書局，1963。

47. 胡澍，歷代中醫珍本集成（一）素問校義〔M〕，上海：上海三聯書店，1990。

48. 張介賓，類經〔M〕，上海：上海古籍出版社，1991。

49. 日本內經醫學會北里研究所東洋醫學總合研究所醫史學研究部編，內經考注，附四時經考注（上冊）〔M〕，北京：學苑出版社，2002。

50. 南京中醫學院醫經教研組，黃帝內經素問譯釋〔M〕，上海：上海科學技術出版社 1959。

51. 錢超塵，內經語言研究〔M〕，北京：人民衛生出版社，1990。

52. 李經緯，中醫大辭典（第二版）〔M〕，北京：人民衛生出版社，2005。

53. 伊澤裳軒，素問釋義〔M〕，北京：學苑出版社，2005。

54. 王洪圖等重校，黃帝內經太素（修訂版）〔M〕，北京：科學技術文獻出版社，2005。

55. 靳極蒼，古籍注釋改革研究論文集〔C〕，山西人民出版社，1989。

56. 王育林，中醫古籍考據例要〔M〕，北京：學苑出版社，2006。

57. 方藥中，許家松，黃帝內經素問運氣七篇講解〔M〕，北京：人民衛生出版社，1984。

58. 森立之，素問考注〔M〕，北京：學苑出版社，2002。

59. 洪漢鼎，中國詮釋學（第一輯）〔C〕，濟南：山東人民出版社，2003。

60. 洪漢鼎，中國詮釋學（第二輯）〔C〕，濟南：山東人民出版社，2004。

61. 洪漢鼎，中國詮釋學（第三輯）〔C〕，濟南：山東人民出版社，2006。

62. 郭芹納，訓詁學〔M〕，北京：高等教育出版社，2005。

63. 汪耀楠，注釋學綱要〔M〕，北京：語文出版社，1991。

64. 趙振鐸，辭書學論文集〔M〕，北京：商務印書館，2006。

65. 胡安順，音韻學通論〔M〕，北京：中華書局，2003。

66. 馬景侖，段注訓詁研究〔M〕，南京：江蘇教育出版社，1997。

67. 蔣宗福，語言文獻論集〔M〕，成都：巴蜀書社，2001。

68. 毛遠明，語文辭書補正〔M〕，成都：巴蜀書社，2001。

69. 王輝，古文字通假釋例（臺灣）〔M〕，臺北：藝文印書館，1971。

70. 張燦玾，黃帝內經文獻研究〔M〕，上海：上海中醫藥大學出版社。2005。

71. 裘錫圭，文字學概要〔M〕，北京：商務印書館，1988。

72. 王鍈，唐宋筆記語辭彙釋〔M〕，北京：中華書局，1990。

73. 劉力紅，思考中醫〔M〕，桂林：廣西師範大學出版社，2006。

74. 黃侃述，黃焯編，文字聲韻訓詁筆記〔M〕，上海：上海古籍出版社，1983。

75. 李國卿，素問疑識〔M〕，哈爾濱：黑龍江人民出版社，1989。

76. 郭靄春，黃帝內經靈樞校注語譯〔M〕，天津：天津科學技術出版社，1989。

77. 李今庸，讀古醫書隨筆〔M〕，北京：人民衛生出版社，2006。

78. 高亨，古字通假會典〔M〕，濟南：齊魯書社，1989。

79. 廖育群，醫者意也：認識中醫〔M〕，桂林：廣西師範大學出版社，2006。

80. 張珍玉，靈樞經語釋〔M〕，濟南：山東科學技術出版社，1983。

二、論 文

1. 陳震霖，「肝者，罷極之本」釋義〔J〕，山東中醫雜誌，2004.5。

2. 陸九符，對關於「天癸」實質探討一文的商榷〔J〕，廣西中醫藥，1980.1。

3. 范登脈，「白汗」正詁〔J〕，醫古文知識，2002.1。

4. 王桂生，黃帝內經注釋整理之最〔J〕，邯鄲醫學高等專科學校學報，2002.2。

5. 吳考槃，「三焦」探討〔J〕，山東中醫學院學報，1979.2。

6. 徐春波，黃帝內經太素的歷代研究概況〔J〕，中醫文獻雜誌，1995.4。

7. 劉可勳，內經藏象體系研究思路之反思〔J〕，中醫研究，1994.3。

8. 孔令詡，對內經中「隱曲」一詞的探討〔J〕，廣西中醫藥，1981。

9. 佟金漫，醫古文黃帝內經素問注序中若干注釋之商榷〔J〕，中醫教育，1996.5。

10. 鮑曉東，試論張志聰注釋《內經》四季攝生法的瑕瑜得失〔J〕，浙江中醫學院學報，2003.1。

11. 傅艾妮，校勘在中醫古籍中的運用〔J〕，武漢職工醫學院學報，1994.1。

12. 羅寶珍，俞樾研究內經的特點〔J〕，福建中醫學院學報，2002.2。

13. 邢玉瑞，詮釋學與黃帝內經的研究〔J〕，江西中醫學院學報，2004.2。

14. 陳麗平，「天癸」本質及其作用探討〔J〕，河南中醫，2003.6。

15. 傅海燕，黃帝內經詞義研究述評——兼論內經詞義的引申及義項排列規律〔J〕，中醫藥學刊，2003.11。

16. 陳秘水，試論說文通訓定聲對內經詞義訓釋的特點和貢獻〔J〕，天津中醫學院學報，1995.3。

17. 劉寧，學習內經中運氣學說的體會〔J〕，北京中醫，1996.6。

18. 董尚樸，「去宛陳莝」當為「去宛陳莝草莖」〔J〕，山東中醫雜誌，2003.7。

19. 楊欣，「天癸」的實質初探〔J〕，中醫藥研究，1994.6。

20. 張爛珅，王冰次注素問探討〔J〕，中醫文獻雜誌，2001.3。

21. 傅紅釘，訓詁學在閱讀黃帝內經中的作用〔J〕，湖北中醫學院學報，1999.2。

22. 張六通，漫談內經中的「府」〔J〕，河南中醫，1982.2。

23. 婁永和，略論「肝者，罷極之本」的生理意義〔J〕，天津中醫學院學報，1985.1。

24. 陳大舜，全元起內經訓解初探〔J〕，遼寧中醫雜誌，1986.12。

25. 鮑曉東，試論張志聰注釋內經的訓詁成就〔J〕，中國中醫基礎醫學雜誌，2003.8。

26. 許振國，黃帝內經名義考〔J〕，北京中醫藥大學學報，2003.1。

27. 玄振玉，淺述清代治學黃帝內經的特點〔J〕，上海中醫藥大學學報，2002.2。

28. 吳仕驥，略論王冰注釋素問的貢獻〔J〕，河南中醫，1987.6。

29. 肖國鋼，內經「濕」之探賾〔J〕，中醫藥學報，1988.2。